**Historia
y
cultura**

**Dirigida por:
Luis Alberto Romero**

Historia
y
cultura

Dirigida por:
Luis Alberto Romero

LA REVOLUCIÓN DEL VOTO

Política y Elecciones
en Buenos Aires, 1810-1852

por
Marcela Ternavasio

Siglo veintiuno editores Argentina s. a.
LAVALLE 1634 11 A (C1048AAN), BUENOS AIRES, REPÚBLICA ARGENTINA

Siglo veintiuno editores, s.a. de c.v.
CERRO DEL AGUA 248, DELEGACIÓN COYOACÁN, 04310, MÉXICO, D. F.

982   Ternavasio, Marcela
TER   La revolución del voto: política y elecciones
      en Buenos Aires, 1810-1852.- 1ª. ed.–
      Buenos Aires: Siglo XXI Editores Argentina, 2002.
      288 p. ; 21x14 cm.- (Historia y cultura)

      ISBN 987-98701-7-4

      I. Título - 1. Historia Argentina

Portada de Daniel Chaskielberg

© 2002, Marcela Ternavasio
© 2002, Siglo XXI Editores Argentina S. A.
ISBN 987-98701-7-4

1ª edición argentina: 1.000 ejemplares

Impreso en Industria Gráfica Argentina
Gral. Fructuoso Rivera 1066, Capital Federal,
En el mes de agosto de 2002

Hecho el depósito que marca la ley 11.723
Impreso en la Argentina - Made in Argentina

A Jorge,
y a Camila, Sebastián y Joaquina.

Índice

Agradecimientos 11

Introducción 15

PRIMERA PARTE: Los primeros ensayos electorales en el Río de la Plata (1810-1821) 27

1. Sufragio y Revolución 29
Los criterios de la inclusión en la representación política 33
¿Asambleísmo o Representación? La participación electoral en la década revolucionaria 43

2. La crisis de 1820: un dilema representativo 53
Los escenarios de la disputa 54
"...En aquellos días gobernó el que quiso..." 67

3. La ley electoral de 1821 75
El imperativo de la inclusión: voto "universal" y directo 79
La supresión del Cabildo y la integración de ciudad y campaña en el nuevo régimen representativo 91

SEGUNDA PARTE: Las elecciones durante la *feliz experiencia rivadaviana* 99

4. Un régimen de competencia entre notables 101
Práctica de las candidaturas 105
La elite dirigente y el "espíritu de facción" 113

5. El universo de los votantes 127
Los sectores intermedios 132
Los electores 139

**6. Guerra y política: entre la legalidad electoral
 y la práctica pactista** 151
De la *feliz experiencia* a la revolución decembrista 152
Revolución y pacto 161

TERCERA PARTE: El sufragio en la época de Rosas 173

**7. Federales versus federales. Disputa electoral
 y redefinición del régimen político: 1829-1835** 175
Elecciones y facultades extraordinarias 176
Las elecciones de 1833 182
La cuestión constitucional 195

8. La unanimidad rosista 201
De la disputa por las candidaturas a la lista única 204
Expansión de la frontera política e inversión
 representativa entre ciudad y campo 214
Voto rural y sectores intermedios 219

9. Un régimen plebiscitario 225
El ritual del voto 227
La nueva dinámica política 237

Epílogo 247

Notas 257

Bibliografía 277

Agradecimientos

Como suele ocurrir en casi todos los casos, el presente libro tiene su historia. Una historia que comienza en los inicios de la década de 1990, cuando José Carlos Chiaramonte me invitara a participar de un equipo de investigación abocado a estudiar los procesos electorales en América Latina. Coordinado por el profesor Antonio Annino de la Universidad de Florencia, el grupo convocado trabajó en torno a problemáticas comunes sobre diferentes regiones y coyunturas históricas. El tema a mi cargo se convirtió, algunos años después, en el objeto de análisis de mi Tesis Doctoral realizada en la Facultad de Filosofía y Letras de la Universidad de Buenos Aires bajo la dirección de José Carlos Chiaramonte. Con el apoyo del Consejo de Investigaciones de la Universidad Nacional de Rosario y de otras instituciones (CONICET, UBACYT, Agencia de Promoción Científica, Fundación Atlantis) pude llevar adelante el trabajo de investigación.

Los agradecimientos a quienes, de diferentes maneras, colaboraron en esta empresa son muchos. En primer lugar, a quien me abrió la posibilidad de participar en aquella investigación y la dirigió en cada una de sus etapas. José Carlos Chiaramonte ha sido –y continúa siendo– para mí un gran "maestro" a la vez que un apoyo intelectual y afectivo insustituible. De igual manera soy deudora de las enseñanzas que recibí de Antonio Annino a través de interminables diálogos y discusiones, cuyas profundas huellas se pueden advertir fácilmente en estas páginas. A quienes participaron del equipo de trabajo por él coordinado agradezco sus sugerencias, críticas y comentarios. Especialmente a Hilda Sabato quien, además de compartir aquel espacio de producción, fue siempre una atenta lectora de mis trabajos a la vez que una usina inspiradora de ideas. Tulio Halperin Donghi y Natalio Botana acompañaron muy de cerca este proceso al aceptar siempre, con excelente disposición, comentar nuestros avances de investigación. De ellos he recibido no sólo marcadas influencias a través de la lectura de sus obras, sino también valiosísimas sugerencias y un cálido aliento en esta empresa.

A los miembros del Instituto Ravignani, que me acompañaron durante estos años va toda mi gratitud. A Fabián Herrero, por participar activamente en las discusiones y lecturas sobre temas comunes y haberme facilitado desinteresadamente algunas de las fuentes aquí utilizadas; a Noemí Goldman y Sonia Tedeschi por su especial predisposición al trabajo conjunto en un clima siempre estimulante; a Jorge Gelman, Roberto Di Stefano, Roberto Schmit, Nora Souto, Fabio Wasserman, Ernesto Cussianovich, por el intercambio de ideas, datos y fuentes, siempre útiles en esta tarea; finalmente a Marcelina Jarma, Abel Roth, Daniel Santilli, Fabiana Ardía, y Susana Yazbec, por haberme hecho tan amable mis largas estadías en Buenos Aires.

Mi agradecimiento es muy especial hacia Jorge Myers y Fernando Aliata, porque compartiendo temas comunes, hemos mantenido un constante diálogo e intercambio, sin los cuales no habría sido posible gran parte de los resultados expuestos en este libro. A Fernando le debo, además, su colaboración en la confección de mapas históricos utilizados en otras publicaciones, y el generoso ofrecimiento de documentos y fuentes que iluminaron algunos aspectos de la investigación. A otros colegas y amigos, también vinculados a los temas aquí desarrollados, va mi agradecimiento: a Carlos Cansanello, Pilar González Bernaldo, Darío Roldán, Klaus Gallo, María Lía Munilla, Alberto Lettieri, Paula Alonso, Luciano de Privitellio, Beatriz Dávilo, Edgardo Falcón.

De mis colegas y amigos de la Universidad Nacional de Rosario quiero destacar especialmente la colaboración de mis dos compañeras de cátedra, Susana Belmartino y Vicky Persello, con quienes me une desde hace más de quince años una profunda amistad. A ellas les agradezco lecturas, sugerencias y afectos como asimismo a Agustina Prieto y a muchos otros colegas de mi generación que, aunque no especialmente nombrados en estas breves líneas, han estado muy cerca durante estos años de trabajo. Quiero destacar, además, la disposición de Adolfo Prieto para hacer una lectura de mi Tesis Doctoral y ayudarme a pensar su contenido para la publicación de este libro y agradecer muy especialmente a Luis Alberto Romero por su estímulo intelectual y por haber sido quien más me impulsó desde el momento mismo en que dicha Tesis fuera concluida a que las ideas allí expuestas alcanzaran la condición de letras impresas.

Finalmente, mi enorme deuda y agradecimiento hacia toda mi familia. Particularmente a mis padres, que ya no están conmigo, y a quienes va dedicado este libro. Todos ellos soportaron estoicamente los desajustes internos que a veces produce la dedicación a tareas intelectuales, acompañándome con el afecto y el estímulo en cada momento.

Introducción

"Tal vez todo Buenos Aires no durmió la noche del sábado con la idea del interesante asunto de que al día siguiente debía ocuparse. Así amaneció el domingo; y aún antes de la hora de la ley, las parroquias estaban llenas de ciudadanos que iban a formar las mesas o asambleas electorales: se nombraron los presidentes y escrutadores, y a las ocho empezaron a recibirse los sufragios de un inmenso pueblo que acudía como a porfía, que se disputaba la preferencia, y que no cesó de llegar en todos los puntos durante el tiempo que la ley señala...".

El Correo de las Provincias, 23 de enero de 1823.

El cuadro que evoca la cita sobre un día de elección en Buenos Aires puede resultar sorprendente para un lector desprevenido que apenas conoce la historia argentina del período.

El tono grandilocuente utilizado por el cronista para describir el acto cívico de votar contrasta con las imágenes que heredamos del pasado a través de la escuela y de diversos medios de divulgación histórica. La arraigada convicción de que el temprano siglo XIX argentino fue sólo el escenario de guerras civiles y luchas entre caudillos hizo olvidar que tales guerras, asonadas y revueltas convivieron con otras prácticas menos violentas, tan relevantes como aquéllas para explicar la alta conflictividad política que caracteriza a todo el período que se abre con la Revolución de Mayo. La celebración de elecciones periódicas para designar a los miembros de los nuevos poderes nacidos con la caída del Imperio español coexistió con esa lógica guerrera tantas veces exaltada por académicos, publicistas, maestros y divulgadores. De igual manera que en el resto de la América hispánica, los hombres que habitaban el ex virreinato del Río de la Plata comenzaron a "elegir" a sus autoridades a través de diversas prácticas y leyes electorales dictadas a partir de 1810, que por cierto se parecen poco a las desarrolladas contemporáneamente pero no por ello dejaron de tener incidencia en la definición de las nuevas reglas que debían regular la sucesión de la autoridad política.

El escaso interés que despertó el tema del sufragio no fue, sin embargo, patrimonio exclusivo de la historiografía argentina; constituyó un dato común de la historiografía latinoamericana si se atiende al conjunto de presupuestos que hasta no hace muchos años sentó las bases de la interpretación canónica en torno a la historia política de la primera mitad del siglo XIX. La identificación del comicio con la noción de farsa o ritual –donde predominaba el fraude y la manipulación–, la reducción del fenómeno del caudillismo –en sus diversas versiones regionales– a un tipo de movilización rural basada en la sola fuerza militar y desvinculada de cualquier invocación a una legitimidad política fundada en la institucionalización de un aparato legal, la convicción de que las elecciones *escondían* el *verdadero* origen y fundamento del poder político –un poder que podía estar sustentado en la acción de las armas, en la potencialidad económica de la clase dirigente, o en la simple capacidad personal por generar un liderazgo–, y la traducción del acto comicial como un momento más dentro de la interminable sucesión de hechos violentos que signan la historia inmediatamente posterior a las revoluciones, fueron los principales componentes del engranaje explicativo clásico. En la historia argentina se reforzaban aún más estos presupuestos al visualizarse los acontecimientos de la primera mitad del siglo como trabas u obstáculos de lo que se suponía en germen; esto es, del *verdadero camino civilizatorio* que comenzaría a concretarse luego de 1853 con la formación del Estado-Nación.

Las críticas que, en obras recientes, se han realizado a cada uno de estos componentes nos exime de un tratamiento detenido en torno a los límites que impusieron al desarrollo de la historia política.[1] La devaluación que, durante mucho tiempo, padecieron los estudios sobre las elecciones practicadas en las sociedades del temprano siglo XIX dejó sin responder preguntas tan obvias como complejas. ¿Cuál fue la lógica de la sucesión política en aquel contexto de fuerte predominio de liderazgos personales y militares? ¿Cuál fue el tipo de legitimidad en la que se basó la relación entre gobernantes y gobernados una vez rotos los lazos coloniales y resquebrajado el pacto de legitimidad monárquico? ¿Qué papel jugó la nueva legitimidad política sustentada en la noción de sufragio y ciudadanía?

La poca atención prestada a estos interrogantes –o la convicción de que quedaban respondidos desde los presupuestos antes enunciados– no fue producto exclusivo del lugar marginal que ocupó la historia política durante las décadas de mayor predominio de la historia social y económica, sino además el corolario de la imagen clásica que, tanto en el espacio europeo como americano, hizo del liberalismo el antecedente de la democracia de masas. Los mecanismos de la representación fueron muchas veces considerados como un medio a través del cual se verificaba la reproducción política del cuerpo social y como un campo de análisis limitado al estudio de las normas que regulaban la representación y al grado de cumplimiento que tales normas produjeron. Se tendía a ignorar así, entre muchas otras, dos cuestiones fundamentales: la variedad y complejidad de las leyes electorales de cada región y el desarrollo de las prácticas informales –aquellas no contenidas en la ley pero absolutamente vinculadas al sufragio– que incidieron en el proceso de selección del personal político. La asignación de estas prácticas a la esfera de las *malas costumbres* fue un recurso habitual y, al mismo tiempo, el testimonio de cómo se configuró el engranaje explicativo clásico. La apelación a un modelo de referencia *ideal* –supuestamente contenido en la norma y en un código implícito de valores compartidos– condujo a incluir en el terreno de la *corrupción* todas aquellas prácticas no ajustadas a dicho modelo o, como fue común en la interpretación de los casos latinoamericanos, a identificarlas como símbolo de atraso o inmadurez respecto de aquél. Los procesos electorales fueron estudiados, en este sentido, bajo una perspectiva teleológica que vio en el grado de acercamiento al *tipo ideal* la única respuesta a la pregunta sobre el papel del sufragio en la constitución de los regímenes políticos del siglo XIX.

Es natural, entonces, que en el estudio de los casos latinoamericanos –considerados paradigmas de alejamiento del modelo y, en consecuencia, símbolos de la corrupción electoral– la noción de fraude haya sido la clave explicativa de los procesos de representación política. Una clave adherida, por otro lado, a la imagen corriente que considera a los regímenes decimonónicos como sistemas electorales restrictivos desde el punto de vista normativo y excluyentes desde el punto de vista de las prácticas. Restricciones supuestamente asociadas a regímenes censatarios que, en el camino del esquema clásico, desembocarían en la conquista del sufragio universal y con ella, en la democracia de masas.[2] En la historia argentina, este esquema se expresó en una cronología fácilmente detectable. Al dilatado período que se abre con la Revolución de Mayo, caracterizado por la lucha entre caudillos y la imposibilidad de institucionalizar un régimen político moderno y estable, le sucedería un segundo momento –abierto con la conformación del Estado nacional– en el que un régimen político restrictivo se impondría a través de la práctica del fraude y la corrupción electoral. La supuesta presión de las masas frente a este sistema de notables habría impulsado su apertura, cuyo resultado, finalmente, habría sido la prescripción del sufragio universal a través de la sanción de la Ley Sáenz Peña en 1912.[3] Este modelo, que coloca al sufragio universal como punto de llegada de un camino casi inexorable en el que el liberalismo restrictivo constituiría el punto de partida, no sólo ignora datos históricos que lo contradicen, sino que además hace perder de vista la existencia de otras dimensiones incluidas en el proceso de representación política.

Sobre estas dimensiones silenciadas en el modelo clásico descrito, los historiadores han comenzado a interrogarse en los últimos años. La percepción de que el problema de la corrupción sólo conducía a un ideal de representación inexistente y que con ello se borraba el papel que concretamente había desarrollado el sufragio en las sociedades históricamente situadas, llevó a la formulación de nuevas preguntas y a la creciente consolidación de un campo de análisis en torno a los procesos electorales. Se destacan, en este sentido, los trabajos realizados por historiadores europeos preocupados por analizar el tema del sufragio en el tránsito del Antiguo Régimen a un sistema político moderno. Entre las interpretaciones más importantes abiertas en los últimos años cabe subrayar dos tendencias que, aunque complementarias, se distinguen por el tipo de abordaje realizado. Por un lado, la *historia intelectual del sufragio* realizada por Pierre Rosanvallon para el caso francés, la que a diferencia de la historia política tradicional y la historia de las ideas, busca recuperar el punto de intersección entre la acción de los hombres y sus concepciones del mundo a la vez que comprender las condiciones bajo las cuales se elaboraron y transformaron las categorías sobre el problema de la representación y el sufragio.[4] Por otro lado, la tendencia que recupera básicamente la interacción entre la dimensión social y la dimensión política de los procesos electorales. Se destacan, en este sentido, los trabajos realizados por historiadores italianos –cuya propuesta innovadora se sintetiza en la introducción que Antonio Annino y Rafaelle Romanelli publicaran en 1988 en la revista *Quaderni Storici*[5]– y los producidos por historiadores ingleses en las dos últimas décadas.[6] Estos estudios han llevado a reconsiderar toda la compleja trama de normas y de prácticas, en la que la ley sólo comprende un área limitada del proceso y la práctica no representa tanto la evasión o corrupción de la norma, sino su concreción. El especial énfasis que esta segunda tendencia coloca en el análisis de las prácticas electorales implica un doble reconocimiento: el tributado al análisis institucional para extraer de él nuevos datos e interpretaciones y el que considera a las prácticas informales asociadas al voto un valioso campo de abordaje.

Alimentada por estas nuevas perspectivas, la historia política latinoamericana renueva los viejos moldes interpretativos y avanza en el conocimiento de un área aún muy poco explorada. Los historiadores argentinos participan de este movimiento renovador, aportando lecturas novedosas del proceso político decimonónico. Sobre la base de algunos trabajos pioneros que lideraron el "renacimiento" de la historia política en nuestro país –especialmente los realizados por Tulio Halperin Donghi y Natalio Botana– se han desarrollado muy diversas líneas de análisis vinculadas a nuestro objeto de estudio.[7] Cabe destacar la ruta abierta por José Carlos Chiaramonte para el período que nos ocupa: sus estudios en torno al problema de la soberanía han resultado insustituibles a la hora de evaluar el papel del sufragio en aquellos años.[8] Han sido de igual modo imprescindibles los trabajos realizados por Hilda Sabato para el período inmediatamente posterior, cuya sugerente interpretación sobre el proceso de construcción de la ciudadanía política abrió nuevos rumbos a la investigación.[9] Asimismo, los aportes de historiadores más orientados hacia el estudio del papel desarrollado por las asociaciones civiles y las prácticas culturales en la constitución de una esfera público-política, como aquellos destinados a revisar los complejos vínculos entre historia de las ideas e historia política, representan un avance de fundamental importancia en esta tarea de renovación.[10] La formulación de nuevas preguntas permitió descubrir el valor heurístico de los procesos electorales en el campo de la historia política a la vez que los límites del esquema en el que se basaba el engranaje explicativo clásico. El estudio específico de algunos casos latinoamericanos demostró que el proceso de construcción de la ciudadanía política, lejos de partir de modelos liberales restrictivos de carácter censatario, nació de una concepción muy amplia de la ciudadanía, dando lugar a procedimientos electorales escasamente excluyentes desde el punto de vista normativo. La perspectiva se invierte al intentar observar, ya no sólo los niveles de exclusión que por medio de la ley o del fraude se implementaron en cada región, sino la inclusión de nuevos segmentos de la sociedad que a través del voto se integraron a la vida política.

El objeto de este libro es analizar, entonces, el papel que desarrollaron los procesos electorales en la construcción de la sociedad política bonaerense durante la primera mitad del siglo XIX. La necesidad de reemplazar la tradicional legitimidad monárquica por una nueva legitimidad capaz de garantizar la obediencia política –sumado al hecho de que el Río de la Plata, al ubicarse rápidamente dentro del bloque insurgente, no aplicó la Constitución de Cádiz de 1812 adoptada en la mayoría de las regiones americanas leales a la Corona– hizo transitar a los diversos actores por un sinuoso y complejo camino en el que el sufragio no ocupó un lugar menor. La imagen clásica que minimizó el papel de las elecciones después de la Revolución de Mayo se desmorona apenas se profundiza el estudio en este campo. Desde los debates que en distintos escenarios suscitó el tema del sufragio, pasando por la observación detenida de las prácticas formales e informales que, asociadas al voto, instituyeron los diversos grupos sociales, hasta los itinerarios que ciertas representaciones del imaginario colectivo realizaron, emigrando del campo doctrinario a la esfera política, en todos los casos, la imagen de la representación electoral está muy lejos de aquella que heredamos del pasado. El estudio de las elecciones contribuye, en esta dirección, a explicar algunos aspectos fundamentales de la fuerte conflictividad política que caracterizó a todo el período abordado. Estudio que se llevó a cabo a partir de la confluencia de diversos campos y registros de análisis: los aportes de la historia social, cultural, de las ideas, intentan ser integrados en el marco de una historia política básicamente centrada en las prácticas y comportamientos de los actores. No se trata, pues, de una "historia electoral" preocupada por el *output* de los actos comiciales ni de una historia intelectual del sufragio; es, más bien, un intento de acercamiento explicativo a la gran pregunta que gira en torno a la disputa por el poder político, tomando como principal punto de observación las acciones desplegadas por los grupos involucrados en los procesos electorales y los efectos que generaron tales acciones y las representaciones elaboradas a partir de ellas en la dinámica de funcionamiento del sistema político.

El escenario aquí recortado es Buenos Aires entre 1820 y 1852. Dadas las características del proceso de construcción del Estado Argentino, resulta difícil sostener la propuesta de analizar los procesos electorales en un ámbito que no llega a definirse como un sistema de representación nacional en la primera mitad del siglo XIX –excepto en los fracasados intentos constitucionales o reglamentos provisionales sucedidos en el período– y más difícil aún –en el marco de un emprendimiento individual– intentar abarcar el estudio de las elecciones en cada una de las regiones del territorio del ex virreinato, cuando producida la caída del poder central en 1820 se genera un proceso muy desigual de construcción de soberanías provinciales y de regímenes representativos limitados a tales provincias.[11] El análisis de lo acontecido en

Buenos Aires, si bien no presupone la posibilidad de hacer generalizaciones al quizá mal llamado espacio rioplatense, permite al menos reflexionar sobre cuestiones que inciden más allá del territorio de la provincia, dado el papel protagónico que ésta tuvo en el concierto político de la época y los legados que el ejercicio de la práctica electoral dejó a la etapa siguiente de organización nacional. En este sentido, Buenos Aires fue, sin duda, a diferencia de otras provincias, el caso más exitoso en términos de la importancia asumida por los procesos electorales en la sucesión de la autoridad política (y el menos afectado, además, por las guerras civiles y revueltas lideradas por caudillos regionales que estaban lejos de adoptar el sufragio como principal criterio de legitimidad) y uno de los mejor dotados para su estudio dada la riqueza del corpus documental existente.

El libro se estructura a partir del análisis de tres momentos de la historia del régimen representativo en el Río de la Plata, en los que se fueron configurando formas diferentes de atenuar el conflicto político que inevitablemente devenía de la competencia electoral. Una competencia que, naturalmente, carecía de parámetros y reglas que la regularan –al modo de lo que más tarde constituirá un sistema competitivo de partidos–, pero que por esa misma razón era percibida como perturbadora del nuevo orden político instaurado con la revolución. El nacimiento de una era pautada exclusivamente por la celebración de elecciones periódicas en reemplazo de las reglas de sucesión monárquica, colocaba a la nueva elite dirigente frente a un dilema que, por su propia novedad, no acertaba a definir en su justa medida: la legitimidad sólo podía proceder del consentimiento de aquéllos sobre los que habría de ejercerse la autoridad a la vez que los mecanismos puestos en juego para expresar dicho consentimiento traían consigo una inevitable cuota de imprevisibilidad. A pesar de todos los intentos que la elite hiciera en términos de "aniquilar" el espíritu de incertidumbre derivado del voto de los ciudadanos, quedaba siempre una brecha entre el control ejercido por aquélla y la manifestación de las preferencias de éstos. El dilema era justamente tal, porque en un universo en el que la noción de unanimidad seguía concibiéndose como un principio capital al que nadie parecía es-

INTRODUCCIÓN

tar dispuesto a renunciar definitivamente, cualquier intento por hacer desaparecer aquella brecha, o bien corría el riesgo de apelar a nociones que por su propia procedencia desvirtuaban los principios revolucionarios de libertad e igualdad, o pagaba el costo político de anular la legitimidad fundada en la libre deliberación que debía acompañar al ejercicio del sufragio.

La primera parte busca detectar los principales nudos problemáticos que emergen con la instauración de la nueva representación política luego de la revolución. El primer capítulo, concebido como una introducción al tema central del libro, está destinado a plantear los ejes del debate representativo en el Río de la Plata durante la década revolucionaria. El objetivo, en este caso, es comprender mejor el marco en el que se engendró la crisis del año '20 –a la que en el segundo capítulo hemos definido como una crisis de representación– y el contexto en el que fue sancionada la ley electoral de 1821 (capítulo tercero), vigente hasta 1852. Dicha ley, profundamente innovadora según lo ha consagrado cierta historiografía, combinó de manera *sui generis* algunos de los lenguajes políticos que circulaban en aquellos años en el Río de la Plata para dar respuesta –a la luz de la experiencia previa– a uno de los más graves problemas abiertos por la revolución: el de la sucesión política.

La segunda parte penetra directamente en la cuestión medular del libro: las prácticas electorales desarrolladas en Buenos Aires durante la llamada *feliz experiencia rivadaviana*. Los capítulos cuarto y quinto se detienen en un análisis de las elecciones, en la consideración de los diferentes estratos que conformaron el universo electoral y en los distintos niveles de conflicto que emergieron asociados al voto. La ruptura del orden legal producida en 1828 (desarrollada en el capítulo sexto) estuvo íntimamente vinculada con la lógica adquirida por las elecciones realizadas luego de la restitución de las instituciones provinciales abolidas por el Congreso Constituyente en 1825. La posibilidad de crear en los primeros años de la *feliz experiencia* una fórmula exitosa capaz de garantizar la renovación pacífica de las autoridades provinciales –basada en la libre deliberación de las candidaturas–, fue perdiendo, poco a poco, su potencial originario. La dinámica asumida por los procesos electorales luego del fracaso del Congreso Constituyente incidió de manera significativa en la fuerte conflictividad política desplegada entre 1828 y 1835 y en la resolución posterior que culminó con la instauración de un régimen de unanimidad.

La tercera parte del libro está destinada, precisamente, a analizar el papel del sufragio en la época de Rosas. Examina, en primer lugar, las diversas opciones planteadas en el interregno que separa la *feliz experiencia* de la *unanimidad rosista* y la compleja articulación existente entre los debates de tono más ideológico y doctrinario con la contingencia de los acontecimientos políticos (capítulo siete). En la intersección de ambos registros se halla la explicación de la fórmula adoptada por Rosas luego de 1835 y la peculiar configuración de su régimen, basado en la ingeniería política rivadaviana y en la aplicación sistemática del "terror". La supresión de la competencia electoral a través del sistema de "lista única" y la expansión de la frontera política en el territorio rural (tratados en el octavo capítulo) constituyeron los fundamentos de un régimen de tipo plebiscitario que colocaba a los rituales electorales en un estatus hasta ese momento desconocido. El último capítulo está destinado a describir este componente ritual –a la vez festivo y grotesco– del régimen rosista, a partir del cual el gobernador buscó ratificar su indiscutida autoridad en nombre de la "voluntad general" y la "uniformidad de opinión".

El propósito, entonces, consiste en establecer los puntos de contacto entre los procesos electorales y las viejas cuestiones que ya ha dejado planteadas la historiografía argentina y latinoamericana. El fenómeno del caudillismo, como los procesos de militarización y ruralización de la política asociados a aquél, se produjeron en íntima articulación con la nueva representación política desplegada luego de la independencia. Lejos de constituir fenómenos antagónicos, reproducen una compleja trama en la que el voto revela ser un factor de fundamental importancia a la hora de interpretar las motivaciones que llevaron a los distintos grupos de la elite a enfrentarse en diversas esferas. La inestabilidad política y las guerras civiles que caracterizaron toda esta etapa no pueden ser explicadas desde la sola perspectiva de la militarización o del caudillismo. En ellas juega un papel primordial la búsqueda de una fórmula que fuera capaz, al mismo tiempo, de legitimar el poder político y de generar obediencia regulando la relación entre gobernantes y gobernados una vez resquebrajado el pacto monárquico. La cuestión del sufragio aparece, pues, en la base misma de esta inestabilidad y en el horizonte de todos los modelos representativos discutidos e implementados en el Río de la Plata entre 1810 y 1850. Y aunque la imagen que plantea la cita del comienzo resulte exagerada para extraer de ella conclusiones apresuradas, representa, sin embargo, un punto de partida ineludible que puede sintetizarse en la siguiente pregunta: ¿Qué valor asumió el acto de ir a votar para quienes vivieron y actuaron en esos años, y qué incidencia tuvo este gesto en la dinámica política de la época?

PRIMERA PARTE:
Los primeros ensayos electorales en el Río de la Plata (1810-1821)

PRIMERA PARTE:
Los primeros ensayos electorales en el Río de la Plata (1810-1821)

1. Sufragio y revolución

El 13 de mayo de 1810, luego de cincuenta y tres días de navegación, una fragata mercante inglesa arribaba a Montevideo portando noticias poco alentadoras sobre la situación de la península ibérica: las tropas francesas habían llegado a las inmediaciones de la Real Isla de León con la intención de apoderarse de Cádiz y del gobierno que allí se refugiaba. A pesar del intento que el virrey Cisneros realizara con el objeto de ocultar la información procedente de la metrópoli, fue imposible frenar aquello que, visto en perspectiva, parece hoy irrefrenable. La noticia de una casi total pérdida de la península en manos francesas, divulgada en Buenos Aires a los pocos días del arribo de la fragata a la costa oriental, venía a ratificar de manera irreversible la sorpresa inicial que experimentaron peninsulares y criollos al conocer los hechos de Bayona, cuando se produjo la cesión de la Corona primero a Napoleón y luego a José Bonaparte. Sorpresa y perplejidad frente a una situación que no habían buscado ni imaginado, pero que se erigía en una gran ocasión para rediscutir los términos sobre los cuales se había fundado hasta ese momento la obediencia política. Las primeras muestras de lealtad dinástica y patriotismo español que habían atravesado las Indias en 1808, serían reemplazadas por la formación de juntas de gobierno provisorias que se presentaban —desde Caracas hasta Buenos Aires— como herederas de un poder caído. Luego de dos años de incertidumbre frente a un trono vacante, la ya conocida noción de *retroversión de la soberanía* comenzó a ser evocada en un contexto en el que los propios protagonistas parecían ignorar las consecuencias a las que podía conducir dicha invocación: la revolución estaba en marcha, aunque los hombres que la condujeron no se llamaran a sí mismos revolucionarios.[12]

¿Qué aspecto de esta revolución, tan estudiada como discutida, interesa destacar en este libro y más especialmente en este capítulo inicial? Aun cuando resulta difícil recortar aspectos de un acontecimiento que afectó toda la vida de aquellos hombres, no es marginal al proceso desatado en 1810 analizar una de las experiencias más novedosas que importó la revolución: la de comenzar a elegir nuevas autoridades. Pese a que muchos podrían objetar que las elecciones no constituyeron un proceso tan novedoso si se tiene en cuenta que las Leyes de Indias contemplaban la designación de miembros de Cabildo a través de mecanismos electivos y que en 1809 ya se habían practicado elecciones en muchas ciudades americanas cumpliendo la Real Orden dictada por la Junta Central de España (creada luego de la *vacatio regis*) el 22 de enero de ese mismo año para designar representantes a dicha Junta, la dimensión que asumieron los procesos electorales luego de los sucesos de mayo de 1810 en el Río de la Plata estuvieron muy lejos de poder compararse con aquéllos. Y esto es así porque si bien los primeros reglamentos emanados de la Junta Provisional erigida en Buenos Aires retomaron los mecanismos ya conocidos de la tradición política española, el contexto en el que fueron emitidos y los efectos que rápidamente produjeron se revelaron completamente nuevos. Ya no se trataba de designar por el clásico procedimiento de cooptación a capitulares dependientes de las autoridades virreinales (los miembros del Cabildo saliente "elegían" a sus sucesores) ni a representantes de una Junta Central que, a pesar de haber reconocido a las colonias ultramarinas como parte integrante de la nación española luego de la invasión napoleónica, no dejaba de presentarse como órgano superior capaz de imponer reglas desiguales para el acceso de peninsulares y criollos al ejercicio de la representación. Las elecciones celebradas a partir del 25 de mayo de 1810 en todo el territorio del ex virreinato se hicieron en un contexto de profunda ruptura con la metrópoli –aunque los protagonistas no hayan tenido claros objetivos independentistas desde un comienzo–, produciendo efectos devastadores para el antiguo orden colonial. Retroversión de la soberanía, soberanía del pueblo, libertad e igualdad, fueron algunos de los principios invocados para legitimar el nuevo curso de acción y avalar la reglamentación de procedimientos electivos capaces de reemplazar –al calor de la urgencia de los acontecimientos– la literal ausencia de autoridad. El aprendizaje que aquellos hombres hicieron a través de la nueva experiencia electiva –habituados a jurar fidelidad a un rey muy lejano y ser gobernados por delegados de ese rey nunca visto ni conocido– fue lo suficientemente conmovedora como para erigirse en un punto de no retorno. Los gobernantes no gozarían de allí en más de una legitimidad de origen si no se sometían al veredicto de un proceso electoral en cualquiera de las variantes ensayadas en aquellos años.

La descripción detallada de tales variantes durante la década revolucionaria no constituye, sin embargo, el principal objeto de este capítulo. Sería imposible abordar en pocas páginas la complejidad de los procesos electorales desarrollados entre 1810 y 1820 (los que ameritan la publicación de un volumen específico sobre el tema) como sería imposible también comprender lo ocurrido en Buenos Aires luego de 1820 sin contemplar el derrotero de la representación política en los años precedentes.[13] Por tal motivo, sólo se tratarán algunos aspectos fundamentales de los comicios realizados durante el período con el doble objeto de reflexionar sobre los problemas representativos más acuciantes que vivieron los hombres que enfrentaron la revolución y detectar la evaluación que de tales problemas hicieron los miembros de la elite dirigente en los inicios de la década siguiente. Para ello es conveniente comenzar con la recuperación de la imagen canónica que sobre las elecciones de la primera mitad del siglo XIX hemos heredado, ya mencionada en la introducción.

En primer lugar, vale la pena detenerse en uno de los tópicos más repetidos por ciertos historiadores, devenido en una especie de "sentido común" que, por ser tal, tardó mucho tiempo en ser cuestionado: que las elites buscaron restringir desde un comienzo –tanto desde el punto de vista normativo como a través de las prácticas informales implementadas– la participación del "pueblo" en las elecciones celebradas en el período. El presupuesto se funda en la creencia de que ese "pueblo" –al que nunca se define de manera más o menos precisa– pujaba ansiosamente por elegir a sus gobernantes y que los miembros de la elite –una elite también escasamente definida– habrían impedido por diversos medios llevar adelante tal propósito. El resultado habría sido la conformación de gobiernos con una frágil base popular, ocupados básicamente en evitar la tan amenazante participación de la "plebe" en las elecciones periódicas. Esta imagen, sin embargo, se contrapone a una realidad –según expresan las fuentes sobre el período– en la que el "pueblo" se mostraba poco interesado (se podría afirmar casi indiferente) en participar de los actos comiciales convocados por la elite dirigente; a reglamentos electorales escasamente restrictivos respecto de la definición del mundo elector; y a una actitud por parte de la elite que lejos de buscar restringir la participación en el sufragio, procuraba alentarla en el marco de la normativa vigente. Este cuadro de situación requiere ser explicado en cada uno de sus componentes.

Comenzando por la dimensión normativa, es preciso recordar que en los últimos años ya ha sido demostrado que en la América hispana se impuso un sufragio amplio cuyas exclusiones no siguieron, en general, las huellas del voto censatario derivado de la típica figura del ciudadano propietario inglés.[14] La imposición del antiguo vecinazgo de origen hispánico combinado con la nueva noción de "hombre libre" importada por la revolución dio como resultado un régimen representativo escasamente excluyente si se lo compara con otros vigentes en aquellos años. La discusión en el Río de la Plata acerca de la conveniencia o no de restringir el voto según criterios de riqueza o ilustración fue bastante posterior al momento de la revolución: se introdujo promediando la década del '20 y aun en ese período ocupó un lugar marginal frente a otros problemas más acuciantes asociados al sistema electoral. Los niveles de inclusión en el régimen representativo no se debatieron –al menos en el interior de las asambleas constituyentes convocadas durante la década de 1810– en los términos de una representación que define a qué individuos y segmentos sociales se les reconoce el derecho de voto. Las claves de la inclusión remitieron más a las jerarquías corporativo-territoriales de origen hispánico, combinadas luego con las de la dependencia social, que a las derivadas de criterios individuales de representación.

En el plano de las prácticas político-electorales queda aún por demostrar si efectivamente los mecanismos informales operaron con el objeto de restringir la participación, o si, por el contrario, el tan criticado "oficialismo electoral" actuó buscando ampliar el espacio de participación en el marco de un régimen representativo que sustituyera el desarrollado en el interior de asambleas o cabildos abiertos, muy frecuentes en la década revolucionaria. Para el caso rioplatense, la hipótesis aquí desplegada busca subrayar que, lejos de querer limitar la participación en el sufragio, la elite tendió a incentivarla en el marco del nuevo régimen representativo. El objetivo era disciplinar la movilización activada por la revolución, cuya expresión más frecuente se daba bajo la forma de asambleas populares o cabildos abiertos. El régimen representativo de voto indirecto venía entonces a intentar reemplazar la más caótica y desordenada participación directa de la plebe en las asambleas convocadas durante la década y a movilizar a un electorado aún muy pasivo e indiferente según expresaban los publicistas de la época y demostraban los resultados de las elecciones realizadas.

Desde esta perspectiva, los problemas más relevantes que en el interior del debate por la representación política se fueron definiendo durante la década revolucionaria tienen como referentes, por una parte, a las antiguas jerarquías corporativo-territoriales –en sintonía con la predominante concepción de cuerpos soberanos– y a la tradicional condición de la dependencia social para dirimir los niveles de inclusión y exclusión en el sufragio, y por otra, a la oposición entre ejercicio directo de la soberanía y régimen representativo. En el marco de estos parámetros se constituyó la práctica comicial en aquellos años y sobre su derrotero tratará este capítulo.

Los criterios de la inclusión en la representación política

La situación de "provisionalidad permanente" que vivió el Río de la Plata en la década revolucionaria –según la expresión de José Carlos Chiaramonte– fue producto de la indefinición de dos problemas sustanciales inherentes al orden político: el vinculado al sujeto de imputación soberana, por un lado, y a la forma de gobierno que debía adoptar el nuevo espacio político surgido del desmoronamiento del Imperio, por el otro.[15] Tal como ha demostrado el autor citado, el debate en torno al problema de la soberanía desplegado en los primeros momentos revolucionarios ocupó el centro de la escena política. La repentina e inesperada crisis del Imperio hispánico condujo, primero en la península y luego en América, a buscar una solución doctrinaria legítima a la *vacatio regis* producida tras los sucesos de Bayona. La tradicional teoría de la retroversión de la soberanía, que concebía a los pueblos y ciudades como sujetos de imputación soberana con privilegios y jerarquías particulares, se enfrentó a la más moderna doctrina que consideraba a la nación como el sujeto único e indivisible de imputación. La generalizada invocación en América a la doctrina de la retroversión en los momentos iniciales de la crisis enraizaba –según plantea Antonio Annino– en un horizonte de prácticas y lenguajes ya conocidos; la noción abstracta de una nación compuesta por individuos libres e iguales, en cambio, no remitía a ningún sujeto ni práctica política concreta ya conocida sino que provenía directamente de las doctrinas aplicadas en Francia luego de la revolución y discutidas en las Cortes de Cádiz a partir de 1810.[16] Por otro lado, el debate sobre la forma de gobierno que debería adoptarse se desplegaba en consonancia con el problema de la soberanía: el modelo monárquico constitucional –que seguía las huellas de la ingeniería constitucional inglesa de gobierno mixto o la más novedosa implementada en Cádiz en 1812– y el modelo republicano –aplicado en Estados Unidos o de manera más efímera en Francia–, constituyeron los polos de una amplia gama de opciones que recuperaban diversas formas de organización institucional en las que se cruzaban alternativas centralistas, federales o confederales, según el caso. La predominancia del modelo republicano sobre el monárquico en los primeros años de la década se vio, en parte, debilitada luego de la Restauración monárquica en Europa en 1814, produciéndose el ya conocido giro "conservador" del Congreso Constituyente reunido en 1816 respecto de las posiciones adoptadas en la Asamblea del año XIII.

En ese contexto –al que se sumaba la guerra de independencia–, los debates en torno al problema de la representación política quedaron subordinados a la indefinición de estas sustanciales cuestiones de orden institucional (que por razones de espacio no desarrollaremos en esta oportunidad sin por ello dejar de reconocer la íntima articulación existente entre los debates por la definición de la soberanía, las formas de gobierno y la representación política) adoptando los regímenes electorales formas precarias y ambiguas, en sintonía con la precariedad y ambigüedad del orden político existente.[17] Entre 1810 y 1820 se realizaron elecciones a lo largo de todo el territorio rioplatense para designar integrantes de los gobiernos centrales (desde la primera Junta Provisional pasando por los Triunviratos y luego por el Directorio), diputados constituyentes (a la Asamblea que sesionó entre 1813 y 1815 y al Congreso reunido en 1816 que declaró la independencia y dictó luego la fallida Constitución de 1819), miembros para formar juntas electorales de diverso tipo, juntas provinciales y subordinadas (de duración efímera pero que buscaban crear poderes subordinados al poder central a lo largo de todo el territorio del ex virreinato), gobernadores intendentes (autoridad de origen borbónico que se mantuvo durante toda la década) y miembros de Cabildo. Esta proliferación de reglamentos electorales en un marco como el descrito anteriormente parece, cuanto menos, paradójico. ¿Cómo explicar la multiplicación de procesos electorales en un territorio que no lograba encontrar una fórmula política capaz de crear un orden estable? Quizás en ese dato resida parte de la explicación: la rápida incorporación del sufragio como única alternativa de constitución de la autoridad no fue ajena al hecho de que sólo parecía posible crear legitimidades de origen avaladas por diversas formas de elección, resultando muy difícil transitar hacia una legitimidad de ejercicio donde los poderes erigidos encontraban serios obstáculos para hacer ejecutable su autoridad. Tales obstáculos se vinculaban con el nuevo fenómeno del faccionalismo surgido en el momento mismo de la revolución y con la conflictividad entablada entre las diversas esferas jurisdiccionales de pretensión nacional, regional y local. La coexistencia de entidades territoriales con pretensión soberana –expresadas generalmente a través de las ciudades– con gobiernos centrales no siempre acatados, dibujaron un mapa político en el que la representación quedó sometida a las tensiones y vaivenes sufridos por la redefinición de las jurisdicciones territoriales. Tensiones suscitadas por la pretensión centralizadora de la antigua capital del reino que hizo suya, en varias oportunidades, la nueva concepción de una soberanía única e indivisible, enfrentada a la noción de una soberanía estamental predominante en los otros *pueblos* del antiguo virreinato que, además de oponerse a aquella vocación centralizadora, se manifestaba a través de la competencia entre viejas jerarquías territoriales propias de la colonia (ciudades principales, subordinadas, villas y pueblos dependientes) y, al promediar la década de 1810, entre ciudad y campaña.

El primer problema suscitado en el Cabildo Abierto del 22 de mayo se definió en términos de una tendencia que defendía los derechos de la *capital del reino* a representar a los demás pueblos del virreinato invocando para ello razones de urgencia, frente a otra tendencia que, siguiendo el itinerario de la teoría de la retroversión, se erigía en defensora de los derechos de los *pueblos soberanos* a decidir de común acuerdo la futura representación. El segundo problema se planteó, una vez resuelta la convocatoria a elecciones a todos los pueblos del virreinato, entre aquellos cuerpos territoriales que quedarían respectivamente incluidos y excluidos dentro de la nueva representación política. Luego de algunos intercambios epistolares producidos entre la Junta Provisional y ciertos pueblos del interior, el derecho a tener un representante en dicha Junta quedó finalmente limitado a los cuerpos territoriales definidos por su condición de ciudad –condición otorgada por la presencia de Cabildo– y, dentro de ellos, a aquellas ciudades cabeceras que, en el contexto institucional de la época, no eran otras que las capitales de intendencia o de subdelegación. Las jerarquías territoriales propias de la colonia definían el contorno de la nueva representación, asumiendo la ciudad un papel central en los procesos electorales celebrados después de 1810.

El recorte del ámbito representativo establecido en estos primeros reglamentos se mantuvo en las posteriores normas dictadas entre 1811 y 1815. El número de representantes asignado a cada unidad territorial no seguía el criterio que establece una relación automática entre dicho número y la cantidad de población, sino el más tradicional principio que suponía la existencia de jerarquías y privilegios entre los cuerpos territoriales existentes. Así, Buenos Aires y muy especialmente su Cabildo asumieron en esos años una supremacía respecto de los demás pueblos del ex virreinato que se tradujo en una constante superioridad numérica en relación a la cantidad de representantes asignado a aquélla para formar los diferentes cuerpos representativos. Tal superioridad fue objeto de crecientes cuestionamientos –lo que refleja la doble tensión señalada entre la antigua capital del reino y los pueblos y la que se manifiesta en el interior de éstos– como lo fue también la exclusión de la campaña de la representación política. El reclamo de los pueblos de campaña por participar en el régimen representativo –vinculado, por otro lado, al carácter jurisdiccional de los cabildos rioplatenses que incluían bajo su tutela a las zonas rurales– apareció muy tempranamente.

Pero fue el Estatuto Provisional de 1815, dictado por la Junta de Observación creada luego del fracaso de la Asamblea Constituyente reunida desde 1813 y de instalado el Directorio (poder central unipersonal creado por aquella asamblea), el que modificó sustancialmente los principios sobre los cuales se había montado el régimen representativo en el primer quinquenio de la década. Por un lado, fue el primer reglamento de carácter general pensado para organizar institucionalmente todo el territorio del ex virreinato y el primero en establecer formas electivas para las autoridades vigentes en cada jurisdicción. Sus disposiciones comprendían la elección de diputados de las provincias para el Congreso General –el que finalmente se reunió en Tucumán y declaró la independencia definitiva en 1816–, de gobernadores, de miembros de la Junta de Observación y, finalmente, de los cabildos seculares. Por otro lado, el Estatuto introdujo importantes cambios en el régimen electoral vigente. Tres novedades fundamentales instituyó respecto al tema que nos ocupa en este punto: la incorporación de la campaña en el régimen representativo, la adecuación del número de diputados de cada sección electoral a su cantidad de habitantes y la imposición de un régimen electivo para designar a los miembros del Cabildo.[18] Cabe recordar que tales innovaciones se producían más tardíamente en el Río de la

Plata respecto de otros territorios americanos –leales a las autoridades de la península– donde se había aplicado la Constitución de Cádiz de 1812, en la que se incorporaban los principios enunciados.[19]

Así, la representación de ciudad presente en las primeras reglamentaciones de la década revolucionaria fue perdiendo centralidad a partir de 1815 al admitirse la representación de la campaña y un criterio que vinculaba automáticamente el número de diputados con la cantidad de habitantes de cada territorio (para la elección de diputados al Congreso, los sufragantes pasaron a votar por un elector cada 5.000 "almas" en las asambleas primarias y éstos, reunidos en asamblea o colegio electoral en la capital de cada provincia, debían nombrar un diputado cada 15.000 habitantes). Aunque este último principio fue el más resistido, si se tiene en cuenta que en 1818 algunos diputados del Congreso seguían defendiendo "el método de elecciones de diputados por Ciudades y Villas como se ha hecho hasta ahora",[20] lo cierto es que la sanción del Estatuto Provisional representó el inicio de un paulatino resquebrajamiento de las tradicionales jerarquías territoriales a las que había estado atada la representación política en los primeros años posrevolucionarios.

Ahora bien, según lo expuesto hasta aquí, los criterios para discutir los niveles de inclusión en la representación política no parecen seguir en el Río de la Plata los parámetros de un tipo de representación individual, tal como una concepción moderna de la ciudadanía supone: la preeminencia, en un primer momento, de una concepción corporativa anclada en las tradicionales jerarquías territoriales se combinó, promediando la década del '10, con la noción de dependencia social. La vecindad hispánica definió en casi todos los reglamentos la condición del elector y aunque la categoría de ciudadano circuló en esos años en el Río de la Plata a la vez que se utilizó en cierta normativa electoral, la misma parece haber estado inscrita en el universo de la vecindad del sistema colonial más que en un tipo de representación individual. La condición de vecindad le era otorgada en el antiguo régimen a aquel habitante que reuniera los siguientes requisitos: ser jefe de familia, tener casa abierta, ser un vecino útil, justificar un tiempo de residencia determinado y no ser sirviente. Ser vecino implicaba tener un estatuto particular dentro del reino (con sus respectivos fueros y franquicias) y "representar" de manera grupal a un conjunto más vasto que excedía, naturalmente, al individuo portador de ese privilegio. Aunque el proceso revolucionario dio entrada a la nueva concepción de ciudadano, ésta retomó –tal como ha señalado François Guerra– los atributos de la vecindad, generalizándolos y abstrayéndolos. La nacionalidad, entendida como pertenencia jurídica a la nación, generalizó el vecinazgo como origen; esto es, ser natural de una comunidad. Las condiciones necesarias para la posesión de los derechos civiles y especialmente el domicilio, remitían a la pertenencia a una comunidad concreta; los marginales y vagabundos seguían estando, como antes, fuera de la sociedad.[21] Estas analogías entre el viejo vecinazgo y la moderna ciudadanía hicieron que ambos conceptos aparecieran frecuentemente intercambiados, confundidos y hasta identificados en la normativa de la época.

Los primeros reglamentos electorales aplicados en el Río de la Plata, como asimismo en el conjunto del territorio hispanoamericano, utilizaron diversas fórmulas vinculadas a la condición de vecindad para definir el universo de representantes y representados. En dichas fórmulas no se establecían de manera taxativa las calidades que debían reunir los electores como tampoco los representantes electos, recurriéndose al concepto de vecino como un elemento suficiente para clarificar el mundo de los incluidos en el derecho electoral. El uso indistinto de los términos *vecino* y *ciudadano* aparecía siempre después de establecerse la condición de vecindad para definir la representación y en un contexto en el que la normativa tenía por objeto agregar o aclarar algo respecto de ciertos criterios de inclusión que no se desprendían necesariamente de aquélla. El Reglamento por el que se convocó a la Asamblea del año XIII introdujo un criterio que, pese a su adscripción al pensamiento francés revolucionario, se combinaba con la tradicional vecindad: "los vecinos libres y patriotas" constituía una fórmula mixta que intentaba destacar la nueva situación emergente de la revolución al exigir ahora no sólo la implícita condición de "afincado y arraigado" –que se derivaba de la sola mención del término vecino– sino, además, la de haber demostrado "conocida adhesión a la justa causa de América" para ser electores o electos diputados.[22] El principio jacobino que exigía para la representación política una condición tan ambigua como poco demostrable –la adhesión a la causa revolucionaria– pareció funcionar más como un argumento retórico en el contexto de la guerra de independencia que como una verdadera limitación o exigencia respecto del derecho de sufragio.

El Estatuto de 1815 fue, una vez más, el que innovó sobre la definición de electores y elegidos. Hasta esa fecha, no se disponía siquiera de estatutos que fijaran una edad mínima para acceder al sufragio. Las disposiciones electorales del Estatuto Provisional, respetadas en su mayor parte por el Reglamento Provisorio de 1817 y luego por la Constitución de 1819 (dictados ambos por el Congreso Constituyente trasladado de Tucumán a Buenos Aires luego de declarar la independencia) definían por primera vez en el Río de la Plata determinados requisitos comunes a los habitantes de ciudad y campaña para acceder a la ciudadanía política y, con ella, al derecho de sufragio. Establecía no sólo una edad mínima (25 años) y el requisito de "que haya nacido y resida en el territorio del Estado" el habitante que quisiera gozar del derecho al voto (en el capítulo 3º de la 1ª sección), sino además otras condiciones que, no obstante, se definían por la negativa. Esto significaba que dichos requisitos se inscribían en los posibles "modos de perderse y suspenderse la ciudadanía". Se destaca, al respecto, la suspensión "por ser doméstico asalariado: por no tener propiedad u oficio lucrativo y útil al país…" (capítulo 5º). Esta limitación, nueva en la normativa electoral rioplatense, derivaba de dos nociones muy arraigadas en el pensamiento europeo de fines del siglo XVIII. La primera era aquélla que, al exigir una propiedad o un oficio lucrativo y útil, intentaba excluir a los vagabundos y transeúntes del sistema de representación. En este punto, al igual que los revolucionarios franceses, la elite rioplatense no seguía las huellas del modelo político que fundaba la representación en la noción del ciudadano propietario. La exigencia de una propiedad o de un trabajo conocido no pretendía definir una posición económica, sino más bien un sistema de garantías sociales y morales: los transeúntes no sólo quedaban fuera de la ciudadanía política sino también fuera de la sociedad.[23] La segunda noción estaba vinculada a la condición de la dependencia social. La suspensión de la ciudadanía a los domésticos asalariados derivaba de oponer la condición de hombre libre a la de dependiente. El doméstico era considerado parte de la casa, de la familia patriarcal; su libertad estaba seriamente limitada porque no era un individuo con un trabajo autónomo, encarnando así la figura específica de la dependencia social. Dependencia que se traducía en un tipo de representación grupal en la que el jefe de familia expresaba la voluntad del núcleo familiar: mujeres, menores, domésticos. Los cambios introducidos por el Estatuto de 1815, si bien expresan por primera vez requisitos más detallados para el ejercicio de la ciudadanía y, al mismo tiempo, una ampliación que incluye a los habitantes de la campaña, remiten a un universo político que sigue más atado a nociones que privilegian la inclusión o exclusión de la esfera social (dependientes, vagabundos, transeúntes) que de la esfera política. La inclusión dentro de ésta era una directa derivación de la pertenencia a aquélla.

Así, entonces, la definición de representantes y representados eligió para expresarse fórmulas ambiguas durante la década revolucionaria, permitiendo la inclusión en el derecho de voto de diferentes segmentos sociales que estaban muy lejos de identificarse con la elite. La vecindad, según los últimos avances de investigación, se hallaba más extendida de lo que tradicionalmente se suponía, incluso entre algunos pobladores de la campaña;[24] la noción de dependencia social no impidió la inclusión de una amplia franja de habitantes de ciudad y campaña que reunían el requisito de tener, o bien una pequeña propiedad, o un oficio lucrativo y útil;[25] y el requisito del censo –que remite a una concepción individualista de la ciudadanía– sólo aparecía en algunos reglamentos para el caso de los extranjeros que quisieran acceder a ella. Por otro lado, la ambigüedad normativa ya señalada sumada a la falta de experiencia de los habitantes del ex virreinato en lides electorales y al particular interés de los grupos facciosos en acrecentar su potencial electoral, condujo a que en muchas oportunidades las autoridades de las mesas comiciales incluyeran como electores a personajes que de ningún modo reunían las calidades requeridas por los reglamentos para ejercer el derecho de voto.

La situación se hacía aún más complicada al combinarse los conceptos de vecino, ciudadano y dependiente con la nueva noción de hombre libre importada por la revolución. Esta última categoría condujo a no pocos equívocos, si se tiene en cuenta el contexto en el que se inscribía y los diferentes aspectos a los que aludía. Desde la perspectiva de la dependencia social, la noción de hombre libre estuvo enmarcada en la lenta transformación de los viejos lazos de la dependencia; siervos, esclavos, domésticos y hasta jornaleros, constituyeron categorías sociales que aún parecían cabalgar entre el antiguo régimen y el nuevo mundo de la libertad que las revoluciones parecían inaugurar. Desde la perspectiva de la representación política, se cruzaron dos aspectos muy diversos. Por un lado, que el derecho electoral era una derivación de los derechos civiles: el sufragio activo (que habilitaba a ejercer el voto) y pasivo (que habilitaba a ser electo representante) les era adjudicado a aquellos que pertenecían a la sociedad en tanto no tenían ningún lazo de dependencia social; por otro lado, aludía a la concepción jacobina antes citada en tanto el derecho de voto le pertenecía a aquellos que habían expresado adhesión a la causa revolucionaria. La condición de hombre libre exaltaba, en este caso, una dimensión diferente: la de la nueva libertad conquistada luego de 1810 en oposición a la anterior condición colonial. Este último aspecto tuvo, durante los años más álgidos de la guerra de independencia, una importancia retórica y simbólica nada desdeñable. El tránsito de súbdito a hombre libre encontró su correlato en el régimen representativo al intentar ser excluidos quienes se suponían sostenedores de la condición de vasallaje. Recién después de concluida la guerra de independencia y una vez garantizada la nueva libertad conquistada, la noción de hombre libre quedó despojada de esta dimensión anticolonialista y reducida al primer aspecto señalado. No obstante, la ambigüedad que encerraba esta categoría siguió siendo foco de innumerables conflictos aún después de 1821. La frontera entre los excluidos e incluidos en el universo de la representación política continuó las huellas de esta primera formulación. El punto era acordar qué se entendía por hombre libre.

¿Asambleísmo o Representación? La participación electoral en la década revolucionaria

El papel fundamental que desempeñaron los cabildos en la década de 1810 –y especialmente el de la antigua capital del Reino– se expresó en dos aspectos del proceso político. En primer lugar, el Cabildo se erigió en el órgano depositario de la soberanía frente a la crisis de la monarquía. Inmediatamente después, la debilidad de los gobiernos centrales convirtió a ésta en una práctica habitual: el Cabildo de Buenos Aires reasumió siempre, en momentos de crisis institucional, la potestad que se le había delegado en el Cabildo Abierto del 22 de mayo de 1810. En tensión permanente con los otros poderes surgidos de la revolución, el ayuntamiento se elevó en el único cuerpo capaz de arbitrar los conflictos más graves de la década o de mantenerse en pie en situaciones de vacío de poder, reasumiendo la autoridad. El segundo aspecto en el que se expresó la centralidad del Cabildo se vincula, específicamente, al papel que desempeñó en los procesos electorales. Tanto desde el punto de vista normativo como de la práctica electoral concreta, la institución capitular organizó y controló el sufragio al ser la encargada de convocar a elecciones, confeccionar los padrones, expedir las cartas de ciudadanía, formar las mesas receptoras y escrutadoras de votos y constituirse en el centro edilicio donde se acudía a votar o a realizar los escrutinios. El Cabildo se erigió en el "delegado natural" de una representación que nacía siguiendo los moldes de la vieja tradición española.

Cabe destacar ahora el punto más relevante del debate generado en el interior de la elite respecto al sufragio: el que enfrentó el ejercicio directo de la soberanía practicado en cabildos abiertos y asambleas populares a la definición de un régimen representativo. La tradición colonial del cabildo abierto fue rescatada en los primeros reglamentos electorales e implementada en diversas oportunidades desde las Invasiones Inglesas hasta la supresión de los cabildos (producida en Buenos Aires en 1821 y en el resto de las provincias en fechas posteriores). Tales reuniones, convocadas por la autoridad competente, se desarrollaron conjuntamente a otro tipo de "asambleas" reunidas de manera espontánea, las que rápidamente se convirtieron en ámbitos de legitimación de decisiones que afectaban directa o indirectamente al poder político. El régimen representativo, por otro lado, presentado como el medio más eficaz para suprimir este ejercicio directo de la soberanía, presuponía establecer mecanismos electivos a través de los cuales el pueblo delegara tal ejercicio en un grupo de representantes. Lo que estaba en discusión, entonces, no era sólo la mecánica electoral que debía imponerse –sufragio directo o indirecto, indirecto de segundo o tercer grado– sino además, y fundamentalmente, sobre qué bases fundar y legitimar el ejercicio mismo del poder político.

Esta controversia, que se prolongó durante toda la década –alcanzando sus picos culminantes hacia 1816 y, luego, en la crisis del año '20– remite, indudablemente, al gran debate que desde comienzos del siglo XVIII en Inglaterra y más tarde en Francia y Estados Unidos, se desarrolló en torno a la definición misma del régimen representativo. Éste nacía en oposición a las formas tradicionales de representación basadas en el mandato imperativo, figura del derecho privado en vigor desde el medioevo en Europa, y a las formas antiguas de la democracia directa. La vigencia del mandato imperativo implicaba que los *diputados* o *procuradores* eran representantes de sus mandantes –esto es, de los estamentos que los designaban– debiendo ajustar su voto (en cortes o asambleas estamentales) a los poderes e instrucciones otorgados por el cuerpo que representaban. Se trataba de un tipo de representación de alguien –la Corporación– frente a algún otro –el Rey–, y no de un cuerpo representativo que dejaba de ser un organismo externo al Estado para convertirse en organismo del Estado, tal como las formas modernas de representación lo entendían. Este tránsito, que se dio más tempranamente en Inglaterra y luego en Estados Unidos y Francia, implicó el abandono del mandato imperativo y la imposición de un sistema en el que los diputados electos ya no lo eran de una corporación en particular, sino de la *nación* o el *pueblo* al que representaban con total autonomía de sus electores. El régimen representativo nacía, así, con una fuerte vocación de independencia frente a las antiguas formas del mandato y en oposición tanto a la práctica de revocabilidad permanente de los elegidos como a la antigua noción de democracia directa practicada por los antiguos.

Este debate, que involucró a pensadores de filiaciones doctrinarias muy diversas, no estuvo ausente del desplegado en el espacio rioplatense. Las recurrentes citas de Blackstone que aparecían en la prensa periódica local para fundamentar la necesidad de establecer un régimen representativo en oposición al ejercicio directo de la soberanía, se enfrentaban a una realidad en la que proliferaban las asambleas o cabildos abiertos y a una práctica que mantenía incólume la vigencia del mandato imperativo. Todas las asambleas reunidas entre 1810 y 1820 conservaron la figura del mandato con sus respectivos poderes e instrucciones, en absoluta consonancia con la predominante concepción estamental de la soberanía. Los diputados actuaban en nombre de los cuerpos que los habían elegido (las ciudades, en el caso rioplatense) y no de individuos abstractamente considerados, tal como la teoría moderna de la representación planteaba.[26] Las asambleas o cabildos abiertos, por otro lado, tendían a cuestionar la legitimidad de origen –como asimismo la legitimidad de ejercicio– que se arrogaban los gobiernos centrales sucedidos en aquellos años, electos después de 1811 bajo diversas formas de sufragio indirecto.

Las primeras elecciones realizadas en 1810 para elegir diputados a la Junta, se hicieron bajo la forma de cabildo abierto. Pero a diferencia de los cabildos abiertos de la época colonial –que revestían el carácter de juntas de vecinos distinguidos, convocados por el ayuntamiento de manera extraordinaria para deliberar sobre determinados asuntos de administración comunal–, los que se reunieron en las diferentes ciudades a través del Reglamento del 25 de mayo de 1810 asumieron la nueva representación política derivada del proceso revolucionario. El Reglamento dictado en 1811, que creaba Juntas Provinciales, separó por primera vez el acto eleccionario de la figura del cabildo abierto: el sufragio revistió el carácter de comicio y en adelante, todos los reglamentos dictados durante la década siguieron diversas modalidades de sufragio indirecto. En algunos casos, bajo la prescripción de mecanismos bastante complicados que podían combinar la pluralidad de sufragios con el sorteo o elecciones de tercer grado, y en otros, siguiendo la más tradicional forma de asambleas de segundo grado.

Este régimen de sufragio indirecto coexistió con otras formas de participación activadas al calor de la revolución. Prácticas informales que adoptaban, en general, la modalidad de asambleas populares, cuya presencia se convirtió en un distintivo del nuevo espacio público porteño. A estas reuniones –muchas veces derivadas en francas revueltas contra el poder estatuido– se le sumó la realización de cabildos abiertos, que ya no asumían la forma de asamblea electoral como en 1810, sino la de reuniones deliberativas convocadas en algunas oportunidades por el "pueblo" y, en otras, por las autoridades centrales o del Cabildo para debatir sobre ciertos asuntos de interés común. Cabe destacar, en este sentido, las asambleas realizadas en abril de 1811 y en septiembre del mismo año, en las que se expresaron cabalmente tanto los conflictos que afectaban a las facciones que conformaban la Junta de gobierno como los que enfrentaban a dicha Junta con el Cabildo de Buenos Aires. También es preciso subrayar la importancia de otras asambleas populares como la convocada en octubre de 1812, en la que desconociendo las elecciones realizadas para renovar los miembros del Triunvirato se implementó otro mecanismo no contemplado en los reglamentos: se encargó al Cabildo la designación de aquéllos sometiendo la terna al veredicto de la aprobación popular. Pero el punto culminante del conflicto se expresó en 1816, cuando a raíz de un movimiento provincialista generado en Buenos Aires –estudiado en detalle por Fabián Herrero– el gobierno decidió someter el asunto a una consulta popular.[27] ¿Bajo qué modalidad se haría dicha consulta? El dilema se definió en términos de *Cabildo Abierto* o *Representación*. Mientras que el Cabildo y la Junta de Observación sostenían que el pueblo debía expresarse por medio de representantes elegidos en comicios –tal como estipulaban los diferentes reglamentos electorales dictados a partir de 1811–, el Director Supremo se inclinaba por la tradicional práctica informalmente estatuida durante esos años de cabildo abierto. Las razones que aducían los primeros para defender los mecanismos propios de un régimen representativo eran que "el pueblo y su campaña debían ser oídos de un modo digno y decoroso, haciéndolo por Representantes, y no en Cabildo Abierto, por los inconvenientes que ofrece, según dictamen de todos los políticos", mientras que los defensores del cabildo abierto argumentaban que el pueblo reunido de tal manera "defenderá con más entusiasmo su libertad".[28]

Más allá de los resultados a los que condujo esta controversia –donde triunfaron los sostenedores de las formas representativas–, es preciso detenerse en algunos aspectos del conflicto. Una interpretación más sensible a las perspectivas de análisis que ponen el eje en la dicotomía tradición-modernidad podría ver en esta disputa la contraposición de principios antiguos y modernos de representación, invocados en cada caso por grupos relativamente permeables a asumir como propios algunos de tales principios según sus experiencias vitales precedentes. Pero si se contempla, por ejemplo, que el mismo Cabildo se posicionó a favor del régimen representativo en esta oportunidad –no así en otras disputas similares– es preciso admitir que la dimensión estrictamente política (coyuntural) explica gran parte de los conflictos aquí descritos.[29] En este aspecto del debate sobre el régimen representativo es donde se manifiestan más abiertamente las divisiones producidas en el interior de la elite dirigente. Los grupos facciosos buscaban dominar la escena política y para ello necesitaban controlar los mecanismos de acceso al poder. Cuando las elecciones a través del sufragio indirecto les impedía asumir legítimamente la autoridad –por carecer de los recursos necesarios para movilizar la suficiente cantidad de sufragantes– echaban mano del mecanismo asambleísta para intentar alzarse con el poder en disputa. Por esta razón, las asambleas populares comenzaban muchas veces siendo deliberativas, derivando luego en asambleas resolutivas. El pasaje de la deliberación a la resolución –que en varias oportunidades se tradujo en el derrocamiento del poder estatuido y la formación de un gobierno que lo reemplazara– estuvo siempre mediado por mecanismos electivos tendientes a legitimar la decisión tomada. Por cierto que se trataba de mecanismos electivos *ad hoc*, implementados espontáneamente y de manera directa en la asamblea, que asumían preferentemente la forma del tradicional voto-consentimiento.

Este principio que propugnaba el ejercicio directo de la soberanía a través de las asambleas populares o cabildos abiertos –sin duda más fácilmente "comprendido" que el más abstracto y complejo régimen electoral de segundo o tercer grado vigente y, en consecuencia, más permeable para convocar a una población que no se sentía interpelada por un tipo de representación basada en el concepto de "delegación"– fue padeciendo un creciente descrédito durante la década revolucionaria. El resultado del conflicto antes descrito así lo demuestra. Se hizo cada vez más frecuente que diferentes grupos de la elite porteña identificaran la práctica asambleísta con el desorden, los tumultos, la política facciosa, el desborde popular, en definitiva, con la noción de ingobernabilidad. La contracara de esta imagen la ofrecía la consolidación de un régimen representativo sobre cuya base debía asentarse la nueva legitimidad política, encargada de reemplazar la caducada legitimidad del rey. La idea que predominaba entre los contemporáneos era que un régimen de elección indirecta sería capaz de ordenar, controlar y disciplinar la participación de una sociedad absolutamente movilizada a partir de la guerra de independencia. El sufragio indirecto trasladaría el momento de la deliberación –desarrollado de manera tumultuosa en las asambleas populares– a las asambleas electorales de segundo grado. Allí estarían los representantes electos –que se suponía debían ser los vecinos o ciudadanos más distinguidos– que, en dimensión más reducida, conducirían la designación de autoridades de un modo "decente y ordenado". El sufragio indirecto aparecía como una garantía de mayor gobernabilidad, en tanto las negociaciones entre los diversos grupos de la elite se harían en el seno de dichas asambleas y ya no en la más amenazante plaza pública.

Desde esta perspectiva, el debate en torno a cabildo abierto o representación ocupó más la atención de la elite que el problema de la amplitud o restricción del derecho de voto. La inclusión o exclusión de ciertos segmentos de la sociedad en el sistema representativo no constituía aún el centro de las preocupaciones. La amenaza no provenía de un sufragio amplio, que tal como estaba plasmado en la norma permitía la participación de la plebe urbana y más tarde de los habitantes de la campaña en el sistema representativo, sino de los grupos que formaban parte de la elite, quienes apelaban a dichos sectores a través del tumulto de las asambleas.[30] Había que controlar los mecanismos de acceso al poder en el interior de la propia elite, cuyas divisiones amenazaban permanentemente la estabilidad del gobierno de turno, que la más remota posibilidad de que los sectores populares movilizados al calor de la revolución intentaran organizar, a través del sufragio, una suerte de gobierno de la plebe. En esta dirección, al mismo tiempo que la prensa y los documentos públicos insistían en el problema del asambleísmo como foco de disturbios e ingobernabilidad, se remarcaba también la necesidad de acrecentar la participación en el sufragio. La inquietud generada por la escasa participación electoral estuvo presente desde muy temprano y se fundaba en los datos que ofrecía la realidad: era muy raro superar las dos centenas de votantes en cualquier elección del período. Las convocatorias insistían sobre la importancia de concurrir a las elecciones y de asumir el voto, ya no como un simple derecho, sino como un deber. La reflexión que sobre este asunto hacía *El Censor* el 15 de agosto de 1815, reproduce este espíritu:

> "La notable indiferencia que he observado en este público, al *sagrado deber de concurrir a sufragar* por los que han de representar y acordar sus más caros intereses, me ha llenado de sentimiento, y han asaltado a mi imaginación mil ideas desfavorables al objeto laudable de la libertad: porque de qué sirve que cada ciudadano sea un patriota de opinión, si falta aquel entusiasmo, aquel estímulo, aquel celo, aquella agitación, aquella laudable ambición que caracteriza el espíritu de un pueblo amante de su libertad en el caso de elecciones?".

La insistencia en reforzar la movilización electoral se fue convirtiendo en un tópico recurrente en el segundo quinquenio de la década, valorándose cada vez más la noción de cantidad por sobre la calidad de los electores. Cabe destacar, en este punto, dos ejemplos que ilustran el tránsito señalado. El primero tiene por escenario las elecciones realizadas en 1815 según lo estipulado por el Estatuto Provisional, en la sección electoral de Arrecifes, correspondiente a la campaña bonaerense. En dichas elecciones, pese a que los resultados del escrutinio habían arrojado la mayoría simple de votos para un candidato, la mesa escrutadora decidió nombrar a quien había obtenido menor número de votos en virtud del siguiente argumento:

> "...Cuál pluralidad, si la del número o la de Calidad y otras circunstancias debía decidirnos para el nombramiento de electores acordamos anteponer entre los de mayor número que tuviese a su favor, la mejor calidad de sufragantes o la notoriedad de pureza y libertad...".[31]

La noción de calidad que la mesa antepuso a la legitimidad del número, por estar asociada a una forma de representación jerárquica en la que el representante expresaba la voluntad de un grupo, condujo a computar veinte sufragios como si fueran doscientos, habida cuenta que de esos votantes dependían "las personas de los hijos, dependientes y asalariados". El universo de la dependencia social se articulaba así a la nueva representación política. El segundo ejemplo lo ofrece un artículo de *La Gaceta de Buenos Aires* publicado el 16 de agosto de 1820, en el que se reflexiona sobre las razones que llevaban a propugnar un significativo aumento de la participación electoral:

> "Votar todos o casi todos los ciudadanos. Un partido, por pequeño que sea, puede contar con cien votos; otro contará con doscientos; claro está pues que si votan sólo quinientos ciudadanos, los trescientos votos son faccionistas aunque separados, y como es preciso que por el mismo hecho de ser libres, los otros doscientos deban ser divergentes, resulta que la facción o partido de los doscientos vencerán y obtendrán su objeto. Más si votasen diez mil ciudadanos, ¿de qué serviría la pequeñísima facción de doscientos individuos? ¿No quedaría ahogada y sofocada entre la gran mayoría?. Este es el remedio ciudadanos: votemos todos, pues todos estamos obligados a hacerlo".

El voto, en esta perspectiva, asumía la fuerza que otorgaba una legitimidad basada en el número –y ya no en la calidad de los electores– y una dimensión disciplinadora de la práctica política: disciplinar la movilización de una sociedad que, profundamente politizada luego de la revolución, tendía a encontrar en las asambleas populares el ámbito más propicio para deliberar y resolver las cuestiones políticas; disciplinar a los "facciosos" que buscaban manipular el voto de los ciudadanos para acceder al poder, o bien por fuera de las normas establecidas refrendando decisiones políticas en asambleas que no alcanzaban el centenar de votantes, o en elecciones indirectas que tampoco superaban esa cifra; en fin, disciplinar a los grupos que conformaban la nueva elite dirigente surgida al calor de la guerra de independencia. Planteos todos que no pasaban de una mera declaración de principios.

Los ensayos representativos implementados durante toda la década habían demostrado la dificultad para imponer una nueva legitimidad frente a la ya caducada legitimidad monárquica. La aún irresuelta cuestión de la soberanía se sumaba a los conflictos derivados de enfrentar, en un mismo escenario, principios de representación divergentes: la calidad versus la cantidad, el asambleísmo versus la representación, los cuerpos territoriales versus la distribución numérica de la representación según el número de habitantes. Principios que configuraban los extremos de un debate teórico que no hallaba en la práctica política concreta fórmulas mixtas capaces de garantizar la sucesión pacífica de las autoridades. El problema de la sucesión política se instalaba en el seno de la nueva república que se pretendía fundar. Hacia el año '20, entonces, si bien parecía haberse encontrado resolución definitiva a uno de los problemas básicos a los que el sector criollo debió enfrentarse con la ruptura de los lazos coloniales –tal fue el tránsito de súbdito a hombre libre– no podía afirmarse lo mismo respecto del principio que debía regir y ordenar la nueva libertad conquistada. La forma de gobierno, el sujeto de imputación soberana y el tipo de representación derivada seguían constituyendo asuntos pendientes para una elite que luego de diez años de revolución y guerra buscaba encontrar una forma organizativa para los territorios ahora independientes.

2. La crisis de 1820: un dilema representativo

El año veinte. La Catástrofe. Así encabezaba Mitre la narración de los hechos ocurridos durante ese año. El tono dramático que le impuso al título no exageraba, por cierto, las impresiones que de tales acontecimientos tuvieron los contemporáneos. La aspiración de "… que el mundo alcance con perfección que todos no fueron más que pasajes teatrales dentro de la ciudad…"[32] –tal como expresaba un periódico por aquellos días– no hacía más que reflejar la extrema perplejidad bajo la que vivieron los hechos sus propios protagonistas.

La caída del poder central, en proceso de disgregación desde tiempo atrás dada la difícil situación creada con la Restauración monárquica en Europa, la constitución de poderes regionales cada vez más vigorosos y la presencia de una fuerte oposición en Buenos Aires al gobierno directorial, desató la catástrofe aludida por Mitre. La promulgación de la Constitución de 1819, decididamente centralista, ofició de disparador de los conflictos latentes. La batalla de Cepeda consumada el 1º de febrero de 1820 celebró el triunfo de los disidentes del Litoral liderados por el gobernador de Santa Fe, Estanislao López, y el entrerriano Francisco Ramírez, provocando la definitiva caída del gobierno directorial. A esa altura, la guerra de independencia había culminado en el espacio rioplatense y quedaba por resolver el dilema ya planteado en 1810: sobre qué bases fundar la legitimidad del poder político. Un poder que ya no era posible extender al territorio del antiguo virreinato; la experiencia revolucionaria había demostrado la dificultad de conformar una unidad política allí donde la vieja legitimidad monárquica lo había logrado. Comenzó, entonces, un proceso de transformación político-territorial cuyo desenlace dio lugar a la desaparición del poder central y a la configuración de un nuevo espacio político: el Estado provincial. Aunque con diferentes grados de éxito en cada región –y pese al intento fallido de reconstituir el poder central en el Congreso reunido entre 1824 y 1827– las provincias se convirtieron en entidades autónomas durante más de tres décadas, las que a través de sus respectivas constituciones o leyes fundamentales organizaron sus propios regímenes políticos y aparatos administrativos.[33] Buenos Aires dejó de ser, entonces, sede de los gobiernos centrales para erigirse en un Estado autónomo.

Este tránsito no estuvo exento de conflictos: disputas regionales y facciosas enfrentaron a los diversos grupos de la elite dirigente. A la división producida entre centralistas porteños y caudillos federales del Litoral, cuyo mayor desacuerdo giraba en torno a la definición del nuevo sujeto de imputación soberana y a la forma de gobierno que adoptaría la futura constitución del Estado, se le sumaron otras. En el interior de la misma elite porteña existían defensores de una organización política confederal –disidencia ya expresada en el movimiento provincialista de 1816– a la vez que una virulenta división facciosa que enfrentaba a "directoriales" con "antidirectoriales".[34] En este marco de segmentación política, cada grupo utilizaba su poder de convocatoria y movilización en pos de imponerse sobre el resto, confluyendo todas las disputas en el escenario político provincial en los primeros meses del "fatídico año '20" –como gustarán decir luego sus propios protagonistas–, apenas fueron vencidas las tropas del ejército nacional en Cepeda. Los hechos sucedidos durante ese año expresan una crisis de representación sin precedentes, convirtiéndose tanto en el epílogo del proceso abierto en 1810 como en el prólogo de una nueva situación política, creada en gran medida bajo la presión del fantasma de la anarquía.

Los escenarios de la disputa

Algunos historiadores han abundado en varias oportunidades en relatos detallados sobre lo ocurrido luego de la caída del poder central, sin detenerse explícitamente a destacar la dimensión que asumieron los procesos electorales en el interior de la crisis de gobernabilidad abierta luego de Cepeda.[35] Buenos Aires se convirtió en un escenario en el que se condensaron todos los ensayos representativos implementados durante la década revolucionaria –cabildos abiertos, asambleas populares, petitorios, asonadas militares, elecciones indirectas, elecciones directas– a la vez que todos los aspectos de la discusión en torno a la legitimidad política. En un mismo movimiento se enfrentaron los antagonismos latentes desde la revolución: el que oponía la vieja capital del Reino a los pueblos del interior, el asambleísmo al régimen representativo, la determinación del número de representantes según la "calidad de cuerpo territorial" o la "cantidad de habitantes", y finalmente, la ciudad a la campaña. En cada uno de estos antagonismos asomaba, una vez más, la preocupación por la escasa cantidad de sufragantes que las convocatorias a elecciones lograban reunir.

La oposición entre asambleísmo y régimen representativo se manifestó desde el momento mismo en que se produjo la disolución del Directorio y del Congreso. Mientras el Cabildo de Buenos Aires reasumía –como tantas otras veces en la década revolucionaria– el "mando universal de esta Ciudad y su Provincia", los caudillos vencedores en Cepeda se opusieron a ese traspaso y exigieron elegir nuevo gobierno a través de un cabildo abierto para que negociara con ellos un tratado de paz. El cabildo abierto fue convocado para el día 16 de febrero y en él se decidió la creación de la Junta de Representantes de Buenos Aires, nuevo poder provincial que nacía con el objeto de designar al gobernador. Los 182 asistentes, según registra el acta capitular respectiva, designaron doce representantes del pueblo, quienes eligieron como gobernador provisional a Manuel de Sarratea. Esta primera Junta –que funcionó más como una asamblea electoral de segundo grado– se formó sin representación de la campaña, ya que los diputados electos en el cabildo abierto lo eran de la ciudad. Sin embargo, al día siguiente de realizada la asamblea, la Junta manifestó que "espera se les dará toda la legitimidad y firmeza necesaria, ínterin pueda reunirse la representación de la campaña, a cuyo efecto se toman las debidas providencias".[36] El 4 de marzo, la Junta decidió convocar a nuevas elecciones en ciudad y campaña, esgrimiendo el argumento de que varios diputados habían renunciado y que éstos "por los pocos sufragios que reúnen en su favor, no dan lugar a considerarlos electos por la voluntad general del pueblo". Para superar esta dificultad, la Sala, débilmente constituida por haber renunciado 6 de los 12 representantes, determinó que las elecciones se harían "en la forma acostumbrada", estableciendo que los alcaldes y tenientes de barrio "corran la noticia entre todos sus vecinos en día en que deba votar su cuartel a fin de que nadie deje de sufragar por ignorar la convocatoria". Prosigue luego el mismo Acuerdo:

> "Que a fin de que la omisión de muchos ciudadanos en sufragar no dé lugar a que prevalezca la votación de otros complotados por el influjo de los aspirantes, serán notados de incivismo todos los que sin legítimo impedimento incurriesen en dicha omisión y sus nombres serán publicados por la Prensa...".[37]

Esta convocatoria, sin embargo, no pudo concretarse dado que un numeroso grupo de personas se reunió en asamblea en la Plaza de la Victoria y elevó un petitorio firmado por 165 ciudadanos en el que se declaraba que el actual gobierno no era de su confianza y que debía cesar en el cargo. Al día siguiente, la misma multitud volvió a reunirse en la Iglesia de San Ignacio, donde se discutió si se debía reunir "al pueblo en masa" o si "el mismo pueblo que no pudiese ser reunido en otra forma que no sea por medio de representantes".[38] Finalmente se impuso la primera propuesta, pese a los lamentos de *La Gaceta* que afirmaba el 10 de marzo: "ésta es la triste suerte de todas las resoluciones que toma el pueblo en masa". Bajo la fuerte presión del sector militar –hecho destacado por la mayoría de los testimonios que quedan de aquella asamblea– Balcarce fue designado gobernador de la provincia. Su potestad, sin embargo, sólo duró la semana del 6 al 11 de marzo, momento en el que Sarratea fue repuesto en el cargo con la intervención de Ramírez. El Cabildo, días después, dejaba constancia de la ilegitimidad que había rodeado al efímero gobernador "hecho por un corto número de ciudadanos faccionados al abrigo de la fuerza militar".[39]

Como la Junta de Representantes se hallaba disuelta por no haberse podido concretar la elección decidida el 4 de marzo, Sarratea convocó a elecciones para formar una nueva Junta de Representantes de la provincia. La convocatoria fue para elegir diputados en ciudad y campaña según la cantidad de representantes estipulada por el Reglamento de 1815 (doce para la primera y once para la segunda según los resultados del censo levantado aquel año para dar cumplimiento a dicho Estatuto), siguiendo a tal efecto la división en secciones establecida. El día anterior a la realización de las elecciones en la ciudad, el editor de *La Gaceta* publicaba un extenso artículo en el que reflexionaba en torno a la importancia de acudir a votar. Luego de criticar el modo bajo el cual se habían realizado las elecciones en los últimos años del Directorio, sintetizaba su ideario al afirmar que "antes el voto era una pura exterioridad y ceremonia; ahora debe causar todo su efecto". Efecto que no era otro que el de legitimar un poder constituido a través de una concurrencia masiva al sufragio. La ausencia de sufragantes no hacía más que profundizar "aquel vacío en la ciudad" vivenciado desde comienzos del año '20:

> "La sociedad debe ser también llena en sus derechos, y dañando al común el vacío que resulta del defecto de votos particulares, puede y debe obligarse a cada uno a que edifique por su parte, y en caso contrario debe penársele, como a quien se niega a completar el edificio público moral".[40]

La legitimidad basada en la fuerza del número aparecía cada vez más asociada a la noción del voto como *obligación*, exhortándose a los ciudadanos potenciales a ejercer ese derecho, no sólo por parte de publicistas o personajes particularmente interesados en reunir un importante caudal de votos con el objeto de ganar las elecciones, sino también por parte de las mismas autoridades. El 17 de abril el Cabildo lanzaba, a tal efecto, una proclama dirigida a los habitantes de la provincia para que no fueran indiferentes a las elecciones convocadas y eviten con su participación "las maniobras de los facciosos". La amenaza de penalización –ya presente en los Acuerdos de la primera Junta de Representantes que propuso publicar en la prensa las abstenciones– se continuó en el decreto de convocatoria citado y en posteriores propuestas que hará la Junta. Sin embargo, pese a todas estas apelaciones al sufragio, los resultados de las elecciones realizadas en la ciudad fueron más que exiguos. El 21 de abril fue tan escasa la participación que los comicios debieron suspenderse, implementándose un mecanismo novedoso a través del cual el gobierno procuraba obligar a los habilitados a votar a ejercer su función cívica: se conminó a los tenientes alcaldes a convocar de casa en casa a los vecinos de sus cuarteles haciéndoles firmar a éstos un papel en el que acusaran recibo de haber sido convocados a las elecciones.[41] Finalmente, cuando éstas se sustanciaron el 27 de abril, el candidato más votado apenas obtuvo 212 sufragios, resultando llamativa la gran dispersión de votos que expresa el escrutinio: hubo 265 candidatos –muchos de ellos votados por un solo sufragante– para designar a 12 diputados. El número de candidatos había superado el número de sufragantes, teniendo en cuenta que cada elector debía elegir dos candidatos.

En la campaña, de los pocos datos que quedan respecto de la cantidad de sufragantes, el panorama fue más patético. El alcalde de Areco, por ejemplo, le comunicó a Sarratea que en la elección no se habían podido reunir más que ocho vecinos porque hasta ese momento muy pocos habían vuelto a sus campos "desde la venida de los federales y estos pocos vecinos en la actualidad han profugado (sic) por miedo de los indios".[42] No obstante este testimonio, la campaña fue designando a sus diputados, los que fueron incorporados a la Junta el día 30 de abril de 1820.

La nueva Sala comenzó a sesionar al día siguiente, compuesta casi por los mismos hombres electos en la Junta anterior: la mayoría vinculados a la tradición centralista y, fundamentalmente, al poder económico-social de la provincia. El gobernador debió jurar "reconocer la soberanía de la provincia en la presente Junta de Representantes, obedeciendo y haciendo ejecutar todas las órdenes y demás resoluciones que emanen de ella",[43] dejando de ser ésta un mero cuerpo electoral de segundo grado encargado de designar al gobernador para pasar a convertirse en un cuerpo que, aunque con contornos todavía muy indefinidos dada la casi nula institucionalización del poder, comenzaría a ocupar el centro de la escena política provincial elevándose paulatinamente al estatus de Poder Legislativo. La nueva Junta nombró a Ramos Mexía, Gobernador Propietario, quien poco después debía renunciar por el estado de insubordinación general. Así, el 20 de junio se superpusieron tres autoridades diferentes en la provincia de Buenos Aires: Ramos Mexía, que sólo era reconocido por la Junta de Representantes y que había renunciado entregando el bastón de mando en el Cabildo, el Cabildo erigido en Cabildo gobernador y el general Soler nombrado por la caballería de campaña. Tal como dijo Mitre "este fue el día famoso (…) en que ninguno de los tres era gobernador de hecho ni de derecho".[44]

La conflictividad política que agitaba la provincia por aquellos días no se reducía al enfrentamiento de diversos grupos centralistas y confederacionistas, sino que se expresó, además, en una disputa representativa entre ciudad y campaña. La primera muestra de esta desavenencia se manifestó en el petitorio elevado por los jefes y oficiales de milicias de la campaña al Cabildo de Luján, en el que se designaba gobernador al general Soler en nombre de "la voluntad general de la campaña". Dicho Cabildo reconoció su autoridad argumentando que "toda la campaña de Polo a Polo" lo había proclamado, elevándose la resolución a la Junta de Representantes y al Cabildo de Buenos Aires.[45] Este último reconoció a Soler como gobernador el 23 de junio, quien debió renunciar al cargo pocos días después frente a la nueva invasión de las tropas santafecinas unidas con las del general Alvear y Carrera. Mientras que en la ciudad la Junta de Representantes se auto disolvía, reasumiendo el mando el Cabildo, en la campaña los sectores sublevados recuperaban el poder que habían delegado en la Junta, retirándose de ella los diputados de Luján, epicentro del conflicto. El Cabildo gobernador convocó rápidamente a una junta electoral de la capital únicamente –que designó gobernador a Manuel Dorrego– mientras que parte de la campaña, dominada por López, nombró gobernador a Alvear. La disputa representativa que estaba en la base de este conflicto –desplegada durante todo el mes de julio cuando coexistieron dos juntas de representantes (de ciudad y campaña) y dos gobernadores– quedó reflejada en los documentos que cruzaron los litigantes. El *Memorial* presentado por la Junta de Representantes instalada en la Villa del Luján iniciaba de este modo sus peticiones:

> "Los Pueblos de nuestra campaña fatigados de las calamidades de la guerra interior, calamidades de que ellos solos han sido la víctima, buscaron su protección en los aliados. La inconsideración con que habían sido tratados por sus diferentes gobiernos, justificaba esta medida. La justificaban altamente sus padecimientos, y más que todo la desesperación del remedio. Entregados así mismos por la ineptitud o debilidad de los que habían dispuesto de sus vidas y haciendas al antojo de sus caprichos, buscaron en el Ejército Federal la protección que no quería, o no podía darles su gobierno interno. Su voz fue oída y escuchadas sus quejas…".[46]

La imagen que ofrece la cita sintetiza uno de los problemas que está en la base del conflicto que enfrentó a ciudad y campo durante el año '20. La idea de que la campaña era un espacio subordinado a los designios de la ciudad a la vez que objeto de expoliación de los gobiernos centrales en función de la guerra de independencia, no era nueva. Lo que sí resulta novedoso es la fórmula que elige para expresarse. ¿Dónde residía dicha novedad? En la traducción de la demanda por redefinir los roles de cada espacio en términos de un conflicto representativo. Así, los autodenominados diputados de los "Pueblos Libres de la campaña" desarrollaron en todas sus proclamas una serie de tópicos que fueron refutados, paso a paso, por los representantes de la ciudad.[47] El más discutido fue el mecanismo de elección utilizado para designar a aquéllos. El *Memorial* citado planteaba al respecto:

> "Los pueblos de toda esta campaña, deben concurrir a este Congreso provincial, cada uno con su diputado, pues no hay razón para que se les considere por el *número de sus habitantes, sino como unos cuerpos morales*, que en el actual estado de cosas, tienen todas las ventajas sobre el solo pueblo de Buenos Aires.

La base que ha propuesto para negociar el Excmo. Cabildo es inadmisible. En esta parte y en todo lo demás hará sanción la pluralidad de sufragios de todos los diputados reunidos".

La crítica a un tipo de representación fundada en la distribución del número de diputados según la cantidad de habitantes –tal como había establecido el Estatuto Provisional de 1815– reeditaba el dilema ya discutido en el Congreso Constituyente en 1818 (citado en el capítulo precedente). Los diputados reunidos en Luján defendían una concepción de la representación política basada en las tradicionales jerarquías corporativas en consonancia con la noción estamental de la soberanía. En ese marco, cada pueblo de la campaña proclamaba reasumir su soberanía y expresar su voluntad a través de apoderados que, electos por mecanismos que privilegiaban la calidad sobre la cantidad, debían ajustarse a las instrucciones de sus comitentes según las pautas del mandato imperativo. De hecho, todas las expresiones de los diputados de la campaña se mantenían dentro de los cánones de la figura del mandato: "…a fin de llenar los objetos de nuestros poderdantes en el nombramiento que han hecho en nuestras personas; después de canjeados mutuamente los poderes, resolvimos por uniformidad de sufragios…".[48]

La identificación de los pueblos de la campaña con *cuerpos morales* incluía nociones que, aunque contradictorias al momento de evaluar las filiaciones doctrinarias, tendían todas al mismo fin. El objetivo era cuestionar la lógica individual que establecía una relación automática entre número de habitantes y de diputados –a cuyo amparo, ahora sí, la ciudad de Buenos Aires se auto arrogaba la mayoría de la representación– para privilegiar una noción basada en la calidad derivada de antiguas jerarquías corporativas.

"¿Podría balancear el solo Pueblo de Buenos Aires los sufragios y los recursos de los que nosotros representamos? VE. no debe evaluar la importancia de nuestros comitentes por su valor numérico, sino por su valor moral. Afianzados en el apoyo de protectores poderosos, los pueblos que nos han honrado con su confianza, son unos cuerpos morales, que tienen de su parte

> todas las ventajas, aún cuando el pueblo de Buenos Aires tenga la del número."

> "Con las ventajas morales que hemos analizado, los votos de nuestros comitentes hacen sin disputa la mayoría; y en tales circunstancias los que pretenden contrariarlos, deben ser reputados como minoría facciosa…"

> "La clase sana, ilustrada y propietaria quiere una cosa; la clase abyecta, los maquinadores y los malvados, pretenden otra…"

Aunque en estos fragmentos del *Memorial* se apelaba a tópicos de muy diversa procedencia, todos estaban articulados a un eje común que les daba sentido: argumentar la legitimidad de una representación de campaña que superara numéricamente a la de ciudad. ¿De qué manera contra argumentó la ciudad? En primer lugar, apelando a un dato incuestionable: que López no tenía jurisdicción en la provincia de Buenos Aires para convocar a elecciones de diputados ni para imponer criterios de representación. En segundo lugar, oponiendo a la noción de *cuerpos morales* invocada por los diputados electos bajo la órbita de López, una argumentación basada en la lógica del número. El testimonio era el siguiente:

> "A más de ser nula la elección por los motivos expuestos, lo es también por la representación que se supone a los electos. El orden que para esto se ha seguido es el de un diputado por cada seis mil almas; teniendo pues López, como asegura en su oficio, catorce diputados, se sigue que tiene bajo su pretendida protección la representación de ochenta y cuatro mil almas. La campaña del Sud y Norte no tiene sino cuarenta y cinco a cincuenta mil; los diputados presos o detenidos cerca de su persona no son sino de una parte de la campaña del Norte a la que por pura gracia le concedemos 25.000 habitantes en su totalidad, y por la sección que ha nombrado esos diputados apenas catorce a quince mil. Infiérese pues con evidencia que tiene López un Diputado por cada mil almas; de lo que se sigue que Buenos Aires solo, debería nombrar setenta y ocho diputados, según el último censo, para proceder en proporción, y entonces a dónde iría a parar el nombramiento de Gobernador.

Para tal desatino se ha visto precisado López o sus acólitos a nombrar un Diputado por San Isidro, otro por la Punta de San Fernando y otro por las Conchas. Estos tres pueblos apenas distan legua y media con todas sus dependencias, ¿y cuántas almas?".[49]

Es preciso aclarar que la lógica que vinculaba automáticamente cantidad de habitantes y de diputados –atribuida por el artículo citado a las elecciones realizadas en la campaña en dicha oportunidad– no fue la que siguieron los autodenominados "Pueblos Libres". Por el contrario, éstos se guiaron por una concepción derivada de las viejas jerarquías territoriales por la que le adjudicaron a "cada pueblo" un representante, legitimándose en la noción de cuerpo moral ya señalada. La refutación, sin embargo, se hizo en nombre de un criterio individual de carácter "numérico", abandonando la elite porteña los tradicionales argumentos que en la década revolucionaria apelaban a antiguos privilegios y jerarquías para fundamentar su superioridad. El único referente que se invocó en la ciudad para criticar la representación de la campaña sublevada fue el que vinculaba automáticamente cantidad de población y distribución numérica de la representación. En esta dirección están hechos los cálculos que cita el editorial, donde no rige, naturalmente, ningún rigor con las cifras.

Matemáticas aparte, lo cierto es que lo que estaba en juego era el criterio de distribución de la representación política. El debate actualizó argumentos ya esgrimidos en la década revolucionaria: viejas jerarquías territoriales vinculadas a una noción estamental de la soberanía a la vez que a un orden corporativo que las representaba versus una distribución de la representación basada en el número de habitantes de cada sección electoral. Aunque el Estatuto de 1815 parecía haberlo resuelto en favor de la segunda opción, la discusión aquí explicitada –que se prolongó durante los meses de julio y agosto de 1820– demuestra que aún no había quedado zanjada la disputa representativa.

El conflicto aquí relatado se resolvió, finalmente, en el campo de batalla. Los intentos de negociación quedaron trabados frente a las irreductibles posiciones de los grupos enfrentados. En el mes de agosto –luego de algunos éxitos militares obtenidos por las fuerzas que respondían a las autoridades acantonadas en la ciudad de Buenos Aires– se hicieron elecciones de representantes en ciudad y campaña. Una vez más, las desesperadas convocatorias al voto no tuvieron el eco esperado. Mientras *La Gaceta* aspiraba a que "votasen diez mil ciudadanos", el escenario electoral fue transitado, en la ciudad, por apenas algo más de un centenar de personas. Fueron designados representantes por la ciudad casi los mismos miembros de las juntas anteriores. La Sala, finalmente reunida en los primeros días de septiembre, resolvió que Dorrego continuase como gobernador interino y nombró a Marcos Balcarce gobernador sustituto, ya que aquél se encontraba en la campaña librando batalla contra López. Por otro lado, dictaminó –respecto de su funcionamiento y renovación– que los diputados durarían un año en el cargo, renovándose cada seis meses –seis por la ciudad y seis por la campaña según el mecanismo de sorteo–, acordando que "los salientes no puedan ser reelectos para diputados de la Provincia, ni otro cualquier cargo concejil hasta que pasase cuanto menos un año desde el día de su separación de la Junta".[50] La Junta de Representantes se consolidaba así en su rol legislativo.

Mientras tanto, Martín Rodríguez preparaba las milicias de campaña frente a la posible invasión de las fuerzas confederales, contando para ello con la colaboración de Juan Manuel de Rosas, quien iniciaba así su primera intervención en el espacio público aportando hombres y recursos económicos en defensa del poder estatuido. En su sesión del 26 de septiembre, la Junta decidió nombrar gobernador interino a Martín Rodríguez, en reemplazo de Dorrego. Los realineamientos internos no cesaban. La Sala emitió ese mismo día un decreto con el que intentaba disciplinar viejas prácticas representativas que, si en la década revolucionaria habían sido miradas con cierta sospecha, en el año '20 eran evaluadas como fuente de "anarquía". La resolución de dejar "libre y expedito el derecho de petición, no clamorosa ni tumultuaria, a las autoridades y a la Honorable Junta de Representantes"[51] no era más que la aspiración por controlar las tradicionales asambleas deliberativas devenidas, generalmente, en asambleas electorales, cuya convocatoria tenía, casi siempre, un petitorio como espacio de origen. Este intento de control, sin embargo, no parece haber amedrentado a la muy movilizada sociedad porteña. El 1º de octubre se inició uno de los tumultos más escandalosos vistos en Buenos Aires desde los días de la revolución, cuyas manifestaciones se prolongaron por más de una semana. Durante las jornadas de octubre, cuando los tercios cívicos dependientes del Cabildo se amotinaron respondiendo a una de las facciones del confederacionismo porteño, el gobernador Rodríguez expresaba su obediencia a la Junta de Representantes en tanto preparaba la defensa de la ciudad en consonancia con las milicias de Rosas. Los jefes militares sublevados apelaron a la tradicional convocatoria de un cabildo abierto en el que declararon nulas las elecciones de representantes y de gobernador. De hecho, los rebeldes decían obedecer al Cabildo y la Junta otorgaba a Rodríguez las facultades extraordinarias. El conflicto se dirimió, una vez más, a través de las armas.

> "...y quien sabe hasta qué términos habría conducido sus excesos, si prontamente no hubiera sido destruida a viva fuerza por el señor gobernador y capitán general, auxiliado de las bravas y honradas milicias del Sud, de los tercios cívicos, y de todos los ciudadanos que corrieron por fin a defender las leyes y libertades de su patria. No nos detengamos en un suceso, que no puede recordarse sin amargura. Olvidémoslo, si es posible, para siempre, y no olvidemos los constantes principios, en que estriba el orden, la tranquilidad y la verdadera libertad de los estados. Todo acto contrario a las leyes es un crimen, y sus perpetradores son criminales... Las sediciones, los tumultos que atacan a las autoridades constituidas en la forma, y según las instituciones vigentes, violan las leyes fundamentales, porque usurpan y atropellan la soberanía del pueblo..."[52]

En este fragmento de *La Gaceta* se expresa la sensación dominante que dejaba en el ánimo de los habitantes de Buenos Aires la crisis sufrida desde febrero de 1820. La represión que sufrieron los sectores sublevados en la semana de octubre representó el inicio de una "vuelta al orden". Rodríguez, con la anuencia de la Junta, reunió bajo su autoridad exclusiva el mando de los cuerpos cívicos, hasta ese momento dependientes del Cabildo, y en noviembre firmó la paz con el gobernador de Santa Fe comprometiéndose en ella a promover la futura reunión de un Congreso General a realizarse en Córdoba.

Ahora bien, las relaciones entre la Junta y el Cabildo, luego de los sucesos aquí relatados, no eran las mejores. Las tensiones latentes, derivadas de la superposición de atribuciones y funciones, encontraron en las elecciones de capitulares realizadas en el mes de noviembre la oportunidad de expresarse. El gobernador consideraba que la Junta de Representantes había reasumido las funciones de la junta electoral y que, por lo tanto, debía nombrar a los electores encargados de designar a los cabildantes. La Junta, luego de discutir extensamente este punto, resolvió que no estaba comprendida entre sus facultades la de elegir Cabildo. No obstante, la misma Sala decidió someter la resolución final al resultado de una "consulta" que se haría a los ciudadanos, a través de la cual éstos expresarían su voto a favor o en contra de que los Representantes eligieran a los capitulares de Buenos Aires y Luján, respectivamente. La apelación a mecanismos que implicaban el voto y la participación popular para decidir, justamente, la modalidad definitiva de designar a la autoridad, demuestra –igual que en 1816– la ambigüedad que aún persistía respecto de las formas concretas que debía asumir el proceso electoral y la necesidad de legitimar toda decisión a través de alguna forma de sufragio.

La consulta se hizo el 22 de noviembre por intermedio del Ayuntamiento, y el resultado favoreció a quienes consideraban que la designación de capitulares debía hacerse por electores y no por la Junta de Representantes. La elección se realizó entonces por este mecanismo, designándose 12 electores. La Junta de Representantes, sin embargo, anuló la elección en sesión del 6 de diciembre, esgrimiendo los siguientes argumentos:

> "Ha advertido esta Junta la irregularidad y defectos con que se ha procedido a la colección de sufragios de todos los ciudadanos para que expliquen su libre voluntad, en orden al modo de hacer las elecciones de oficios concejiles para el año entrante, con entera sujeción al bando que se publicó el 25 de noviem-

bre anterior, *pues los colectados en una población de más de 70.000 almas, como es ésta, no han llegado a doscientos, y los electores que han resultado nombrados, no tienen en su favor sino un número muy desproporcionado a la dignidad y entidad de este pueblo...*".[53]

A tal efecto –y en nombre, una vez más, de la escasa cantidad de votantes– se resolvió llamar a nuevas elecciones, a las que concurrieron 462 sufragantes. La junta electoral así conformada designó a los cabildantes para el año 1821, última elección de empleos concejiles antes de la supresión del Cabildo casi un año más tarde. En esta disputa entre la Junta y el Ayuntamiento se expresaba un problema que excedía el mero marco de los acontecimientos sucedidos durante ese año y la ya mencionada superposición de funciones entre ambas autoridades. Lo que subyacía a estos debates era un conflicto por la representación política que cada entidad encarnaba. La Junta actuaba en nombre de una representación provincial de ciudad y campaña, mientras que el Cabildo lo hacía en nombre de la tradicional representación de ciudad. La crisis iniciada pocos meses atrás había hecho nacer una nueva autoridad que, por sus propias características, no podía dejar de colisionar con la que representaba el Cabildo. El año 1821 mostrará, en este sentido, la dificultad por adaptar una convivencia que parecía estar destinada al divorcio. El desenlace, en verdad, fue más drástico: culminó con la muerte de uno de los cónyuges.

"...En aquellos días gobernó el que quiso..."[54]

La impresión que dejó la crisis del año '20 en el imaginario porteño es la que evoca el título. Su identificación con la *anarquía* –concepto recurrentemente utilizado por los contemporáneos para designar los hechos sucedidos durante ese año– derivaba del reconocimiento de que ninguna autoridad lograba ser acatada. La legitimidad política –o en todo caso, su ausencia– estaba en la base del conflicto. Durante ocho meses se sucedieron numerosas asambleas en ciudad y campaña –algunas de ellas bajo la forma de cabildo abierto–, se eligieron tres Juntas de Representantes, se dividió la representación de ciudad y campaña en dos Juntas diferentes, el Cabildo reasumió el poder de la provincia en varias oportunidades, y fue nombrada una decena de gobernadores, algunos de los cuales no duraron en el cargo más que unos pocos días. Era evidente que se habían roto las reglas de juego que, aunque con ciertas interrupciones, rigieron la sucesión de las autoridades entre 1810 y 1820. La caída del poder central produjo un literal vacío de poder y el desconocimiento de mecanismos consensuados para legitimar a la nueva autoridad que debía surgir de dicha crisis. Por esta razón se pusieron en práctica todos los ensayos representativos experimentados durante la década al procurar cada grupo o facción auto legitimarse a partir de asambleas, cabildos abiertos, elecciones indirectas o elecciones directas.

Ahora bien, la invocación de cada uno de estos mecanismos y de los principios representativos sobre los que se sustentaban pone en evidencia un problema interpretativo en torno a la relación existente entre los lenguajes políticos disponibles y las acciones desplegadas por aquéllos. La disputa representativa en el Río de la Plata, si bien refleja la presencia de universos doctrinarios muy diversos, no debe esconder el hecho más prosaico de que en la lucha facciosa los grupos apelaban a diversos modelos o ideas según las posibilidades que tales nociones les abrían en pos de ocupar legítimamente el poder vacante. Sin intentar minimizar al extremo la importancia de la lucha ideológica y la defensa de determinados principios en nombre de diferentes cosmovisiones del mundo, es preciso encuadrar ésta –cuando de elecciones se habla– en el marco de las posibilidades que cada grupo tenía de acceder al poder. Según se mencionó en el capítulo precedente, la contraposición entre asambleísmo o representación no constituyó, desde una perspectiva que contemple la descripción más minuciosa de los sujetos involucrados en las querellas aquí descritas, una simple disputa entre principios abstractos de representación que invocaban actores antiguos y modernos, respectivamente; fue, en realidad, un claro ejemplo de cómo determinados sectores de la elite con menores recursos de poder –especialmente con menores recursos para ganar elecciones– apelaron al lenguaje asambleísta en pos de poder ocupar un lugar en el nuevo orden que, de otra manera, les estaba vedado. El ejemplo citado de los grupos de la campaña que se levantaron en nombre de la soberanía de "los pueblos" contra la Sala de Representantes, refleja una tensión similar. La autodefinición de "cuerpos morales" que estos pueblos se adjudicaron con el propósito de imponer un régimen electoral que reconociera a cada uno de ellos un diputado en virtud de su "calidad" de cuerpo –en desmedro de la "soberanía del número" atada a la cantidad de población– no oculta el hecho de que quienes encabezaron la protesta nunca habían logrado ocupar más que cargos secundarios en la nueva estructura del Estado posrevolucionario y que la única forma de acceder a los lugares más encumbrados era apelar a la "calidad" en reemplazo de un criterio numérico que les era indudablemente adverso. Así lo reconocía, incluso, un contemporáneo a los hechos en una carta anónima dirigida a los sublevados de la campaña, leales a Alvear, que circuló impresa en aquellos días:

> "… Mirad ese otro que tenéis en vuestro seno, ese que se titula diputado de Las Conchas, sin propiedad, sin hogar fijo, sin profesión alguna: en él podréis encontrar un ejemplo del verdadero plebeyo. Ojalá supiese al menos ganar su subsistencia haciendo zapatos; pero él no puede servir sino para escribiente de un tirano.
> Os hacen firmar también que los diputados de la provincia deben ser computados uno por cada lugar, cualesquiera que sea su población… No es sólo su ignorancia ni aún su malicia quienes han arrancado estos asertos del tirano, es la necesidad de hacerse de un número de diputados capaz de vencer la influencia que le es tan peligrosa, esa influencia que obra tan activamente contra él, de los pueblos grandes de la provincia y que quisiera nivelar a la de Fortín de Areco".[55]

Más allá de reconocer que determinados segmentos de la sociedad podían ser más permeables que otros a incorporar principios organizativos que recuperaban el antiguo orden de cosas del universo colonial (por ser éstos parte de su cosmovisión del mundo), es cierto también que la disputa política no se desplegaba en defensa de tales principios sino en nombre de ellos para legitimar la apropiación legítima del poder. Desde esta perspectiva, lo que la descripción de los hechos sucedidos en el año '20 pretende indicar, no es la traducción política de un conflicto de intereses sociales contrapuestos entre ciudad y campo (que haga suponer un fraccionamiento de la elite según intereses mercantiles en el primer caso y ganaderos en el segundo), ni la versión estilizada de una concepción que tendió a identificar a las elites urbanas con la defensa de un tipo de representación moderna frente a grupos de origen rural fieles a un tipo de representación tradicional. Por el contrario, la disputa representativa entre ciudad y campo desatada durante aquel año refleja la compleja trama creada después de la revolución entre grupos que buscaban apropiarse del poder político heredado de la colonia y formas diferentes de concebir los mecanismos que legitimarían tal apropiación. En el interior de dicha trama, las argumentaciones no siguen una estricta racionalidad de intereses ni la estilización de modelos de comportamiento; acompañan, más bien, la más oscura ruta de las prácticas cotidianas que involucran diversos niveles de lucha y enfrentamiento.

La llamada "anarquía del año '20" no borró ni transformó los problemas representativos ya planteados durante la década revolucionaria, sino que los actualizó a todos sin excepción en un clima de guerra. Las preocupaciones que aquejaron a la elite en años anteriores —como la escasa cantidad de votantes, el faccionalismo o el asambleísmo— asumieron durante ese año un significado mucho más dramático. La urgencia por encontrar un espacio de legitimación capaz de imponer el orden en la provincia fue conduciendo, poco a poco, a afianzar las ideas que se habían ido perfilando en el transcurso de la década. La primera de ellas fue la inclinación hacia un régimen representativo que eliminara definitivamente el asambleísmo. Ya se han citado algunos indicios en este sentido, como la reglamentación del derecho de petición emanada de la Junta con la que se intentaba poner límites a las asambleas determinando ciertas pautas que permitieran evaluar si tales reuniones se hallaban dentro del campo de la legalidad. La prensa acompañó este gesto de la Junta argumentando en favor de la medida tomada. Bajo el título "Tumultos", *La Gaceta* distinguía la asamblea popular de las reuniones tumultuarias. La primera, decía, "es cuando los ciudadanos llamados por la ley se reúnen en el tiempo, en las horas y en el lugar, que la ley señala, para tratar o deliberar los negocios de la República"; el tumulto popular, en cambio, "es cuando los ciudadanos, o los que no lo son, se reúnen clandestinamente, sin convocación legal, en tiempos, horas y lugar que la ley no les designa, a pretender o resolver estrepitosamente en los negocios públicos".[56] En esta clasificación, los cabildos abiertos debidamente convocados estarían permitidos en el nuevo decreto, como lo estarían también aquellas asambleas llamadas por la autoridad competente. Sin embargo, el espíritu que pareció imponerse una vez aquietados los ánimos fue más draconiano. El umbral de tolerancia hacia la deliberación en asambleas –aunque éstas asumieran la forma de cabildo abierto o de una reunión legalmente convocada– se achicaba cada vez más.

El 26 de septiembre, apenas fuera electo gobernador el general Rodríguez, *La Estrella del Sud* publicaba un editorial en el que atribuía "la causa de nuestras desgracias... la que más ha influido en esta serie dilatada de acontecimientos y reparación de gobiernos opresores del pueblo... al mal régimen en el orden de votar". La falla radicaba en los mecanismos utilizados para indagar la voluntad general.

> "Pero se me preguntará ¿cómo se indaga la voluntad general? (...) Es bien sabido que no se consigue reuniendo al Pueblo tumultuariamente; tampoco se obtiene en los cabildos abiertos donde no puede asistir todo el pueblo y donde unas veces el más osado consigue sofocar la opinión de los demás (...) La experiencia a hecho desechar todos esos caminos y admitir el que es análogo a todo orden de sociedad.
> La sociedad civil se compone de todos los ciudadanos; necesita bases generales que le sirvan de reglamento o constitución; pero toda ella no puede encargarse de este trabajo, y lo confía a un número de representantes o comisionados que la misma sociedad debe nombrar. Este es el objeto de la representación..."

El editorialista, una vez definida su posición a favor del régimen representativo, avanzaba aún más y proponía los principios que deberían regirlo: "que la elección de representantes, y cualquier otra que emane del Pueblo, sea *directa, libre y lo más general que se pueda conseguir*". La evaluación coincidía con otras realizadas en impresos sueltos que circulaban en Buenos Aires desde el mes de agosto, en los que se adjudicaba a las formas de elegir las autoridades y a la baja participación electoral las causas de la anarquía vivida. En uno de esos impresos se proponía respetar el "nuevo cuerpo legislativo", el que debía abocarse a dictar un reglamento o constitución provincial de carácter republicano según los siguientes principios: la soberanía residiría en el pueblo expresándose libremente su voluntad por medio de sus representantes; el número de representantes debía seguir el criterio de proporcionalidad según el número de habitantes; serían ciudadanos "todos los hombres libres"; y el cuerpo representativo no debía depender de ningún otro poder asumiendo las facultades de "dar leyes, decidir sobre la guerra y la paz y disponer del tesoro público".[57]

Comenzaban a cobrar entidad algunos de los principios que regirían –luego de dictada la ley electoral de 1821– la representación política provincial. El voto directo ya había sido ensayado –aunque no formalizado– durante el año '20. Al convertirse la Sala, paulatinamente, de junta electoral en Poder Legislativo, el sufragio que había comenzado siendo indirecto para votar solamente al gobernador, se transformó en un sufragio directo de diputados a la Junta. La propuesta, por otro lado, de que la elección fuera libre y "lo más general que se pueda" aludía a los niveles de inclusión en el sufragio. No parecen sugerirse –en el marco de la crisis del año '20– limitaciones al voto. Por el contrario, se tiende a potenciar un electorado que aún no se había pronunciado desde la revolución. En este sentido, las propuestas de institucionalizar un sufragio ampliado estaban absolutamente vinculadas a la vieja preocupación por la escasa participación electoral. El editorial ya citado de *La Gaceta* en el que se aspiraba a reunir 10.000 votantes en una ciudad que tenía sólo 55.000 habitantes, podía ser posible sólo bajo un régimen representativo que no restringiera el voto a condiciones de propiedad, censo o nivel de instrucción. Tal aspiración parecía poder alcanzarse sin mayores obstáculos si se contemplaban las peculiaridades de la sociedad rioplatense, según se afirmaba en el impreso anónimo antes citado: "En la nuestra no hay un hábito de distinciones y de clases, y se observa una igualdad de fortunas: hay pocos ricos, pero tampoco hay pobres. El carácter es vivo y dispuesto a la novedad, condiciones excelentes para el adelantamiento y orden republicano".

A diferencia de otras sociedades en las que prevalecían profundas diferencias sociales –basadas en las jerarquías de antiguo régimen como en desigualdades económicas muy marcadas–, la sociedad rioplatense parecía erigirse en un espacio ideal donde implementar reformas "audaces" capaces de movilizar a una población poco dispuesta a ejercer el derecho de voto. La convicción de que el fuerte faccionalismo podía ser neutralizado a través de una masiva participación en el sufragio se consolidó en el transcurso de la crisis. Durante los meses más agitados, las diferentes facciones y grupos enfrentados buscaron siempre legitimarse a través de alguna vía que pusiera en escena un ensayo electoral: voto directo, indirecto, cabildo abierto, asamblea... En todas ellas, el cuestionamiento de los adversarios –o de los propios sectores que buscaban alzarse con el poder– era la escasa cantidad de votantes, de la que derivaba, directamente, la ausencia de legitimidad. El año '20 transcurrió, íntegramente, sin poder resolver este dilema: todos pretendían acrecentar el número de votos para que el poder emanado de la "voluntad general" fuera tal, pero en muy pocos casos se lograron superar los 200 sufragios.

En estas condiciones y luego de la dramática experiencia vivida, la escasa participación electoral comenzó a asociarse, cada vez más, a la inestabilidad política. Al tiempo que la abstención en los comicios era vista como la principal causa desencadenante de las crisis recurrentes, el sufragio se erigía en el mecanismo ineludible para regir la sucesión de las autoridades creadas luego de la revolución. La ley electoral dictada poco tiempo después intentará resolver los problemas representativos pendientes y se proyectará como un instrumento de fundamental importancia en manos de la elite dirigente a la hora de establecer un poder legítimo capaz de ser obedecido por el conjunto de los habitantes del nuevo Estado de Buenos Aires.

3. La Ley Electoral de 1821

El proceso abierto en Buenos Aires en 1821, designado por muchos como la *feliz experiencia rivadaviana*, es sin dudas muy conocido como lo son también los debates que su valoración ha merecido en la historiografía local. La dimensión siempre destacada ha sido la voluntad de transformación que movilizó a la elite gobernante en su política de reformas y el grado de optimismo que guió sus iniciativas. Aun reconociendo que tal optimismo no siempre tuvo su correlato en el éxito de las experiencias puestas en marcha, la certeza inicial de que era posible cambiar la sociedad a partir de una grilla legislativa aplicada desde la cúspide del Estado generó ciertas mutaciones en algunos aspectos del entramado social, entre los que se destaca la práctica política. Los argumentos tantas veces proclamados por los publicistas del régimen no fueron sólo invocaciones retóricas desvinculadas de la realidad sino que redefinieron a ésta en muchos sentidos, consolidando ciertos principios sobre los cuales no fue posible volver atrás.

¿Sobre qué bases se propuso la elite dirigente iniciar el proceso de transformación anhelado? En primer lugar, se hacía imprescindible volver la mirada sobre el territorio bonaerense y cerrar sus fronteras frente a potenciales ingerencias que pudieran perturbar la marcha hacia el *progreso* y la *felicidad pública*. La idea de que Buenos Aires debía desentenderse –al menos por un tiempo– de los lazos que la habían unido al resto del territorio del ex virreinato gozaba de un consenso en el interior de la provincia, extensivo no sólo a los sectores de la elite dirigente sino también a publicistas de muy diverso origen y a los grupos de la elite económico-social –reticentes hasta ese momento a participar de la cosa pública–, para quienes el caos desatado por la revolución junto con los costos de la guerra de independencia no hacían más que reforzar la sensación de que en el nuevo orden de cosas tenían mucho que perder. En un impreso anónimo que circuló en Buenos Aires en los últimos meses de 1820 –y que por su condición de anonimato estimulaba la posibilidad de expresar aquello que en los periódicos u otros papeles públicos sólo podía decirse a media voz– se planteaba sin rodeos la posición que, de hecho, asumió la elite porteña poco después:

> "Ha llegado el caso en que los hijos de Buenos Aires, cuando no impelidos por el deber que nos impone la patria, al menos escarmentados por la terrible experiencia de cinco años de tiranía congresal, debemos empeñar todos nuestros esfuerzos y nuestros conocimientos para fijar la suerte de esa provincia; y ponerla a cubierto de las invasiones exteriores, y de la envidia e ingratitud de las provincias interiores. Yo no puedo oír sin desagrado hablar públicamente de la necesidad de convocar un Congreso general de las provincias libres (...) Buenos Aires se ha empobrecido y debilitado por atender a todas partes a la defensa del Estado... (mientras) que las provincias quieren arruinar a Buenos Aires y un Congreso general lo único que haría es llevar a cabo ese fin (...)
> Debe pues separarse absolutamente de los pueblos, dejarlos que sigan sus extravagancias y caprichos, no mezclarse en sus disensiones. Debe declararse provincia soberana e independiente, darse una constitución permanente, prescindir del sistema de federación y guardar con todas paz y buena inteligencia...".[58]

El gobierno de Buenos Aires se hizo cargo de este clima de opinión y, una vez pacificados los ánimos, no dudó en sabotear la reunión del Congreso proyectado en Córdoba al retirar sus diputados enviados para discutir la futura organización del país. *El Argos de Buenos Aires* –periódico que comenzó a editarse en 1821– apoyó esta medida, argumentando que "Buenos Aires, echando una ojeada detenida sobre la situación de todas las provincias, advirtiese que ni podía ni debía hacer más que despedirse por algún tiempo de ellas: clavar sus ojos en su mismo territorio y no separarlos de él...".[59] La convicción de que la reunión de un Congreso era prematura –ya que podía disparar los mismos conflictos de la década revolucionaria– se complementaba con otra de tono más optimista: si Buenos Aires aseguraba su organización interna bajo un régimen republicano capaz de dar legitimidad y estabilidad a sus autoridades, sería posible expandir su ejemplo más allá de las fronteras de la provincia en una suerte de difusión de pedagogía política cultivada a través de los hechos.

Tal modelo político, sin embargo, no llegó a concretarse en una constitución escrita. A pesar de que la Junta de Representantes se declaró *extraordinaria y constituyente* el 3 de agosto de 1821 –dándose un plazo de un año para dictar una Constitución– y de nombrar una comisión de tres miembros para elaborar un proyecto, lo cierto es que éste nunca fue presentado ni sancionada carta orgánica alguna en el ámbito provincial hasta 1854. El nuevo régimen político se fue configurando a través de la sanción de un conjunto de leyes fundamentales que, a falta de una constitución escrita, rigieron y regularon el funcionamiento de las nuevas instituciones provinciales, y de un conjunto de prácticas –no contenidas explícitamente en la letra de la ley– que colaboraron en la definición de una determinada dinámica de funcionamiento del sistema político. Entre las primeras cabe destacar, además de la ley electoral, la ley para designar gobernador de la provincia, quien debía ser elegido por la Junta de Representantes con un mandato de tres años; las leyes que creaban los ministerios dependientes del Poder Ejecutivo (Gobierno y Relaciones Exteriores, Hacienda y Guerra) y las que regulaban sus funciones (entre las que se destaca el "gobierno provisional de los ministros" en caso de ausencia del gobernador); la reglamentación de las fechas en las que debían convocarse las sesiones ordinarias y extraordinarias de la Legislatura y la forma en que ésta debía renovar sus miembros; la sanción del Reglamento Interno de la Sala de Representantes que establecía minuciosamente las pautas de funcionamiento del Poder Legislativo. Entre las prácticas no formalizadas sobresalen las vinculadas al principio de división de poderes: a pesar de no existir una norma que definiera las competencias de cada uno de ellos –más allá del intento por instaurar una reforma de justicia que resultó efímera en algunos aspectos–, se fue configurando una dinámica de funcionamiento que no dejaba dudas sobre el relevante papel que asumía la Sala en su carácter de Poder Legislativo. Dicha dinámica, producto de las prácticas implementadas en los dos primeros años de la *feliz experiencia* entre la Junta y el Poder Ejecutivo –el que buscaba contrarrestar el poder de la Sala a través de la ingerencia de los ministros–, colocó a aquélla en el centro del poder político provincial. No sólo era la encargada de elegir al gobernador, sino además la responsable de discutir y aprobar el plan de reformas emprendido en aquellos años, votar el presupuesto anual de gastos, aceptar la creación de todo nuevo impuesto, evaluar lo actuado por el Ejecutivo y fijar el período de sesiones. El Poder Ejecutivo se desempeñó bajo los cánones de este principio –no aplicándose las *facultades extraordinarias* confiadas a los anteriores gobiernos revolucionarios– y cumplió con la presentación anual de su mensaje, que no era otra cosa que la rendición de cuentas de lo actuado durante su gestión.

Las reformas emprendidas en esos años –la mayoría impulsada por el Ministerio de Gobierno ocupado por Bernardino Rivadavia a partir de julio de 1821– buscaron transformar el mapa social, político y económico del nuevo Estado. El fomento a la iniciativa privada, la reforma financiera, la política de tierras, el reordenamiento urbano, el intento por disciplinar la fuerza de trabajo urbana y rural, como asimismo la iniciativa cultural en la que se destaca la fundación de la Universidad de Buenos Aires, son algunos de los aspectos de la política implementada durante el gobierno de Martín Rodríguez. También lo son los cambios producidos en la administración pública iniciados con las reformas de justicia y de policía (luego de la supresión de los cabildos) y que se continuaron con las reformas militar y eclesiástica.[60] Ampliamente discutidas estas últimas por el conjunto de la sociedad bonaerense, fueron el resultado de la racionalización que requería la administración del nuevo Estado a la vez que la demostración cabal del proceso de secularización iniciado.

La ley electoral para el Estado de Buenos Aires dictada en 1821 formó parte de este plan de reformas; para su elaboración la elite dirigente contó con algo que no poseía en 1810: una valiosa, aunque corta y conflictiva, experiencia política, que le permitió detectar los problemas pendientes a los que había que dar pronta solución. Presentada en la Sala de Representantes a comienzos del mes de agosto, fue rápidamente sancionada y aplicada pocos días después de su aprobación legislativa, sin imaginar sus autores que habría de regir durante más de tres décadas en el espacio político provincial recientemente creado.

**El imperativo de la inclusión:
voto "universal" y directo**

La ley electoral de 1821, conocida como la ley de *sufragio universal*, fue objeto de juicios muy diversos. Desde aquellos que vieron en ella la encarnación de la democracia representativa más avanzada del continente hasta los que, como Esteban Echeverría, la criticaron duramente por considerarla producto del gesto extemporáneo del grupo rivadaviano, han pasado por el campo historiográfico numerosas interpretaciones que coinciden, en su mayoría, en asignar a la ley de sufragio una gran excepcionalidad respecto a la naturaleza de los principios prescritos. Buenos Aires representaría, así, uno de los primeros ejemplos de sufragio universal en el mundo, ya que sólo la corta experiencia francesa de la época napoleónica con la Constitución del año VIII habría eliminado las trabas censatarias al voto, alejándose del caso norteamericano –cuyos estados no habrían legislado un sufragio tan amplio como prescribía la ley de 1821– y más aún de Inglaterra, donde el modelo del ciudadano-propietario habría funcionado aceptadamente hasta, por lo menos, los primeros reclamos cartistas iniciados en la década de 1830.[61] Francia, incluso, habría tenido que esperar hasta 1848, luego de la experiencia revolucionaria, para instaurar la universalidad del sufragio. Esta línea interpretativa siguió el clásico camino que condujo a buscar la excepcionalidad señalada en las filiaciones doctrinarias de los mentores de la ley, las que –en términos de un abordaje metodológico centrado en la noción de "influencias"– se presentan como los principales móviles que habrían llevado a su elaboración y aplicación. La cristalización de estos supuestos, además de consolidar una imagen mítica de la ley electoral asociada a un impulso democrático *avant la lettre*, obturó la posibilidad de formular nuevas preguntas respecto al contexto en el que fue elaborada, a las intencionalidades de sus autores, a las ambigüedades derivadas de su formulación, como asimismo a los efectos producidos luego de ser aplicada. Entre los interrogantes pendientes, cabe preguntarse si la ley en cuestión fue tan excepcional para los propios contemporáneos a su implementación, o si esta imagen es sólo una herencia de las interpretaciones a las que se hace referencia.

Para contestar algunas de estas preguntas es preciso detenerse, en primer lugar, en el término *sufragio universal*. Sin pretender hacer una exégesis del concepto en cuestión –lo que implicaría discutir, entre muchas otras cosas, los diferentes significados que fue adquiriendo históricamente– ni entablar un debate sobre la pertinencia de utilizar ciertas categorías para definir procesos o acontecimientos que los contemporáneos nominaron de otro modo, es imprescindible señalar algunas cuestiones vinculadas a su uso. En tal dirección, el término *sufragio universal* no formaba parte del vocabulario político rioplatense en aquellos años; en verdad, éste fue acuñado bastante tiempo después bajo la influencia de la generación del '37 y especialmente de Esteban Echeverría, quien comenzó a denominar de tal modo a la ley electoral de 1821, en un contexto doctrinario e ideológico muy diferente. La universalidad del sufragio asumía para el autor del *Dogma* el sentido convencional que desde la Revolución Francesa se le otorgaba al término: su único significado residía en la inexistencia de una exclusión social legal del derecho de voto (activo y masculino) y en la ausencia de criterios vinculados a la riqueza, la instrucción o la profesión. Influido por el pensamiento doctrinario francés que planteaba serias limitaciones al sufragio, Echeverría afirmaba que el grupo rivadaviano "aferrado a las teorías sociales de Francia", había otorgado un derecho sin límites, dando lugar, pocos años más tarde, a la temible tiranía de Rosas.[62]

La matriz francesa que Echeverría le atribuía al grupo rivadaviano para explicar las "influencias" que habrían predominado en la selección de los nuevos principios representativos –retomada por muchos en los siglos XIX y XX–, fue luego matizada por otras interpretaciones más proclives a asignarle al utilitarismo inglés una fuerte impronta en el gesto que llevó a la supuesta imposición del sufragio universal.[63] Estas interpretaciones se sustentan en la estrecha relación que trabó quien fue Ministro de Gobierno y miembro de la comisión redactora de la ley electoral –Bernardino Rivadavia– con Jeremy Bentham entre 1818 y 1822 y en la difusión de las obras de aquél en Buenos Aires a partir de los años '20.[64] El hecho de que el filósofo inglés estuviera postulando un sufragio "prácticamente universal" hacia 1817 habilitaría a pensar que la ley de 1821 fue producto de la importación de tal principio y, para algunos, la prueba más contundente de que la nueva elite dirigente habría buscado modernizar el espacio político imponiendo teorías ajenas a la sociedad que pretendía modificar.

Ambas posiciones, aun cuando recogen elementos que no se pueden desdeñar a la hora de interpretar las acciones de aquellos hombres –tal es el papel que jugaron los lenguajes políticos disponibles para hacer pensable un plan de reformas que, de hecho, buscaba transformar la dinámica social y política–, simplifican un proceso más complejo en el que no se contemplan las formas en que tales lenguajes circularon, el modo en que fueron leídos y los significados y usos que asumieron en el momento en que fueron aplicados. Haciendo sólo una breve mención a la primera de estas simplificaciones, sólo basta recordar tres datos. Por un lado, que en la economía de la obra de Bentham, el derecho de voto no ocupa un lugar predominante y que sus formulaciones resultan por momentos ambiguas dado que el sufragio era una variable dependiente de otros postulados más importantes en su teoría. En segundo lugar, que las versiones de las obras de Bentham con las que estaban familiarizados los líderes revolucionarios hispanoamericanos habían sido escritas directamente en francés por su editor, Etienne Dumont, quien no sólo tendía a simplificar el pensamiento del filósofo inglés sino además a suprimir aquellas partes consideradas más "radicales" con el objeto de garantizar una recepción más amplia de su obra. Tales supresiones referían, generalmente, a la consideración del gobierno democrático y a las reformas legales.[65] En tercer lugar, que más allá de que el derecho de voto pudo haber constituido un motivo de conversación en los ocasionales encuentros entre Bentham y Rivadavia –de lo que naturalmente no tenemos pruebas–, lo cierto es que no aparece tematizado en la correspondencia que intercambiaron ambos personajes. Esto hace presumir que, dada la importancia que asumen otros tópicos en su comunicación epistolar, el problema de la inclusión en el régimen representativo no alcanzó un estatus relevante para ambos interlocutores.[66]

Pasando a la segunda simplificación antes señalada, sobre la forma en que fueron leídos los lenguajes vinculados a la inclusión de los ciudadanos en el derecho de voto, no parece que los actores interpretaran estar siguiendo las huellas del sufragio universal. En la coyuntura en la que fue dictada la ley, no se discutió el grado de inclusión de la misma, ni menos aun la posibilidad de estar siguiendo los parámetros de alguna doctrina o modelo institucional que planteara las ventajas del sufragio universal. Según los testimonios disponibles no se generó un debate que expresara desacuerdos en torno a los niveles de inclusión dentro del mundo elector; las diferencias aparecieron algunos años más tarde, una vez aplicada la ley.[67] De los pocos indicios que quedan para conocer el verdadero sentido que asumió la definición del derecho de sufragio en aquel momento, sólo contamos con lo que la ley prescribía en su artículo 2º al determinar que "todo hombre libre, natural del país, o avecindado en él, desde la edad de 20 años, o antes si fuere emancipado, será hábil para elegir"[68] y con lo que la comisión redactora argumentó al expedirse sobre el proyecto, aprobado sin discusión en la Sala de Representantes:

> "(…) fuera de los esclavos, hay también una clase de hombres que reunidos por la indigencia en una dependencia absoluta, no son más inteligentes que los niños en los negocios públicos, ni más interesados que los extranjeros, ni más independientes quizá que los esclavos. La imperfección de la ciencia del gobierno no encontraba una regla fija que demarcase bien estas diferencias, y quedaba así un vacío de que se aprovechaba unas veces la aristocracia de los ricos y poderosos (…) y otras veces los demagogos (…) La garantía deseada contra estos dos extremos parece haberse encontrado en la condición de propiedad para ser elegido representante".[69]

De esta justificación se infiere que la ausencia de límites al sufragio no derivaba de una convicción democrática, sino de la imposibilidad de seguir una regla fija capaz de separar el mundo de los incluidos del de los excluidos. Quedaba claro que en el universo de los incluidos no debían estar los denominados *dependientes*, cuya propia caracterización los enfrentaba al mundo de los *hombres libres*; pero la ambigüedad que encerraban ambas condiciones llevaba a reconocer la dificultad para definirlas taxativamente. En este sentido, poco había cambiado en el imaginario político de la época: se mantenían las mismas nociones que habían justificado en el Estatuto de 1815 la exclusión de los domésticos asalariados del derecho de sufragio –por estar éstos considerados dentro de la condición de la dependencia social–, sólo que en este caso no se los excluía explícitamente. La ley electoral parece haber seguido, así, una tradición ya iniciada de sufragio amplio basada en la ambigua concepción de hombre libre y haber tomado el camino ineludible frente al problema ya detectado de la escasísima participación electoral.

Ahora bien, sobre los usos que asumieron estos conceptos en el momento en que fue aplicada la ley electoral (tercera limitación a la que se hizo referencia respecto de las interpretaciones centradas en la definición de sufragio universal), es preciso señalar que el hecho de que el voto activo se asentara sobre la ambigua condición de *hombre libre* fue fuente de muchos equívocos. Aunque en los próximos capítulos se tratará este tema, es posible adelantar que la propia indefinición que expresaba la comisión redactora al señalar la ausencia de una regla fija capaz de separar a los hombres libres de los que no lo eran, se manifestó en las prácticas electorales que, alternativamente y según la conformación de las mesas escrutadoras de votos, excluían o incluían a ciertas categorías de hombres del derecho de sufragio. De acuerdo a los testimonios de las actas electorales o de la misma prensa periódica, se advierte que el silencio de la ley generó permanentes conflictos en el momento de definir quiénes podían o no votar. Se hacía evidente, a través de estas discusiones, que en el interior de la sociedad rioplatense circulaban muy diferentes definiciones sobre la condición de *hombre libre*. Categorías como las de *jornale-*

ro, *doméstico, asalariado,* o *agregado,* quedaban en un umbral de incertidumbre en el que nadie acertaba a definir si quienes asumían tal condición podían ser considerados legítimos sufragantes. Incluso otras, como las de *siervo* o *esclavo* fueron sometidas a debate, dadas las denuncias que existían respecto de su participación en las elecciones del período. La situación se complicaba aún más, al incluir en la ley la posibilidad de que el elector fuera un *hombre libre* o un *avecindado*. Las interpretaciones que sobre la segunda categoría realizaban los miembros de las mesas escrutadoras eran tan disímiles como las que definían al hombre libre. En algunos casos se incluía a los extranjeros –por considerar que la condición de vecindad permitía, luego de una probada residencia en el lugar, el derecho de sufragio–, así como en otros sólo se permitía votar a quienes eran considerados *vecinos* según la vieja definición de "casados, afincados y arraigados". Aunque estas exclusiones no estaban generalizadas –pudiéndose afirmar que la ley de 1821 amplió notablemente el universo representado–, es preciso destacar la poca claridad que existía respecto del imperativo de la inclusión. Sólo dos cosas parecían escapar de la duda: la primera, que el voto activo no se había definido a través del censo; la segunda, que la gran ampliación del universo representado tuvo que ver también con la disminución del requisito de la edad para ejercer el derecho de voto. La reducción del piso etario –que pasó de 25 años, según lo prescrito en el Estatuto de 1815, a 20 años– implicó la incorporación de "elementos jóvenes" en las elecciones celebradas luego de 1821, según afirman los testimonios existentes.

De lo dicho hasta aquí se deduce que la utilización del concepto de sufragio universal para nominar a la ley electoral de 1821 no respeta ni el contenido actual del término –que supone la ausencia de límites tanto para el ejercicio del voto activo como pasivo por parte de hombres y mujeres mayores de edad– ni la forma en que fue concebido por los contemporáneos el criterio de inclusión en el régimen representativo. Es más pertinente hablar de un derecho de voto "amplio" que, en parte, sigue una tradición iniciada con la revolución, pero que se hace aún más explícito en función de los problemas detectados por la elite dirigente luego de diez años de celebrar elecciones que no lograban congregar más que a una reducida minoría. Más allá de lo que aduce la comisión redactora al reconocer la dificultad de encontrar una "regla fija" que separe a los que se consideraba hábiles para elegir, no hay que olvidar que cualquier "regla fija" en una sociedad como la rioplatense hubiera excluido a la mayoría de la población. De esto era consciente la elite dirigente: la tan mentada profecía de que si votaban todos se eliminaría el faccionalismo y se disciplinaría la movilización iniciada en esos años, constituye una de las razones sobre las que se asienta la ausencia de límites al sufragio.

La ampliación de los incluidos en el voto activo no aparecía, además, como una amenaza para quienes discutieron los términos de la ley porque, entre otras cosas, contaban con "la garantía" de un voto pasivo limitado a los propietarios. La comisión redactora era clara en su formulación al señalar que dicha garantía "parece haberse encontrado en la condición de propiedad para ser elegido representante". La exigencia formaba parte de un horizonte común a todos los regímenes representativos vigentes en distintas latitudes. La asimetría entre electores y elegibles constituía un principio que, con mayores o menores requerimientos en cada caso, no era cuestionado por las teorías en boga en aquellos años. Así, el artículo 3º de la ley electoral restringía la calidad del electo a "todo ciudadano mayor de 25 años, que posea alguna propiedad inmueble, o industrial". Este aspecto de la ley generó mayor debate que la definición del voto activo, expresándose en el ámbito local una mayor preocupación por el reclutamiento de los elegidos que por el de los electores. Algunas voces que se levantaron desde la prensa periódica lo hicieron para cuestionar la baja calificación requerida para los electos. La observación que hacía *El Centinela* el 15 de diciembre de 1822 respecto de lo que consideraba un vacío dejado por la ley electoral era el siguiente: "Este vacío es, el que en dicha ley no se prefijan las proporciones privadas que debe tener un ciudadano para ser un representante independiente: es decir o que tenga tal capital, o que goce de tal renta".

Seguramente no fue ajeno a este vacío el hecho de que muchos miembros de la elite dirigente estaban lejos de asumir el perfil requerido por las teorías liberales en boga en Europa que planteaban la necesidad de que los más ricos –especialmente los propietarios de tierras– fueran los encargados de conducir los destinos de los gobiernos. Aunque en el próximo capítulo se analizará este punto, es conveniente recordar que, más allá de la inclusión de algunos miembros de la elite económico social, el nuevo elenco dirigente estaba constituido por personajes que habían hecho de la revolución su propia carrera política (militares, abogados, clérigos) y que, sin lugar a dudas, cualquier calificación demasiado precisa sobre la proporción de renta o capital requerida para asumir la condición de elegible corría el riesgo de dejar fuera a muchos de los involucrados en la propia discusión del proyecto de ley electoral. De hecho, la comisión redactora argumentaba al respecto:

> "En esta tierra nueva, ferasísima, que empezamos a poblar, los medios de subsistir son tantos que cualquiera de nuestros pequeños propietarios cuenta ciertamente con más utilidades y más independencia que otro de su clase en Europa, aunque posea doble capital (...) Más aunque la ventajosa situación de nuestro pueblo haga inútil la condición de una renta en los miembros de la representación, no deja por eso de ser necesaria la de una propiedad inmueble o industrial".

La atención privilegiada que se prestó al supuesto de la universalidad del sufragio no sólo creó una imagen distorsionada respecto del imaginario que rodeó a la sanción de la ley sino que además escondió el elemento más innovador en ella prescrito al instaurar el voto directo. Si la elite dirigente no percibió estar realizando un gesto excepcional sin precedentes al ampliar el universo de sufragantes, no parece ocurrir lo mismo cuando se trata de explicar la imposición de un régimen de elección directa. En este caso, los contemporáneos se encargaron de destacar el "adelanto" que significaba adoptar los modelos representativos más "modernos" –según las tendencias en boga en aquellos años– al establecer en el primer artículo de la ley que "será directa la elección de representantes, que deben completar la representación extraordinaria y constituyente". Así lo reconocía la comisión redactora al dedicarle mayor espacio en la "exposición de los motivos del decreto que regla las elecciones" –antes citada– a las bondades que traería el voto directo:

> "Que las elecciones directas sean las más legítimas, hablando en rigor de principios, es cosa fuera de cuestión (...) Prescindiendo del instinto del pueblo para elegirse sus órganos y defensores, bastará detenerse a considerar los inconvenientes gravísimos que traen consigo las elecciones indirectas...".

Los argumentos esgrimidos a continuación por la comisión redactora reproducían, en gran parte, los expuestos por autores europeos que defendían el voto directo. La invocación a que la elección indirecta debilitaba la confianza pública y el interés de los electores, que los colegios electorales se componían de un número reducido de personas que los hacía susceptibles a las influencias del poder y que sus miembros tendían a designar a sus familiares y amigos en los lugares más expectables del gobierno fomentando el faccionalismo, tenía un gran parecido de familia con la crítica feroz que Benjamín Constant realizaba en sus *Principios de Política* al régimen de voto indirecto.[70] La cita explícita de Constant aparecía en la prensa periódica y en algunos debates de la Sala cuando se destacaban las bondades del voto directo, de la misma manera que se recuperaban los regímenes electorales inglés y norteamericano para subrayar los avances que habría hecho el régimen representativo en Buenos Aires al suprimir los colegios electorales. *El Centinela,* por ejemplo, recordaba apenas un año después de aplicarse la nueva ley electoral:

> "Diferentes leyes de elecciones se han dictado en el curso de la revolución; mas solamente una, esto es la que actualmente rige, sancionada en el año de 1821, es la que ha puesto al pueblo en el pleno goce de su derecho de elegir, porque según dicha ley ninguna voluntad intermedia se interpone entre la del pueblo y el cuerpo representativo –quiere decir que la elección es directa como en los Estados Unidos–. Este gran paso dado

en favor de la mayor seguridad y acierto en las elecciones populares, ha puesto al pueblo a cubierto de las pretensiones de los facciosos recopilados en las *juntas electorales*, para hacer o la voluntad de sus patronos a quienes podían venderse porque eran pocos, o cuando mucho favor se les haga, la suya propia con abandono total de la voluntad de sus comitentes".[71]

Cabe recordar, además, que estos argumentos fueron invocados por los liberales franceses en 1817, cuando protagonizaron el gran debate que dio como resultado la sanción de la ley electoral más importante de la Restauración. De dicho debate –en el que se teorizó el principio de elección directa y la limitación del número de electores según el censo– fue testigo Bernardino Rivadavia, quien en ese momento se hallaba en París en la misión diplomática que lo retuvo en Europa por más de un quinquenio. En una carta que Rivadavia le enviara a Pueyrredón ese mismo año se hace referencia a dicha ley de elecciones:

"Entre las leyes adoptadas es, sobre todas, remarcable la de las elecciones de diputados, que es bastante popular. Mas al paso que ella obtuvo una aprobación general irritó al partido que aquí llaman ultrarrealista, y los tres príncipes y la princesa de la familia real dirigieron al rey una protesta contra esta ley; la que, en mi opinión, tarde o temprano producirá grandes males, y les costará, acaso, demasiado caro a los nuevos protestantes".[72]

Aunque Rivadavia no explica los motivos de su evaluación negativa respecto de la ley electoral francesa, lo cierto es que su carta da testimonio de haber estado muy atento a los debates suscitados en torno a los principios legislados en esa coyuntura. En tal dirección, las experiencias mostraban –en Inglaterra, Estados Unidos y, a partir de 1817, en Francia– que el sistema de elección directa iba siempre combinado con un régimen censatario. Según afirmaba Duport en Francia, esta combinatoria respondía al temor de que las elecciones se convirtieran en asambleas tumultuosas y a la necesidad de controlar un acto del que se esperaban desordenadas turbas de votantes. Estas experiencias, indudablemente, estaban muy lejos de las vividas en el Río de la Plata. Las elecciones realizadas durante la década revolucionaria, lejos de mostrar grandes contingentes de electores, reflejaban la necesidad de crearlos. Los tumultos no se producían en las mesas electorales, sino en las asambleas o cabildos abiertos. El sufragio indirecto, visualizado en los años precedentes como el sistema capaz de superar el ejercicio directo de la soberanía a través de dichas asambleas, se había mostrado incapaz de transformar la práctica política en aquellos puntos en los que la elite se mostraba más preocupada: alentar la mayor participación electoral y erradicar las disputas facciosas. Por estas razones fue posible combinar en la ley electoral de 1821 aquello que para los liberales de la Restauración era incombinable: sufragio amplio y voto directo. Las filiaciones doctrinarias e influencias ideológicas posibles de detectar en ambos principios se plasmaron en un esbozo de respuesta en el que no estuvo ausente una cierta dosis de pragmatismo político. Crear al sufragante –y con él una nueva legitimidad basada en la fuerza del número– significaba no sólo institucionalizar un régimen representativo que eliminara las trabas al sufragio, sino, además, transformar las prácticas políticas desarrolladas hasta ese momento. Para superar el piso de sufragantes logrado entre 1810 y 1820 se requería de una fuerte voluntad política por parte de la elite gobernante para conducir el proceso electoral por caminos aún no transitados.

De hecho, las primeras elecciones realizadas apenas dictada la ley no lograron alcanzar los 300 votos en la ciudad. Convocada en la misma semana en que fue promulgada, pocos conocían su contenido y muy escasos preparativos se pudieron hacer para movilizar a un electorado que ahora, potencialmente, era más vasto. Si bien no prosperó la propuesta de establecer el voto obligatorio con "imposición de una multa u otra pena cualquiera al ciudadano que se excusase de asistir a la elección de los representantes" presentada por un diputado de la Junta al discutirse el proyecto de ley de elecciones, la preocupación por la escasa cantidad de votantes persistió entre los miembros de la elite gobernante.[73] En diciembre de 1821, durante una sesión en la Junta de Representantes, Valentín Gómez se manifestaba deseoso de "que las votaciones públicas que se han de hacer para la elección de los SS Representantes fuesen más numerosas que lo que prometía el espíritu que se notaba bastante apagado en esta clase de elecciones que seguramente deben mirarse como asunto de la mayor gravedad" y recomendada que " el Gobierno prepare y avive por algún medio la mayor solemnidad de estos actos populares…".[74] Se reconocía que una ley no resolvía por sí sola los problemas pendientes sino que ofrecía la base institucional para crear, sobre sus principios y explícitos silencios, las prácticas que requería la constitución de un nuevo espacio político. Aunque esto constituye el asunto de los próximos capítulos, se puede afirmar que a partir de ese momento la elite redefinió sus viejas prácticas, adaptándose a las reglas de juego impuestas por el nuevo régimen representativo. Sólo esta tarea de transformación en el interior de las prácticas políticas hizo posible que en menos de dos años se multiplicara el número de sufragantes, alcanzando a superar en algunas elecciones los tres millares de votos.

Así, pues, la constante amenaza de la plebe que los países europeos tomaban en consideración al legislar sobre sus regímenes electorales, no representaba un peligro inminente en el Río de la Plata. La verdadera amenaza provenía, según evaluaba la elite criolla, de la forma asambleísta bajo la cual la plebe muchas veces se expresaba, coartando la posibilidad de crear un gobierno estable y duradero. Desde las asambleas o cabildos abiertos se cuestionaba siempre a las autoridades legalmente estatuidas –esto es, designadas a través de un régimen representativo con sufragio indirecto–, en nombre, generalmente, de una ilegitimidad de origen que residía en el escasísimo número de votos con el que dicho gobierno había sido electo. ¿Cómo superar esta dificultad? ¿Era suficiente instaurar un régimen representativo con las características del que acababa de dictarse para eliminar esta amenaza? Hacía falta un segundo gesto, tan contundente como el primero: para erradicar el asambleísmo era preciso suprimir la institución que le había dado origen. La vida del Cabildo, una vez dictada la ley electoral, tenía los días contados.

La supresión del Cabildo y la integración de ciudad y campaña en el nuevo régimen representativo

Cuatro meses después de promulgada la ley electoral se suprimieron los dos cabildos existentes en la provincia de Buenos Aires: el de la antigua capital del Virreinato y el de Luján. Las razones que explican la medida tomada por la Junta de Representantes –profusamente estudiadas y discutidas– están absolutamente vinculadas al proceso de transformación iniciado luego de la crisis del año '20.[75] La creación de un Estado provincial autónomo que intentaba centralizar las funciones de hacienda, justicia y policía era difícilmente compatible con la existencia de dos cabildos que se repartían la jurisdicción provincial desde el siglo XVIII.[76] La alternativa de una convivencia pacífica sólo podía derivar de una profunda reforma de la institución capitular que redujera las atribuciones de los ayuntamientos a las asignadas en el más moderno municipalismo impuesto en Estados Unidos o Francia. El debate desplegado en la Sala muestra que, aun cuando se contempló la posibilidad de tal reforma, la mayoría de los diputados se inclinaron por la supresión lisa y llana de la principal institución de origen colonial que había quedado en pie después de la revolución.[77]

Los argumentos a favor de esta opción no se centraron, sin embargo, en la superposición de funciones que ambas entidades reunían sino en el problema de la representación política. El ministro de Gobierno, Bernardino Rivadavia, encargado de elaborar y defender el proyecto de supresión frente a la Sala de Representantes, fue muy claro al respecto:

> "(...) cuanto en España en el reinado de Carlos III y Felipe V, y habiendo marcado el carácter, facultades y modificaciones de los Cabildos de América establecidos por el Gobierno Peninsular dijo que tan necesarios eran los Cabildos en aquel orden, como innecesarios al presente; que en un Gobierno Monárquico absoluto en el que la soberanía nacional estaba personificada al individuo que la ejercía por título de sucesión, era indispensable reservarse un resto de autoridad para los Pueblos depositándola en manos de los que en aquel orden obtenían

su representación, pero que este establecimiento era incompatible con un Gobierno Representativo en que esa autoridad suprema ha retrovertido a la sociedad, y exerce con toda la plenitud de un sistema liberal por medio de aquellas autoridades que tienen la viva representación de los Pueblos confusiones reales que les ha circunscrito la naturaleza del Gobierno actual y los pactos sociales; que en ese estado aparecen los Cabildos sin una atribución real, y útil al público...".[78]

La contraposición entre vieja y nueva representación se erigió en el argumento central para fundamentar la incompatibilidad entre el espacio político tradicional con base en el Cabildo y el nuevo espacio estatal provincial. Tal como afirmaba Rivadavia, la representación antigua (derivada de la teoría monárquica en la que los cuerpos y estamentos representaban a sus mandantes frente al Rey) reconocía a los cabildos –en el caso de la monarquía española– como los únicos cuerpos a través de los cuales se había ejercido este tipo de representación en América. La nueva representación, en cambio, a la que Rivadavia denominaba *liberal*, era aquélla que había comenzado a plasmarse luego de la revolución, momento en el que "la autoridad suprema retrovertió a la sociedad" y que intentaba consolidarse con la ley electoral dictada en agosto de ese mismo año. La convivencia entre ambas formas de representación sólo podía conducir, en la perspectiva de Rivadavia y sus seguidores, a un estado de permanente conflicto. Disputa que se vería agravada en el Río de la Plata dada la realidad política que precedió al debate sobre la supresión. Los ayuntamientos se habían constituido durante la década revolucionaria en entidades con vocación soberana y en el símbolo de la muy amenazante práctica asambleísta. Los cabildos abiertos o asambleas populares que contaron con la anuencia de aquéllos no desaparecerían del escenario bonaerense, según la evaluación que hacían los miembros de la elite dirigente que impulsaban el proyecto, si no se suprimía la institución que le había dado origen. Parecía no ser suficiente fundar un régimen representativo con voto directo para contrarrestar lo que el propio Rivadavia reconocía: "que el poder de los Cabildos, funesto a todos los gobiernos anteriores, siempre sería azaroso a la representación de la Provincia por *esa parte de popularidad que le usurpaba*".[79] Esa popularidad había puesto en jaque a todos los gobiernos sucedidos durante aquellos diez años. Si no se tomaban medidas drásticas, las futuras autoridades provinciales podrían correr igual suerte.

Los dos cabildos bonaerenses fueron, finalmente, suprimidos, en un clima que no parece haber despertado demasiada inquietud si se atiende a la tibia oposición expresada en la Sala y a la pasiva actitud adoptada por los capitulares. Desaparecida la institución capitular y en ausencia de un poder central luego de la caída del Directorio, la disputa por el sujeto de imputación soberana quedaba aplazada. El *pueblo* de Buenos Aires se desentendía de los posibles lazos que podían unirlo a una entidad política mayor e integraba a la ciudad y su campaña en el nuevo régimen representativo inaugurado con la ley electoral de 1821. ¿Cómo se produjo, entonces, la integración del espacio urbano y rural luego de los debates que se sucedieron en los años precedentes y, especialmente, durante la crisis de 1820? ¿Sobre qué bases se distribuyó la representación: sobre el criterio tan discutido que vinculaba automáticamente el número de diputados con el número de habitantes de cada distrito o respetando las tradicionales jerarquías territoriales que subordinaban la campaña a la ciudad, único espacio institucionalizado durante la colonia? Al quedar suprimidos los cabildos desaparecía la entidad sobre la que se había fundado la subordinación de la campaña, la cual sólo cobraba existencia en función de su dependencia del ayuntamiento. En dicho contexto, no había lugar para establecer en el nuevo régimen representativo tal jerarquía. El abandono, sin embargo, de aquellas nociones tan frecuentemente utilizadas en los primeros años de la década revolucionaria, no significó implementar el mecanismo que vinculaba directamente cantidad de población y número de representantes. La solución proporcionada por la ley electoral representó una fórmula intermedia que dejó, en un primer momento, la misma cantidad de representantes que había establecido el Estatuto Provisorio de 1815 para ciudad y campaña –doce y once respectivamente– según los datos del censo realizado en aquel año, pero sin establecer el principio que reajustaba automáticamente la representación a los cambios producidos a nivel demográfico. La ley electoral de 1821 callaba respecto de este punto, dejando en manos de la Sala –sólo como producto de su silencio– la decisión de reasignar el número de representantes a cada espacio. De hecho, poco tiempo después de constituida, la Junta aprobó duplicar su número de diputados manteniendo la misma proporción que colocaba en una representación desigual a ciudad y campo (24 diputados para la ciudad y 23 para la campaña). Es preciso recordar que para esa época ambas poblaciones se habían equiparado. Aunque las estimaciones son muy imprecisas, las tendencias muestran que la población de la campaña (alrededor de 62.000 habitantes) ya estaría superando la cantidad de habitantes de la ciudad (55.000).

Las diferencias entre ciudad y campaña se manifestaron, además, en los mecanismos electorales estipulados por la ley para ser aplicados en cada espacio. La base territorial sobre la que se dividió la ciudad para la realización de las elecciones fue la *parroquia* (ocho en 1821) mientras que la campaña quedó fraccionada en 11 secciones en cuyo interior se ubicaban los *partidos*. Éstos, en verdad, eran jurisdicciones territoriales de origen colonial muy amplias que incluían centros poblados donde se realizaban las asambleas electorales. Las autoridades de mesa se reunían luego en el pueblo más antiguo de la sección o, en su defecto, en el que estuviera situado "más al centro de entre ellas" para realizar el escrutinio. Las mesas electorales de cada parroquia de la ciudad debían constituirse, según el artículo 9º de la ley electoral, a través del "nombramiento a pluralidad por los presentes, de presidente y cuatro escrutadores", mientras que en la campaña los escrutadores eran electivos pero la presidencia de la mesa no lo era; ésta quedaba en manos de los alcaldes de hermandad, rápidamente reemplazados en la función por los jueces de paz una vez suprimidos los cabildos de la provincia. La condición electiva de los escrutadores significaba otorgar a quienes podían influir en la conformación de las mesas un poder nada desdeñable; especialmente si se tiene en cuenta que la ley no contemplaba la confección de padrones previos a la elección. Las autoridades electas en el momento mismo de constituirse la asamblea electoral tenían la atribución de decidir, siguiendo para ello su propio criterio, quiénes quedaban incluidos o excluidos del derecho de voto.[80] Tal como mencionamos anteriormente, dada la ambigüedad bajo la que quedaba definida la condición del elector, la potestad concedida a la mesa electoral era tan importante que, varios años después de sancionada la ley, un diputado de la Sala aseguraba "… que ya es un axioma gano la mesa, gano las elecciones; algo más en el día se ha llegado a tal punto, que ganada la mesa de madera, ya se tiene ganada la electoral, y ganada ésta, las elecciones".[81] La soberanía de las mesas electorales era reforzada, además, a través de la segunda atribución que la ley le otorgaba: la de realizar el escrutinio y, según sus resultados, "proclamar por electos a los que obtengan la pluralidad de sufragios". El único recurso que quedaba, una vez consumado el acto y proclamados los diputados electos, era que la Junta de Representantes –en su carácter de revisora de las actas y escrutinios– suspendiera la elección por no atenerse a las formalidades legales establecidas. Esto sucedió en muy contadas ocasiones porque la Sala, generalmente, consideraba que una vez hechos los escrutinios las mesas eran *soberanas* en su decisión. Resulta ilustrativo observar las discusiones planteadas en la Junta de Representantes respecto de las atribuciones de las mesas electorales, para comprobar el poder que aquélla les proporcionaba. Era muy común que después de cada elección las autoridades de mesa hicieran consultas a la Sala para evacuar dudas respecto de las ambiguas definiciones –o de los explícitos silencios– de la ley electoral. En estos casos, los diputados tenían por norma respetar las decisiones tomadas por la mesa, sobre todo cuando se ponía en cuestión el resultado del escrutinio. En 1827, dada la reiteración de estas consultas –y los conflictos por ellas generadas– la Sala aprobó en su sesión del 18 de septiembre el siguiente decreto: "Artículo único: La Mesa Central escrutadora, en uso de las facultades que le otorga la ley de elecciones, se halla autorizada para practicar el escrutinio general, en términos que se salven toda duda racional, en orden a la legalidad de las elecciones".

En el debate del citado decreto (en la sesión celebrada el 29 de agosto de 1827) el diputado Álzaga definía lo que consideraba atribución de la mesa electoral:

"Más como yo niego que la Sala sea el juez competente, digo que la reclamación está mal hecha aquí, y para ello me referiré a la ley de elecciones que da esas atribuciones a la mesa, cuales son el examinar los votos, contarlos para ver cuál es la persona electa, y cuidar de que los que voten tengan las calidades que previene la ley. De consiguiente *el Juez competente era la mesa*, y ante la mesa debió hacer ese reclamo dando la cara, no ocultándola; y así de cualquier modo que se mire veo que es inoportuna esta reclamación ahora, porque el acto es consumado".

Lo que el diputado expresaba era, en verdad, el sentido común que predominaba en aquellos años respecto del papel de las mesas electorales. Existía, en esta dirección, una delegación de las funciones más relevantes del acto en el que se dirimía la soberanía, desde la cúspide hacia la base. Claro que dicha delegación se efectuaba bajo ciertas llaves de control, algunas producto de lo estipulado en la ley, y otras, efecto de las prácticas electorales. En el primer caso, la principal llave de control residía en las autoridades designadas para presidir la elección de las autoridades de mesa. En la ciudad eran los jueces de paz y los alcaldes y tenientes, mientras que en la campaña los jueces de paz presidían las mesas y la elección de los escrutadores. El poder e influencia ejercido por estas autoridades en las elecciones –nombradas directamente por el gobierno provincial– se analizará más adelante; no obstante, es preciso destacar en este punto la diferencia que la ley estableció entre ciudad y campaña al legislar la configuración de las mesas. El presidente electivo sólo era permitido en la ciudad, mientras que en el campo se le otorgaba a la figura del juez de paz un papel mucho más preponderante que en el ámbito urbano.

Estas no fueron, sin embargo, las únicas diferencias que estipuló la ley respecto de la representación de ciudad y campaña. Existía otra, quizá la más relevante por los efectos que produjo en la dinámica política posterior, sobre la que es necesario llamar la atención. En la ciudad, los sufragantes de cada parroquia debían votar por la totalidad de los representantes a renovar, mientras que en la campaña los votantes sufragaban por un representante de su sección. Esto significaba que en la ciudad se votaba por listas bajo un sistema que podríamos denominar plurinominal a simple pluralidad por acumulación de votos –o sistema de "lista abierta" en el que los electores podían elaborar sus propias listas según las preferencias personales– y en el campo por un solo candidato por sección –apenas se dictó la ley– y por dos (a veces tres) candidatos –según la coyuntura y la sección a la que pertenecía el sufragante– luego de duplicarse el número de representantes de la Sala. Es pertinente señalar que tal prescripción no implicó que el diputado electo por una determinada sección de campaña representara a dicha sección en los términos que un tipo de representación antigua podría hacer suponer. Pese a no estar explícitamente dicho en la letra de la ley, de la normativa se infiere que el diputado era representante del pueblo de Buenos Aires y no de una circunscripción en particular. A esto se le sumaba el hecho de que no se contemplaba la figura del mandato imperativo a través del cual el diputado se habría convertido en un apoderado de sus poderdantes. Si bien existieron propuestas de establecer la figura del mandato para el funcionamiento de la Junta de Representantes durante la crisis del año '20 (extendiéndose instrucciones, en algunos casos, para los diputados electos por alguna de las secciones de campaña), éstas fueron descartadas apenas se aquietaron los ánimos.[82] Un artículo remitido a *La Gaceta* publicado el 23 agosto de 1820 reflexionaba al respecto:

> "No hay duda repito, que la pasada Junta de Representantes ha sido la más legítimamente nombrada; pero como nosotros debemos considerar siempre a los representantes como a unos meros apoderados del pueblo, sujetos enteramente a su voluntad, debemos también observar que, para que obren con arreglo a esta voluntad de su poderdante no les basta ser legítimamente nombrados; también necesitan ser –bien y legítimamente instruidos. Quizás algunos de los desaciertos que pudo haber cometido dicha junta, provinieron de la falta de instrucciones...".

Suprimida la noción de mandato imperativo, la representación que nacía de la nueva ley electoral eliminaba uno de los elementos más característicos de la representación del antiguo régimen, imputándola ahora al nuevo sujeto de soberanía surgido de la crisis del año '20: el Estado de Buenos Aires. Aunque en su interior no se establecía una ciudadanía unificada que igualara a ciudad y campo bajo los mismos mecanismos electorales, es cierto también que se abandonaban los tradicionales criterios basados en jerarquías corporativo-territoriales vigentes en la década revolucionaria. La resolución planteada en 1821 significó una salida intermedia frente a los polos extremos planteados un año antes: ni "cuerpos morales" definiendo la representación, ni distribución del número de diputados según la cantidad de población. Fue la decisión política de la nueva Sala de Representantes la que quedó finalmente como árbitro –en el presente y en el futuro– de la distribución cuantitativa de la representación en cada espacio.

Despejada, entonces, la amenaza que podía provenir de la invocación soberana de los pueblos existentes en el interior de la provincia y el peligro latente de asambleas (al suprimirse los cabildos que las impulsaban y le daban cobijo), quedaba pendiente el problema de la soberanía del número. El voto directo y un derecho amplio de sufragio venían, justamente, a intentar resolver el gran déficit de la revolución: hacer realidad el principio tan proclamado de que la soberanía residía en el pueblo. Un pueblo que parecía esconderse tras los umbrales de sus casas particulares cuando debía ejercer el "derecho más augusto" en el que residía la soberanía, como era el elegir a sus propios gobernantes. Una vez dictada la ley electoral sólo restaba esperar los efectos que habría de producir para evaluar en la dinámica misma de los procesos electorales su grado de éxito o fracaso.

SEGUNDA PARTE:
Las elecciones durante la *feliz experiencia rivadaviana*

4. Un régimen de competencia entre notables

Luego de los exiguos resultados obtenidos en las elecciones realizadas una semana después de promulgarse la ley electoral, la elite gobernante pareció comprender más que nunca que era necesario intervenir activamente en los comicios si se pretendían alcanzar los objetivos propuestos. Tal intervención –practicada en 1822 y consolidada en los años siguientes– transformó el escenario electoral de Buenos Aires. Si se comparan los testimonios ya citados que destacaban la apatía de los ciudadanos en la década revolucionaria con los referidos a las elecciones convocadas después de 1821, las diferencias saltan a la vista:

> "La noche del día en que termina la elección de los miembros de la Junta, una banda militar precedida por el balón o globo y rodeada de una multitud de jóvenes, marcha por las calles. La banda se detiene frente a la casa de los miembros e interpreta uno o dos aires; la muchedumbre –si es que en Buenos Aires hay tal cosa– grita entonces: –'¡Viva la patria! ¡Vivan los representantes del pueblo!'".[83]

El comicio asumía una dimensión ritual que, aun dentro de parámetros solemnes, transformaba profundamente el sentido de las votaciones. Las nuevas prácticas que se fueron configurando alrededor del acto electoral –tanto antes como después de consumado éste– tuvieron como principales impulsores a los miembros de la elite dirigente. No hubiera sido posible en tan poco tiempo multiplicar el número de electores en ciudad y campaña ni instalar el tema de las elecciones en el debate público con la fuerza con que emergió en esos años, sin una activa intervención de aquélla. Dicha intervención, sin embargo, no debe ser pensada en los términos que la identifica, sin más, con el concepto de "oficialismo electoral" y deducir de él la ausencia de cualquier tipo de competencia donde los resultados de los comicios habrían sido una simple consecuencia –absolutamente previsible de antemano– de la capacidad de los diversos gobiernos de monopolizar los resortes formales e informales de movilización. Esta imagen, aunque recupera elementos sin duda presentes en las prácticas electorales del período, esconde otros –tanto o más relevantes– que contribuyen a explicar la dinámica política instaurada después de 1821. La presencia del denominado "oficialismo electoral" no significó la inexistencia de conflictos en el interior de la elite respecto del problema de la sucesión, ni menos aún la ausencia de deliberación y de un tipo muy particular de competencia en torno a quiénes debían ocupar los asientos de la Sala para ejercer el Poder Legislativo y designar cada tres años al gobernador. Si en los primeros momentos de la *feliz experiencia rivadaviana* los resultados electorales pudieron prever un triunfo aplastante del oficialismo, fue porque el llamado Partido del Orden logró reunir un consenso indiscutido alrededor de su proyecto político en el interior de la elite. Pero poco tiempo después, cuando dicho consenso dejó se ser unánime, los resultados electorales pasaron a tener un margen de imprevisibilidad –expresado en el triunfo de listas llamadas de oposición y en la clara conciencia que el oficialismo tenía de ello–, que obliga a replantear la imagen clásica descrita que identifica a la elección con una mera reproducción de pactos concertados de antemano. A la imprevisibilidad de los resultados se le sumó, además, la aceptación por parte del gobierno de su propia derrota en el campo electoral. No siempre el "oficialismo" fue exitoso en su voluntad de movilizar al sufragio y no siempre estuvo dispuesto a hacerlo desenfadadamente. Sobre este punto ilustra una carta de Ignacio Núñez a Bernardino Rivadavia (ya ausente del país una vez concluida la gobernación de Rodríguez) fechada el 21 de enero de 1825, en momentos en que estaba reunido el Congreso Constituyente y se discutía sobre las elecciones a realizarse en la provincia a fin de renovar la Sala:

> "(...) se teme perder las elecciones para la Quinta Legislatura (...) El espíritu de empresa entre particulares no ha decaído,

a pesar de que todo cuanto se había conseguido en favor del aniquilamiento del espíritu de incertidumbre, ha venido a quedar reducido a muy poco en razón de la poca confianza que inspira la flexibilidad del ministerio el cual ni aún en las elecciones de este año parece que quiere tomar parte...".

La incertidumbre a la que hacía referencia Núñez había crecido, sin dudas, a partir de la profunda transformación producida en esos cuatro años. El gobierno había impulsado novedosas prácticas en el campo electoral –de negociación, movilización y "propaganda"– generando una dinámica política en torno a la sucesión de la autoridad que se había expandido más allá de los controles que aquél podía ejercer. La preocupación que expresaba Núñez frente a la apatía manifiesta del gobierno antes de las elecciones de 1825, no hace más que corroborar el papel que tuvo su intervención en la transformación de los procesos electorales y lo insuficiente que a veces resultaba tal intervención si otros grupos del sector dirigente –no pertenecientes al gobierno– tomaban la iniciativa y obtenían el triunfo en las mesas.

¿En qué aspectos, entonces, del acto comicial se expresaron estas transformaciones? La ley electoral de 1821, al prescribir el voto directo sin restricciones, condujo a redefinir las prácticas políticas a través de las cuales la elite dirigente había intentado hasta ese momento reproducirse en el poder político. El voto indirecto había dejado a las asambleas electorales de segundo grado el poder de negociar internamente –entre facciones, logias o grupos menores de la elite– la sucesión de las autoridades, separando los dos momentos del proceso electoral: el de la autorización y el de la deliberación. La asamblea primaria se limitaba a designar a los electores, cumpliendo de tal manera con el requisito de la autorización –una especie de legitimación originaria del procedimiento representativo–, quedando concentrada en la asamblea electoral de segundo grado la llave de control del proceso eleccionario y el momento de la deliberación por las candidaturas. Lo que produjo el pasaje de un sistema de voto indirecto a otro de voto directo el inmediato traslado del momento de la deliberación al período previo a la elección. El acto electoral pasó a reunir ambos componentes del procedimiento representativo, convirtiendo a la autorización en un rito definitorio de la sucesión de las autoridades. Esto significaba que, una vez consumado el acto electoral, poco se podía hacer respecto de los resultados: ya no había colegios electorales en los que se pudieran negociar las candidaturas al mismo tiempo que la soberanía otorgada a las mesas electorales –por la que éstas tenían el poder de escrutar– dejaba a la Sala de Representantes con escaso margen de maniobra para modificar lo decidido por ellas. Para ganar una elección, los grupos que disputaban el poder político debían volcar todas sus energías antes de realizarse el comicio.

Tres momentos del proceso eleccionario, entonces, pasaron a tener radical importancia en la nueva representación impuesta en 1821: el de la deliberación en el interior de la elite en torno a las candidaturas, que se verifica los días anteriores a cada elección; el de la puesta en marcha de mecanismos de movilización para obtener el mayor número de votos en función de lo definitorio que resultaba ahora el momento de la autorización; y finalmente, el de la constitución de las mesas electorales que se convierten en las llaves de control del proceso, según se ha descrito. Este capítulo se centrará en el primer momento señalado –cuyo actor principal es la elite dirigente– para analizar en el próximo las prácticas referidas a los dos momentos siguientes en los que se incluye un universo mucho más amplio de actores, y por ende más difícil de aprehender, que va desde la heterogénea masa de electores hasta lo que llamaremos *sectores intermedios*, encargados de articular a dicha masa con las decisiones tomadas por la elite en el momento de la deliberación. El voto directo trasformó en muy poco tiempo la lógica electoral vigente: la elite requirió inventar nuevas formas de negociación y de discusión al mismo tiempo que necesitó vincularse mucho más que antes con un electorado potencial que debía legitimar a través de su autorización a las nuevas autoridades.

Por dicha razón, la elite dirigente se ocupó por vez primera de organizar la práctica electoral y de obtener, a través de su activa participación, un nivel de movilización al sufragio desconocido hasta la fecha. En poco tiempo, las cifras superaron los dos millares de votos en la ciudad y los tres millares en la campaña (con pequeños desfasajes en algunas coyunturas) configurándose después de 1822 un piso de electores que se mantuvo durante toda la década y aún en el posterior período de hegemonía rosista. Pero para lograr este piso de electores era preciso acordar, previamente, en un punto mucho más conflictivo: ¿qué listas de candidatos se elaborarían para hacer circular e inducir a votar al electorado potencial? Esta cuestión, lejos de reflejar la idea de una elite homogénea y sin fisuras, o en su defecto, de una elite dividida en dos facciones claramente delimitadas –unitarios y federales según lo estigmatizaron algunos historiadores–, expresa una situación más compleja que está bastante lejos tanto de la imagen de una elite que imponía sin discusión sus listas únicas en las mesas electorales, como de aquélla que presentaba a unitarios y federales enfrentados bajo una lógica más cercana a la guerra que a la disputa política.

Práctica de las candidaturas

Dadas las características diferentes que la ley electoral impuso a los mecanismos de votación en ciudad y campaña, la práctica de las candidaturas se desarrolló sólo en el ámbito urbano. Así, pues, los electores de la ciudad votaban todos los años por listas de doce candidatos en cada parroquia (excepto cuando se convocaba a alguna elección complementaria por renuncias o fallecimientos), las que podían confeccionarse según el criterio personal de cada sufragante –sistema de lista abierta– siempre que éste respetara las condiciones exigidas para el voto pasivo. La ausencia de una legalización previa de las listas de candidatos –dado que la ley electoral nada decía al respecto– dejaba a este momento del proceso electoral en un área difusa que rápidamente fue cubierta por prácticas informales.

¿En que consistían estas prácticas? En el período previo al acto comicial –entre 15 y 20 días antes de cada elección– comenzaba a desplegarse una disputa por las candidaturas, cuya "publicidad" contrasta con lo ocurrido en la década revolucionaria. Frente a la condena que en años anteriores había recibido la poco frecuente práctica de hacer pública la presentación de determinados candidatos para las elecciones –coincidiendo, en este sentido, con lo que ocurría en algunos países europeos, donde también se condenaba el hecho de "aparecer" como candidato, ponerse en evidencia y llamar la atención sobre sí mismo–, los años '20 mostraron un cambio rotundo de actitud.[84] Cambio que se inscribe en el nuevo espíritu que se cuela en todos los intersticios de la *feliz experiencia*. El principio de "publicidad de los actos de gobierno" se erigió en un catecismo de la nueva era política en sintonía con las transformaciones producidas en las formas de sociabilidad política y en las expresiones del incipiente espacio público configurado después de la revolución. Los trabajos que, en tal dirección, han desarrollado más recientemente Pilar González Bernaldo, Jorge Myers y Noemí Goldman –entre otros– nos eximen del tratamiento de estos temas, sin duda fundamentales para comprender la metamorfosis producida en la esfera electoral durante la década del '20.[85] La libre deliberación parecía imponerse en todos los órdenes –en la prensa, las asociaciones de diverso tipo, la Legislatura– no escapando a sus alcances la desarrollada en el seno mismo de los procesos electorales.

Así, la prensa periódica, cuya "explosión" después de 1821 constituye un dato de suma relevancia, se erigió en uno de los principales órganos de divulgación de listas de candidatos y, a falta de mecanismos de legalización, en vehículo informal de oficialización de las mismas en el espacio público. El modo bajo el cual se presentaban era a través de artículos remitidos a los periódicos, cuyos autores (en su mayoría anónimos) planteaban los "nombres de su preferencia", incluyendo a veces reflexiones en torno a la conveniencia o no de elegir a determinados individuos según su trayectoria personal y el lugar ocupado en la sociedad. A medida que se acercaba el día de la elección, los periódicos exhortaban a unificar listas a fin de evitar la dispersión de votos hasta que, finalmente, uno o dos días antes de la fecha convocada, cada uno daba su "lista de preferencia". El rol que la prensa asumió en los procesos electorales después de 1821 fue objeto, incluso, de consideración y debate en el interior de sus propias páginas:

"La atención pública parece haberse fijado tanto en este acto, que al menos él se ha hecho de 15 días a esta parte casi el asunto del día. Se ha puesto en práctica activamente el nuevo sistema de hacer circular listas de elegibles impresas y manuscritas; y los escritores periódicos generosamente han franqueado sus páginas para insertar algunas...".[86]

El Argos reconocía en el mismo artículo haber sido "el primero que en 1821 abrió este camino hasta entonces desconocido en Buenos Aires" de publicar listas de candidatos en sus columnas; camino que rápidamente se difundió al mismo ritmo que los periódicos fueron apareciendo. En 1822, *El Correo de las Provincias* incentivaba la nueva práctica al afirmar que "*El Centinela* se ha preparado notablemente ofreciendo sus páginas a los combatientes; esperamos igual interés en *El Argos*; *El Correo* ofrece también las suyas; y principia publicando textualmente las siguientes listas...".[87] De hecho, las listas proliferaban en los periódicos porteños –cuyos redactores estaban íntimamente vinculados con los diversos grupos que conformaban la elite dirigente y en la mayoría de los casos eran parte de ella– aumentando su cantidad a medida que se iba consolidando la dinámica electoral bajo el nuevo régimen representativo. Prueba de ello eran los innumerables comentarios que la prensa hacía al respecto:

"Nosotros hemos sido los que hemos publicado primero que nadie la lista de los que precisamente han resultado electos, y que se llaman del partido de la marcha pública, o lo que es más exacto de las *nuevas ideas*. Esta lista nos fue remitida por un corresponsal porque anunciamos en tiempo que queríamos hacernos el *origen* por donde se manifestasen todas las opiniones. Tras de ésta vinieron ocho más: todas se publicaron en cuerpo y alma incluyendo dos o tres en que se tiroteaba a la primera...".[88]

En los días previos a la elección se podían llegar a publicar hasta seis o siete artículos remitidos por día en cada periódico, cada uno de los cuales aportaba una lista de preferencia; los editores, en muchas oportunidades, debían disculparse por no poder publicar todas las listas propuestas. Esta abundante circulación de listas presentaba diversas combinatorias de nombres extraídos de un elenco más o menos estable de candidatos, los que se repetían con diferente frecuencia. Dicha frecuencia dependía, ciertamente, de la capacidad que los candidatos tuvieran de negociar su posición en el interior de la elite e imponer su nombre en el mayor número de listas posibles. En este contexto, la prensa facilitaba la negociación al publicar las listas y exhortar a la unificación en pos de los candidatos con mayores posibilidades. Así, cada periódico, uno o dos días antes del evento, daba su "lista de preferencia", que no necesariamente difería sustancialmente de la publicada por otros. Por el contrario, la coincidencia de nombres era el factor común, diferenciándose entre sí sólo en algunos candidatos. La misma prensa hacía explícita esta lógica:

> "Nosotros dejamos para otra ocasión los abusos que es menester evitar en las mesas, y pasamos por ahora a publicar la lista que dijimos teníamos formada. Nos es de gran placer no haber diferido en mucho de la primera que publicó *El Centinela*, a la que estamos pronto a suscribir enteramente, si el autor de aquella no se conviene con la nuestra. Los sujetos que variamos es sólo porque creemos que de la campaña deben venir hombres de sano juicio y de solo luces naturales, y en la ciudad debemos adherirnos a presentarles quienes ilustren las discusiones...".[89]

Existen innumerables ejemplos de este tipo de negociación en torno a nombres, pero el que mejor grafica la lógica imperante en la práctica de las candidaturas es el que se expresa en las elecciones de 1825. Aunque en aquel momento ya existía una más clara diferenciación entre oficialismo y oposición, la negociación previa al acto electoral siguió el camino ya configurado en años anteriores. Los personajes más destacados de la elite comenzaron a reunirse con sus grupos de referencia en los espacios privados –espacios donde se iniciaba la negociación de las candidaturas– para discutir las posibles listas. En la carta ya citada que Ignacio Núñez enviara a Bernardino Rivadavia, se describe el estado de la situación:

"El Domingo pasado fui convocado a comer y comí en efecto en la quinta por Barracas que habita el Sr. Gobernador desde que regresó de la frontera: asistieron los señores Ocampo, Agüero, Arroyo y Rodríguez: allí se convino la operación de las elecciones en toda la campaña, y en ésta el triunfo me parece que podrá ser completo. Respecto de la ciudad nada se hizo: les dije que había presentado un plan por escrito al Sr. García sobre éstas, cuya ejecución daría en la ciudad el mismo resultado que en la campaña; entonces oí decir al Sr. Gobernador lo que he dicho; pero quedaron encargados de acercarse al Sr. García, e inducirlo a tomar parte, lo que dudo mucho: al menos ofrecerá pero no obrará. La lista que envié a mudado –la verdadera es la que está en *El Argos* con un comunicado que firma *Un Propietario* en el n.º 110...".

Efectivamente, la lista a la que hacía referencia Ignacio Núñez había aparecido en el periódico citado, demostrando así que este tipo de artículos remitidos no era más que la expresión de propuestas elaboradas en el seno de cada uno de los grupos que conformaban la elite dirigente, con la que no necesariamente habrían de coincidir sus propios pares. El texto de quien firmaba bajo el nombre de *Un Propietario* había aparecido el 12 de enero de 1825:

"Sr. Avisador: Un patriota se ha servido de Ud. y de lo que cobra para publicar una lista de candidatos para la 5ª Legislatura que en *El Argentino* se llamó *ministerial*. *El Argentino* entre cinco o seis listas que ha dado a luz, inserta una predilecta de la *oposición*, –y entre una y otra quiero yo, que también soy patriota, meter la siguiente por la que me constan van a votar cien hombres de cada parroquia...".

La carta de Núñez sintetiza algunos aspectos del proceso electoral que otros testimonios confirman fragmentariamente. Por un lado, expresa la fuerte voluntad política que tenían ciertos sectores de la elite por organizar el proceso electoral para obtener el triunfo. Por otro lado, demuestra que tal organización generaba mayor conflictividad en el ámbito urbano que en el campo. El debate de las candidaturas no parecía ofrecer obstáculos en la campaña: los nombres se decidían en la ciudad y el voto seguía, desde que se promulgó la ley electoral de 1821, el camino de la unanimidad a favor de los candidatos impuestos por el Ministerio de Gobierno, excepto en contadas excepciones donde se dieron elecciones disputadas en algunas secciones de campaña (especialmente en 1823, luego de la reforma eclesiástica). En una carta enviada por Valentín Gómez a Carlos de Alvear el 20 de marzo de 1824 se corrobora esta percepción:

> "Yo casi perecía en el barco inglés, cuando ya corría mi nombre en una de las listas de diputados para el Congreso. Ayer se han hecho las elecciones. Se dice que si el Ministerio gana, es con muy poca ventaja, pero ésta se espera más decidida de la campaña, y si tal sucede, me tiene Ud. nuevamente comprometido y recargado de atenciones".

La cita vuelve a poner de manifiesto la incertidumbre vivida frente a los resultados electorales y a confirmar el dato de que en la ciudad la negociación de listas resultaba mucho más problemática (la campaña aceptaba sin conflictos la nominación de candidatos que, como Gómez en esta ocasión –representando al partido de Pilar–, nunca habían pisado siquiera el territorio que los elegía). Algunos grupos de la elite se negaban a trabajar en pos de ciertas candidaturas y otros modificaban lo acordado previamente, tal como lo expresaba Núñez respecto de su lista publicada en *El Argos* al afirmar que "había mudado". Estas modificaciones parecen haber llegado a su máxima expresión en diciembre de 1825, según describen los propios periódicos días antes de la elección:

> "Recórrase simplemente la revista que dimos el jueves de los pasos preliminares a estas elecciones: en ella se advertirá que primero se propuso, con independencia del gobierno, una lista de doce personas respetables –la llamaremos *primera*–; que esta lista fue resistida enseguida por otra de los agentes oficiales, a la cual la llamaremos *segunda*; que una resistencia tal causó inquietudes que luego influyeron en la alteración de la lista

segunda, integrándola con individuos de la lista primera, sin tomar uno solo de los tres de la cuestión; no siendo suficiente este cambio, fue menester que la lista segunda sufriese otra reforma, y entonces ella abrazó nueve de la lista primera, quedando otra vez excluidos estos mismos tres individuos".[90]

Estas modificaciones respondían, muchas veces, a las mayores o menores posibilidades que tenían determinados individuos de imponerse en las listas. Cuando algunos nombres eran resistidos –tal como en este caso parece suceder– la táctica consistía en buscar el consenso a través de este doble juego de integración-exclusión. De lo contrario, se corría el serio riesgo de que la lista no fuera votada y en su reemplazo apareciera otra con una combinación diferente:

"Descansamos sobre una seguridad, cuando decimos que los agentes oficiales de primer orden fueron instruidos por individuos de la misma policía, que existía una resistencia declarada a la nueva lista; y que la resistencia era tal, que acaso serían infructuosos los trabajos, no curándose en tiempo un mal que sembraba lamentos por todas partes...".[91]

El escaso disciplinamiento que la elite demostró tener para acordar en una lista unificada, capaz de ser divulgada y votada con los mismos nombres que la integraban inicialmente, se expresó también en los registros electorales. Estos presentan una configuración muy similar con relación a quiénes aparecían votados y cómo se emitía el sufragio.[92] Por un lado, existe siempre el elenco estable de candidatos que obtenía la mayoría de los votos, combinados con personajes menores que recibían una menor cantidad de sufragios. Por otro lado, las diferentes listas eran votadas por grupos de electores que a veces superaban el centenar y que de manera consecutiva daban su sufragio por alguna de las combinaciones ya mencionadas. Este mapa de los registros sugiere la presencia de redes clientelares diversas que, lideradas por algún caudillo, acudían a la mesa a votar por alguna de las listas que previamente circulaban. Era frecuente encontrar que las listas variaran según la parroquia:

"Es menester sin embargo, observar que la diferencia entre ambas listas reducida a tres personas únicamente, no ha dejado de mandar la idea de una contradicción sostenida: contradicción que en efecto resalta en la votación, porque en las Asambleas de la Catedral, Colegio, San Nicolás, Concepción, y San Telmo ha prevalecido con exceso la lista tal cual nosotros la dimos al público; y en las del Socorro, Piedad y Monserrat la que ha circulado la Policía como emanada de los agentes de oficio".[93]

Aunque es casi imposible hacer el seguimiento de todas las combinatorias de nombres que aparecen en las listas publicadas en la prensa y luego votadas en los registros para cada elección, es evidente que en los años de la *feliz experiencia* rara vez se llegaba a un acuerdo definitivo. La práctica de las candidaturas daba un margen de flexibilidad a los grupos menores de la elite a la vez que consolidaba al elenco estable de personajes que tenía mayores posibilidades de ser incluido en varias listas. Estos últimos se veían favorecidos, además, a través del sistema plurinominal por acumulación de votos.

En la difusión de estas listas no participaba solamente la prensa. Existían otros canales de "propaganda": la circulación de listas impresas entre la población, la colocación de proclamas en lugares públicos –especialmente en los atrios de las iglesias a donde se acudía a votar–, la repartición de listas en plazas, cafés, pulperías o reñideros, el envío de cartas a particulares, e incluso, el reparto de listas de casa en casa, fueron algunos de los mecanismos implementados en aquella época para movilizar al universo más amplio de electores. La prensa, en cambio, era el espacio más visible de negociación en el interior de la elite.

La deliberación por las candidaturas, trasladada por efecto del voto directo a espacios absolutamente nuevos, condujo, en los primeros años de la década, a un tipo de competencia entre notables. ¿Qué significa "competencia notabiliar" en el contexto aquí analizado? En primer lugar, un régimen en el que los candidatos eran individuos que por su notoriedad alcanzaban lugares prominentes y que por tal razón gozaban de libertad de acción al no estar atados a la vieja figura del mandato imperativo ni a las redes y lealtades que supone la existencia de un sistema moderno de partidos. En segundo lugar, un régimen en el que la discusión se dirimía más por los nombres de los candidatos que por las facciones a las que supuestamente pertenecían. En tercer lugar, un régimen que presuponía la existencia de ciertas reglas informales compartidas por los miembros de la elite a través de las cuales disputaban y negociaban la sucesión política. Finalmente, un régimen que, en el caso de Buenos Aires, permitió durante esos años la rotación de ciertos individuos en los escaños de la Sala (el elenco estable de personajes al que se hizo referencia) y la incorporación de grupos menores de la elite, cuyos miembros eran mucho menos conocidos y rara vez se repetían en el cargo.[94] Esta lógica notabiliar expresada en las elecciones se tradujo, además, en la dinámica parlamentaria. Aunque no nos detendremos en esta oportunidad en un análisis de los comportamientos de los diputados una vez electos, es preciso subrayar que los miembros de la Sala de Representantes actuaron en esa coyuntura con un margen de independencia respecto del gobierno y las facciones que se iban configurando, realineándose en cada ocasión según los proyectos en debate.

La elite dirigente y el "espíritu de facción"

Ahora bien: ese régimen de notables "criollos" implicaba una "notabilidad" diferente a la que caracterizó a otros procesos políticos en el continente europeo e, incluso, americano. La prominencia de muchos de los miembros de la elite política rioplatense no se basaba tanto en su fortuna o en el típico concepto inglés de deferencia, donde la confianza individual que merecía el candidato por parte de sus electores devenía directamente del lugar social que ocupaba, sino de un proceso de construcción que buscaba instaurar una notoriedad que no siempre les era dada de manera natural. En una sociedad como la bonaerense, en la que las jerarquías sociales estaban devaluadas, el prestigio debía ganarse y una manera de hacerlo era a través de las posiciones asumidas en la carrera de la revolución. Aunque en la década del '20 se incorporaron miembros de la elite económico social a la Legislatura, celebrándose tal incorporación en nombre de una fuerte aversión a los que habían hecho de la revolución su propia carrera política (militares, abogados, curas, o dirigentes que sin otro título que el haber participado de los gobiernos anteriores legitimaban su participación en la esfera política), lo cierto es que la inquina a los "políticos" parece ser más el producto de una retórica publicística que se hacía cargo de transmitir una noción muy difundida en esos años (al condenar el monopolio por parte de éstos de la cosa pública y celebrar la incorporación a la actividad política de sectores poderosos desde el punto de vista económico) que el fruto de un real convencimiento de que tal principio era posible de ser aplicado en el orden local. La mutua dependencia que Halperin Donghi ha señalado entre ambos sectores de la elite, al estar sujetos los políticos de "profesión" a la voluntad de los grupos más poderosos para financiar la indigencia estructural del Estado y al depender éstos de la "sabiduría específicamente política" de los primeros –en un contexto de indigencia "ilustrada" en donde eran muy pocos los que poseían experiencia en el arte político y administrativo–, explica que la distancia entre ambos grupos sea menor que en otras provincias y que en el caso de la *feliz experiencia rivadaviana* los comerciantes y hacendados hayan aceptado tener un lugar subordinado en la Legislatura frente al liderazgo asumido por los conocedores del arte político para elaborar e implementar las reformas aplicadas entre 1821 y 1824.[95] La convivencia entre ambos sectores de la elite continuará sin fisuras mientras los "políticos" le garanticen a los miembros del poder económico social el orden que requerían para salvaguardar sus intereses privados, resintiéndose el vínculo al promediar la década.

En 1823, la prensa comenzó a mencionar la presencia de una "lista de oposición" en las elecciones. Sin embargo, según demuestran las actas, registros y escrutinios, no habría existido "una lista de oposición" sino más bien combinatorias diversas en las que predominaban, según el caso, candidatos que comenzaban a ser tildados de opositores. Aun los mismos periódicos que hablaban de esta oposición admitían la diversificación de listas y candidatos presentados al acto electoral:

"Con la primera lista que publicó *El Centinela* y que se halla en nuestro nº 5, venían todos los liberales, los amigos del orden y del actual sistema. El partido de levante, de los anarquistas, de los desorganizadores, de los enemigos del orden, de los revoltosos, traía constantemente otra lista que se halla también en uno de los números de *El Centinela*, compuesta de generales y de doctores en todas facultades. Algunos patriotas (muy pocos) no habían podido tolerar el entero sacrificio de su opinión, y traían la primera lista, variando en ella uno o dos individuos. Entre levantinos, casi no se observaba variación. Aparecía uno que otro liberal disperso, que había formado su lista particular; y por último, en muy pequeño número se presentaban los adictos a otra lista en que se halla un fraile, cuya secularización se espera: esta lista era una mixtura de bueno y malo".[96]

El intento por desprestigiar a los llamados opositores apelando a la muy difundida idea de que éstos eran los militares y doctores devenidos políticos al calor de la revolución, no hacía más que despertar sospechas entre los habitantes de la ciudad, preocupados fundamentalmente por mantener el clima de paz logrado en esos años. Quizá por eso los llamados liberales –favorables al Ministerio de Gobierno– volvieron a obtener una victoria aplastante. Victoria que al ser presentada por la prensa como el resultado de una disputa entre dos listas, ocultaba el más complejo itinerario recorrido. No todos los vencedores obtuvieron la misma cantidad de sufragios: el candidato más votado en la ciudad fue Juan Alagón con 2.059 votos y el menos votado Juan P. Aguirre con 1.884 votos. La diferencia de votos se expresaba en otros candidatos –esto es, en otras combinaciones de listas– que no aparecían publicadas en los periódicos. Por otro lado, el candidato más votado de la llamada oposición fue Tomás Anchorena con 261 votos, quien nada tenía que ver con la identificación citada que veía en aquélla la preeminencia de generales y doctores; más bien se acercaba a la definición de *propietario* tan celebrada por el oficialismo. El candidato supuestamente menos votado de la lista opositora fue Pedro Carrasco con 177 votos. También en este caso, la diferencia se habría expresado en otros candidatos. Pero no se trata sólo de una comprobación matemática. *El Centinela* demandaba el 26 de enero de 1823, pocos días después de la elección "...que se publique completa la *nómina de candidatos que se asegura pasan de 200*, porque la autoridad con arreglo a ley sólo publicará los que hayan reunido de 25 votos para arriba". Esto demuestra la existencia de grupos menores que votaron por candidatos con escasísimas posibilidades, combinados con miembros del elenco estable. Es cierto que estas listas ya mostraban rasgos que las distinguían según la identificación de adictos o no al gobierno: pero aún no se trataba de dos listas diferenciadas, sino de un espectro mucho más difuso.

Entre 1824 y 1825, la distinción entre *ministeriales* y *oposición* se profundizó. Bajo estas denominaciones –que no aludían a ningún rasgo identitario más que a la posición asumida frente al gobierno– las listas de candidatos circularon por la ciudad. Los argumentos en los que se fundaba la disputa pocas veces excedían el marco que suponía estar dentro o fuera del gobierno, aunque algunos periódicos agregaban a veces ciertos elementos tendientes a marcar la diferencia en otros planos. *El Argentino*, por ejemplo, perteneciente a algunos miembros de la llamada oposición, intentaba explotar en su favor lo que los oficialistas celebraban como un logro: el hecho de reclutar a los diputados de la elite económico-social.

> "Ese empeño en buscar al más rico para representante, sin mirar otro objeto, ese empeño en alucinarse con el que más tiene es el que más quiere el orden y la libertad y la independencia, esto es a lo que nos dirigimos, porque estamos convencidos, que los deseos se irritan en proporción se llenan, y que cuanto más rico es un hombre tanto más desea serlo, tanto más se empeña en buscar medios para alcanzarlo...".[97]

De hecho, en las elecciones de 1824, el triunfo en la ciudad lo obtuvo la llamada lista de oposición. Un testigo inglés definió a esta victoria como la de "los radicales: entre ellos se cuentan los Humes de la Cámara de los Comunes criolla",[98] haciendo referencia a la presencia de algunos miembros de la vieja oposición popular urbana que había jaqueado al gobierno directorial en la década revolucionaria. Pero sus resultados, nuevamente, reflejan lo ya anunciado para las elecciones anteriores. *El Argos* publicó el escrutinio de la ciudad anunciando que "han resultado las dos listas que publicamos el miércoles de la semana anterior con los votos que abajo se expresan".[99] Las listas, sin embargo, tal como las reprodujo el periódico, tenían dos candidatos que se repetían en ambas –Juan José Anchorena y Manuel Moreno–, quienes habían obtenido la mayoría de votos (1.757 y 1.752 respectivamente). Los otros candidatos oscilaron entre 950 y 1.010 votos –contabilizando sólo los que fueron electos– y entre 750 y 800 votos los que figuran como candidatos de la lista oficialista. Nuevamente la combinatoria de nombres estaba presente.

¿Qué fue lo que produjo esta creciente división entre ministeriales y oposición a partir de 1824? Sin lugar a dudas, la reforma eclesiástica –según ha señalado Jorge Myers recientemente– representó la primera fisura dentro del consenso unánime logrado por el grupo rivadaviano, a lo que se sumó luego la convocatoria al Congreso Constituyente.[100] La discusión por la futura organización nacional reinstalaba, una vez más, el debate en torno a las formas que ésta adoptaría y al lugar que en su interior ocuparía Buenos Aires. Luego de 1820, la formación del Estado provincial había hecho volcar todas las energías del nuevo gobierno fronteras adentro, encontrando éste un consenso que no se vio perturbado por la idea de redefinir ese espacio en el concierto nacional. La elite porteña fácilmente pudo ampliar su composición incorporando a los miembros de los grupos económicamente dominantes y acordar pacíficamente las reglas de juego a través de las cuales se sucederían las autoridades provinciales. Sin embargo, cuando se eligió como nuevo gobernador al general Las Heras en 1824, aunque la prensa no dejó de celebrar que "concluye el término de tres años por el cual fue nombrado, y es el primero que en los catorce años de la revolución ha concluido legalmente en Buenos Aires...",[101] las divisiones en el interior del Partido del Orden ya eran evidentes. Valentín Gómez aseguraba en privado: "El señor Las Heras elegido Gobernador, estaba aún en Salta detenido por la creciente de los ríos. Se le espera con impaciencia aunque no con uniformidad de sentimientos; porque ya sabe Ud. que esto nunca lo hay, particularmente bajo un régimen popular".[102]

Las elecciones realizadas en marzo de 1824 para designar a los diputados que debían representar al Estado de Buenos Aires en el futuro Congreso presentaron dos listas de candidatos, aunque no estuvieron ausentes los cruces y repeticiones de ciertos personajes en unas y otras: el triunfo lo obtuvo en esa oportunidad la lista oficialista, si bien poco después –cuando se decidió duplicar la representación de cada provincia– ingresaron algunos de los que conformaban la lista de oposición.

Una vez reunido el Congreso, la marcha prudente que signó el inicio de los debates fue rápidamente abandonada. El proceso que medió entre la sanción de la *Ley fundamental* y la sanción de la Constitución de 1826 (luego de ser nombrado Bernardino Rivadavia presidente de las Provincias Unidas del Río de la Plata) profundizó los antagonismos ya perfilados a fines de 1824. La ley de capitalización aprobada a propuesta del grupo rivadaviano –ahora identificado con los unitarios– terminó de sellar la segmentación en el interior de la elite bonaerense.[103] La prensa inglesa en Buenos Aires advertía al respecto que "la extinción de la Legislatura Provincial" como efecto de esta ley de capitalización "ha renovado desconfianzas y exacerbado el localismo, al asumir el Congreso Nacional las funciones de la Junta Provincial, y el Ejecutivo Nacional las del Ejecutivo Provincial".[104] El descabezamiento de las autoridades provinciales en pos de un proyecto que pocos aprobaban –exceptuando el círculo más cercano a Rivadavia– terminó de dislocar la frágil unidad en la que se había montado la *feliz experiencia*. Los ahora llamados federales, liderados en el Congreso por Manuel Dorrego y Manuel Moreno, estuvieron acompañados en su oposición al proyecto por los sectores económicamente dominantes de la provincia –hasta ese momento base de apoyo del gobierno provincial– que vieron en la capitalización un ataque a sus intereses privados al federalizarse las rentas de la aduana porteña (principal fuente de recursos del Estado bonaerense) y decapitarse la fluida relación comercial entre ciudad y campo.[105]

No se tratarán aquí los vaivenes, discusiones y decisiones tomadas en dicho Congreso, ni los efectos que produjo la guerra contra el Brasil desatada en esa coyuntura, ya suficientemente estudiados. Sólo se señalarán dos cuestiones vinculadas directamente con nuestro tema. Por un lado, que la división producida en el seno del Congreso –presente, por otro lado, en el ámbito provincial–, aun cuando expresa una polarización facciosa entre unitarios y federales, revela al mismo tiempo el componente notabiliar antes descrito, en el sentido de que el comportamiento de los diputados estaba bastante lejos de adherir a posiciones adoptadas por polos de agregación grupales identificados a tales facciones. Ignacio Núñez vuelve a graficar esta lógica de manera contundente:

"Hablaremos del Congreso (…) La cuestión sobre las formas permanentes o provisorias siguió agitándose en los círculos privados: se tuvo una reunión en casa del señor Gómez, a que asistieron los señores García, Agüero, Zavaleta y Castro para organizar una opinión; ella se decidió unánimemente por las formas provisorias, y bajo de este concepto marcharon dentro y fuera de la casa (…) la razón para la adopción de las formas provisorias es personalísima, o como aquí se llama, de partido: se teme perder las elecciones para la quinta legislatura, y se espera tener un recurso nacional contra la preponderancia de la opinión local, dando dirección al Congreso según se pierda o se gane en estas elecciones. Lo más gracioso es que ni aun los señores que se combinaron previamente para marchar en este sentido, lo hacen aisladamente; el señor García conversa mucho sobre la necesidad de volver al plan antiguo de Ud., de incorporación gradual a la representación de Buenos Aires; el Sr. Agüero cree que ni esto puede hacerse; el Sr. Gómez firmemente quiere nacionalizar, y envueltos todos en este laberinto han llegado a la discusión de una Ley, que ha costado a la Comisión sudores y por poco sangre. El señor Funes está marcado en su comportamiento en el Congreso como verdadero cordobés: él pertenece a la Comisión y tanto en ésta como en aquél ha hecho todo lo posible por anarquizar del modo más espantoso (…) La Comisión se dividió al instante sobre esta ley: mas al cabo de tres o cuatro reuniones, y a costa de muchos gritos y de la algaraza más escandalosa, la ley quedó a un lado, y se entró a combinar otra; produjo por fin la que en esta discusión, pero con la particularidad de que ella ha sido formada con la expresión de cada uno de los comisionados; quiero decir no pudiendo convenirse ni dos de los seis en una misma opinión, se redactó la opinión de cada uno y salió la ley (...) Después de tres sesiones puede decirse que nada han adelantado (...) una sola vez han asistido los señores Cruz y García, de modo que de nada sirven en el Congreso (...) Del Congreso no hay quien tome la voz para dirigir, como sería preciso para andar consecuente en una marcha (...) Se habla de Ud. mucho: se pregunta si vendría siendo llamado (...) Dejo que dure por mucho tiempo más esta borrasca: que naveguen sin brújula, como que ninguna tienen, y que así aprendan entre los mismos peligros a ser cautos y caballeros (...) Quisieran que al menos Ud. dirigiese desde Londres: que escribiese, encomendando la ejecución de sus ideas al Sr. García: esto es porque ellos no reflexionan sino sobre su situación relativa (...)".[106]

La segunda cuestión vinculada al Congreso gira en torno a la redefinición del problema del sufragio. La normativa que la efímera Constitución de 1826 estableció respecto de la representación electoral y la discusión que esto generó en el seno de la Asamblea Constituyente, marca un cambio con relación a lo prescrito en la ley electoral de 1821. En la segunda sección sobre los derechos de ciudadanía, la Constitución establecía la suspensión de dichos derechos —entre otras varias razones— a quienes tuvieran la condición de "criado a sueldo, peón jornalero, simple soldado de línea, notoriamente vago o legalmente procesado en causa criminal..." (y a quienes no supieran leer y escribir, aunque se aclaraba que esta cláusula entraría en vigencia quince años después). Este fue el punto que, vinculado al tema de la representación, más se discutió en el seno del Congreso. De hecho, el mismo grupo que había elaborado la ley electoral de 1821 y que había otorgado el voto a "todo hombre libre o avecindado", propugnaba ahora limitar el sufragio. Este aparente cambio de posición puede interpretarse en varios sentidos. Es posible que la elite bonaerense, luego de la experiencia vivida en la provincia al aplicar el sufragio sin restricciones, evaluara conveniente restringir los niveles de inclusión previendo que el voto amplio podía dar el triunfo no sólo al oficialismo sino también a la oposición. Es probable también que la elite rivadaviana tolerara y controlara mejor el sufragio amplio a una escala más reducida (como era la provincial) y que a nivel nacional dicho umbral de tolerancia fuera más bajo. Pero aun teniendo en cuenta estas razones, no debe ocultarse un dato casi evidente: los rivadavianos –muchos devenidos unitarios– no habían cambiado demasiado su ideario en torno a la representación, sino que ahora lo hacían más explícito. Si se recuerdan los argumentos que desplegó la comisión redactora de la ley electoral de 1821 para fundamentar la inclusión en el sufragio, resulta claro que si aquélla no había establecido un principio de exclusión frente a los considerados dependientes –que no eran más que los que excluía la Constitución de 1826– era por no encontrar un criterio adecuado capaz de diferenciar el mundo de los incluidos del de los excluidos. En este sentido, lo que se produjo en 1826 fue una explicitación de este principio, el cual no llegaba a asumir la forma de un voto censatario. Aún se permanecía en el universo de la dependencia social.

El debate generado en la sesión del 25 de septiembre de 1826 sobre el derecho de ciudadanía demuestra este aserto. Mientras que los federales defendían un sufragio sin restricción, algunos unitarios replicaban –como lo hizo Manuel Antonio de Castro en aquella ocasión– que para ejercer el voto activo era preciso tener "voluntad propia, y no tal vez la expresión de la voluntad de un pequeño número, por un gran número de bocas... el que está bajo la influencia de un patrón no es capaz de sufragar con libertad...". Frente a la argumentación esgrimida por algunos unitarios en torno a la dependencia, los federales liderados por Dorrego apelaban a un registro distinto. Identificaban aquel principio de exclusión con un voto censatario. Dorrego afirmaba que si se privaba de intervenir a los "asalariados" en las elecciones, resultaría "una aristocracia la más terrible porque es la aristocracia del dinero...". No obstante, la posición asumida por los diputados bonaerenses más cercanos a Rivadavia estuvo lejos de ser homogénea. Juan José Paso, por ejemplo –quien había sido redactor de la ley de 1821– se diferenció del diputado Castro al sostener que no acordaba excluir a los jornaleros de los derechos de ciudadanía.

Este debate estuvo precedido y acompañado por el desatado en la prensa. Dos periódicos que representaban, respectivamente, las voces de los grupos bonaerenses enfrentados en el Congreso, desplegaron una muy intensa discusión al respecto. *El Nacional* –vocero del grupo rivadaviano– destinó varios números de su periódico a criticar aquel aspecto de la ley electoral de 1821 que nunca antes había sido discutido: el criterio de la inclusión.[107] La concesión del voto a *todo hombre libre* era evaluada como un ensayo del pasado que, a la luz de la experiencia, debía ser corregido. Pero "¿cuál es la base constante y general que debe adoptarse para la concesión del voto?" –se preguntaban los editores del periódico–. Indudablemente era la *contribución*; una contribución fija y conocida –de 30 pesos mensuales– con la cual se evitara que "los soldados, vagos y mal entretenidos" engrosaran la masa de sufragantes. El énfasis estaba puesto en que dicha renta fuera conocida, para lo cual se debían levantar padrones en cada parroquia de la ciudad, no así en la campaña donde se veía inútil la formación de un padrón por la movilidad del domicilio y "porque los vecinos de cada partido se conocen todos perfectamente". Con este criterio se buscaba, básicamente, excluir del derecho de voto a los transeúntes no domiciliados que, muchas veces, engrosaban la masa de sufragantes en la ciudad, sin cuestionar "la calidad de directa" de la ley electoral, "tan altamente recomendable y tan conforme a las luces del siglo". Con esta posición, los editores del periódico parecían acercarse más que nunca a los argumentos defendidos por los liberales franceses de la Restauración en la discusión de la ley electoral de 1817: voto restringido y sufragio directo. Un acercamiento que fue rápidamente advertido por la oposición, la que se expresó en estos términos en el periódico *El Argentino*:

> "¿Quién ha dicho que los hombres que no son comerciantes o ricos, son incapaces de juzgar, son incapaces de sentir en lo moral como en lo físico? (...) Y ahora viene a repetirse; y a repetirse sobre un texto dado en Europa, donde son como máquinas las clases ínfimas (...) donde la igualdad ni existe en práctica, ni puede existir en principio (...) Aquí, a causa de la revolución, los hombres de mérito, los hombres patriotas, los hombres útiles al país, son generalmente conocidos (...) La poca población también contribuye a este fin...".[108]

El reconocimiento de que ésta era, en varios sentidos, una sociedad en la que no se podían aplicar criterios estrictos de exclusión, formaba parte del sentido común de toda la elite política. Aun los que defendían el voto restringido admitían este dato, buscando definir un criterio capaz de "limitar el número de los votantes, pero no demasiado", según admitía *El Nacional*. Lo cierto es que por primera vez en el Río de la Plata se dio un fuerte debate en torno al problema de la inclusión en el derecho de voto. Debate sin dudas vinculado al clima de ideas imperante en Europa –tal como *El Argentino* afirmaba en su intento de refutación– como a los efectos producidos por la inesperada experiencia política que a la luz de la nueva representación permitió acrecentar notablemente el número de electores, no siempre cumpliendo la tan mentada profecía de que con ellos se borraría el espíritu de facción. Por el contrario, en 1824 la elite gobernante comprobó que con esos mismos sufragantes podían perder las elecciones en el distrito urbano. Fue así como la discusión sobre el imperativo de la inclusión comenzó a articularse cada vez más a otro problema, tan relevante como aquél: el del lugar que le cabía a la *oposición* en el interior de un régimen político basado en un tipo de representación liberal.

Nuevamente, los periódicos antes citados debatieron extensamente el problema. *El Nacional* le dedicó varios números, concluyendo que aceptar "un sistema de oposición entablada y sostenida" era renunciar a "darle estabilidad" al gobierno.[109] La identificación entre oposición y anarquía se justificaba, en este caso, con la afirmación de que dicha oposición en el Río de la Plata era "sólo una guerra de individuos contra las autoridades y que toda guerra de individuos contra las autoridades en un gobierno representativo republicano, es un ataque terrible a su existencia". Negaban que la oposición en Buenos Aires fuera producto de "la diversidad de ideas" –en cuyo caso habría sido aceptable–, sino que la veían como una simple "contraposición de intereses" que conducía al "desorden, agitación y rencores". Esta reflexión no era ajena al triunfo en la Legislatura porteña de una lista que se reconocía de oposición y de la presencia, por primera vez en el Congreso Constituyente, de partidos o facciones –términos intercambiables en la prensa de aquellos años– con contornos más definidos que en el pasado. No parecía tratarse, en este último caso, de una simple disputa por personas; se incluía también un debate por principios de organización. Por tal razón, *El Argentino* contestó a las acusaciones de *El Nacional* desde una lógica que reivindicaba la necesidad de una oposición en todo régimen republicano, señalando la falacia de identificar a aquélla con la anarquía.

En el fondo de todo este debate se enfrentaban dos órdenes de cuestiones asimétricas. Por un lado, aquéllas que no excedían la política de coyuntura al hablar cada periódico en nombre de los intereses más inmediatos que representaban en el seno del Congreso Nacional; por el otro, se filtraba una noción mucho más estructural que la mera disputa política al invocarse el ideal de *unanimidad*. La presencia de una *oposición por sistema*, tal como *El Nacional* llamaba a la configurada en el Congreso y trasladada a la provincia, atentaba contra aquel ideal: "¿qué es lo que la razón está diciendo que se haga? que se procure llegar a la *uniformidad*". En un régimen republicano no era necesario "formar un *partido de oposición por sistema*" –decía *El Nacional*– porque "no es lo mismo atacar medidas, que el que para atacarlas, se forme un partido, cual hay en Buenos Aires, y cual defiende *El Argentino*". En este caso, la vocación de uniformidad que el sector más vinculado al grupo rivadaviano parecía expresar, aun cuando podía recuperar el imaginario unanimista heredado de la tradición colonial, se mantenía dentro de los cánones de la concepción liberal decimonómica que defendía la idea de un "debate racional" y el rechazo de los "partidos". Lo que de hecho se estaba promoviendo era la fórmula que había imperado durante la efímera *feliz experiencia* de un régimen de notables en el que los individuos podían discutir y disentir en el espacio público de manera autónoma –en las elecciones, en la prensa, en la Legislatura– realineándose según el tema en debate pero sin "representar" las posiciones de un partido o facción.[110]

En el campo electoral, la idea de un *partido de oposición* –en el sentido que asumía para los contemporáneos– aparecía como amenazante porque hacía peligrar toda la lógica sobre la que se había montado la sucesión de las autoridades a partir de 1821. La práctica de las candidaturas, a través de la cual los notables competían por ganar un lugar dentro del sistema, difícilmente tolerara una escisión de la elite en partidos y facciones claramente diferenciados. A pesar de que dicha escisión era aún muy laxa en el primer quinquenio de la década –dada la modalidad ya descrita que adoptó la formación de las listas de candidatos, el escaso disciplinamiento que mostraron tener los diputados una vez electos (los llamados miembros de la oposición terminaron, muchas veces, mezclados con el oficialismo)[111] y la independencia de opinión que muchos mantuvieron respecto de sus grupos de referencia más inmediatos– no se puede negar que la tolerancia al disenso y la "libertad" de deliberación en todos los órdenes comenzó a verse severamente afectada. La discusión aquí citada es una muestra de ello. El sufragio, aunque se convirtió en el único elemento legitimador y regulador de la sucesión política –cumpliendo con esto la profecía de los defensores del régimen representativo durante la crisis del año '20– creó nuevos problemas. La disputa por las candidaturas y el escaso disciplinamiento de la elite por acordar listas unificadas trasladaba hacia abajo el margen de imprevisibilidad respecto de los resultados electorales.

5. El universo de los votantes

> "Tanto las divisiones *liberales* como las del *servilismo* pasaron la noche del 18 como todo ejército en la vigilia del ataque. Consejos generales de agentes, combinaciones, maniobras, escaramuzas, a este cuadro estuvieron reducidas todas las operaciones de esta noche (...)
> "Amaneció el día 19, y con su luz todas las divisiones se pusieron en movimiento activo. La luz del día fue la generala de los ejércitos; y muy corto fue el número de los colaboradores de ambas partes, que en su aparición no marchó a ocupar sus puestos, sin órdenes o instigaciones especiales.
> "El orden de ataque se dispuso: ambos cuerpos avanzaron fuertes divisiones sobre los ocho castillos de la ciudad –a saber– Catedral, Colegio, San Nicolás, San Telmo, Concepción, Monserrat, Socorro y Piedad. La lucha empezó vigorosamente, y se siguió con la decisión que era natural para obtener unos puntos de apoyo eminentemente poderosos..."
>
> *El Centinela*, 26 de enero de 1823.

El paralelo entre un día de elección y una batalla militar destaca la importancia que había asumido la movilización electoral bajo el nuevo régimen representativo. La invocación de imágenes procedentes del mundo castrense no buscaba identificar la lógica del voto con la lógica de la guerra, sino ironizar en torno a un hecho poco habitual hasta ese momento en el espacio público porteño: la disputa electoral. El día designado para sufragar cerraba el momento de la deliberación en torno a las candidaturas y abría el de la autorización. La disputa descendía al universo de los electores y de las mesas electorales –los ocho castillos de la ciudad en la metáfora periodística– poniéndose en movimiento un heterogéneo mundo de redes y actores.

Tal como se señaló en el capítulo precedente, el voto directo condujo a la elite dirigente a vincularse, como nunca antes lo había hecho, con los electores potenciales. Su voto era, ahora, una llave primordial del proceso electoral; en un mismo gesto autorizaba y legitimaba al nuevo poder emanado del acto de sufragar. La tarea de reclutar votantes dejaba de ser un detalle menor. Se hacía necesario reducir al máximo el margen de imprevisibilidad de los resultados y propender a que las elecciones elevaran sus índices de participación, cumpliendo con ello la profecía de que la fuerza del número resolvería el problema de la legitimidad. ¿Cuáles fueron, entonces, los mecanismos a través de los cuales la elite dirigente buscó articularse con el mundo de los electores? ¿Cómo se movilizaban los sufragantes, quiénes eran, qué tipo de lealtades los convocaba? ¿Sobre qué jerarquías sociales se construían las redes que culminaban con la emisión del voto? ¿Qué efectos produjo la ampliación del mundo representado en la dinámica política? Aquí, nuevamente, la noción de *oficialismo electoral* constituyó por mucho tiempo razón suficiente para explicar los vínculos entre los diversos estratos que conformaron el universo electoral. Su aceptación como parte de un sentido común irrecusable –ya que nadie podría negar la efectiva influencia que los gobiernos ejercieron sobre las elecciones– tendió a minimizar, esconder y hasta tergiversar ciertas dimensiones y prácticas que abonaron interpretaciones distorsionadas de los procesos electorales.

La principal distorsión es aquélla que identificó a las elecciones con la noción de fraude, sin contemplar que en esos primeros años no estaba generalizada la implementación de técnicas de engaño tendientes a adulterar los resultados electorales de manera sistemática, tal como se lo conoció y vulgarizó en la segunda mitad del siglo. El término *fraude* no circulaba a comienzos de la década del '20 (y una vez concluida la *feliz experiencia* el término más utilizado era el de "vicios electorales") a la vez que la idea de irregularidad en los comicios aparecía como una amenaza potencial pero no real. Los opositores al Ministerio señalaban, por ejemplo, la posibilidad de cometer irregularidades como "introducir pliegos con nombres supuestos y votos al placer de un partido si en la formación de las mesas no se cuida mucho de que entren a ellas de todos los partidos", al mismo tiempo que admitían que esto era "una suposición tan posible que no puede desconocerse".[112] Había un reconocimiento de que tales prácticas aún no formaban parte de la dinámica electoral, aunque había que precaverse de ellas. Las denuncias realizadas a través de la prensa o en el seno de la Sala de Representantes expresaban otras preocupaciones y apelaban a otros conceptos. Básicamente denunciaban la manipulación o seducción que se ejercía sobre los votantes y las formas que ésta adoptaba. Tales denuncias coincidían todas en un punto: que había dos formas de ejercer la manipulación, una *moral* y otra *física*, y que en los comicios se desarrollaba la primera, no así la segunda.

Naturalmente que el gobierno fue el blanco principal de tales críticas, dados los mayores recursos que poseía para llevar adelante aquella manipulación, pero también los grupos menores no pertenecientes a aquél fueron objeto de denuncias similares. En este sentido, no se puede desconocer que los descargos acerca del ejercicio de influencias sobre los votantes constituyeron siempre herramientas retóricas contra el adversario, más allá de su correspondencia con la realidad, y que el hecho de que las denuncias sobre vicios e irregularidades no estuvieran generalizadas no implica la ausencia de un tipo artesanal de fraude. Las prácticas comiciales, en el corto período que va desde la sanción de la ley electoral hasta la restitución de las instituciones provinciales en 1827 –luego del fracaso del Congreso y de la ley de capitalización dictada en su seno–, se desplegaron sobre un piso común de supuestos aceptados por los principales actores involucrados. Entre ellos cabe destacar la creencia compartida de que las *influencias* formaban parte de la dinámica natural de aquella sociedad (tal como reconocía desembozadamente *El Nacional* al preguntarse: "¿qué tiene que ver la influencia del gobierno en sus dependientes con las elecciones?, ¿ni cual es esa influencia de los alcaldes y jueces? Si la tienen y la ejercen, obran legalmente..."[113]) y que para el despliegue de tales *influencias* existía una base de tolerancia que posibilitaba a todos los grupos hacer uso de sus recursos en pos de lograr la mayor cantidad de votantes para una determinada lista (así lo había demostrado la oposición, en la ciudad, en 1824 al obtener el triunfo sobre el oficialismo y lo confirmaba este último al respetar el resultado de las mesas).

El "oficialismo electoral", por consiguiente, no fue siempre igual a sí mismo y requiere ser periodizado según sus componentes y mecanismos específicos a la vez que interrogado desde una perspectiva que evite los anacronismos. Ciertas acciones que posteriormente fueron incluidas dentro de la esfera de la corrupción, no eran más que el resultado del desconocimiento que la aplicación de un régimen representativo generaba en una sociedad acostumbrada a regirse bajo los cánones y lenguajes del antiguo régimen. La novedad de la nueva representación sumada a la imprecisión de la ley electoral, dejó en un marco indefinido a ciertas prácticas que no siempre eran mal intencionadas sino producto del desconcierto, la confusión o la falta de experiencia en lides electorales. El hecho de elegir en algunas oportunidades presidentes de mesa en la campaña, cuando en realidad eran los jueces de paz quienes debían ejercer la presidencia; la forma de hacer figurar a los votantes en los registros –a través de abreviaturas o iniciales–; la aceptación de *votos por encargo* en algunas mesas electorales; o los criterios utilizados para incluir y/o excluir sufragantes, son algunas manifestaciones del desconcierto que invadió, en no pocas oportunidades, a muchos de los sujetos participantes. Resulta llamativo, por ejemplo, que aún en 1827 un representante de la Sala –el diputado Medrano–, al discutir la validez de las elecciones realizadas ese año, sostuviera que "por el artículo 3 de la ley de elecciones, *todo hombre libre, mayor de 25 años que posea alguna propiedad radical o industrial, tiene voto activo*".[114] Aquél confundía la condición para el voto pasivo con el voto activo; equívoco que, aunque corregido por otro diputado de la Sala en el momento mismo de la discusión, llevó en muchos casos a aplicar diversos criterios de inclusión en el interior de cada mesa electoral.

De hecho, las mesas electorales constituían –según se ha mencionado– una de las principales llaves de control del comicio. Las actas y registros electorales fueron, en general, los documentos inapelables sobre los que la Sala evaluó el grado de cumplimiento de la ley en las elecciones, rechazando, por lo general, las notas firmadas por particulares denunciando actos de manipulación o algunas de las irregularidades ya citadas, en nombre de la soberanía de las mesas. Se suponía que eran éstas las que debían recibir denuncias, porque una vez realizado el escrutinio sólo restaba evaluar si las actas cumplían con los requerimientos formales establecidos por la ley. De manera que era en las mesas electorales donde parecía dirimirse el momento de la autorización y, en consecuencia, donde había que concentrar las energías si se pretendía un éxito seguro. Dorrego, en su ataque a las elecciones realizadas en 1825 –en las que nuevamente obtuvo el triunfo el grupo ministerial– se quejaba de este poder otorgado a las mesas:

> "¿Con qué objeto entonces vienen los registros a V. H. y a qué fin pasan a la comisión de peticiones (…) si las mesas escrutadoras disfrutan de tal infalibilidad (…)? ¿(…) si el presidente y escrutadores de las mesas electorales forman un juri, a cuyo juicio debe la Sala sujetar al presente su deliberación sobre la validez de las actas…?".[115]

Pero no era sólo la oposición la que criticaba el poder asumido por las mesas; los mismos ministeriales aceptaban el peligro que significaba dejar librado a una elección la formación de las mismas. En este sentido, *El Nacional* proponía, en su edición del 5 de mayo de 1825, modificar los artículos de la ley que prescribían la electividad de los presidentes de mesa y nombrar directamente a los jueces de paz. Se intentaba recuperar uno de los resortes que el mismo gobierno, bajo su propia voluntad, había delegado. Existía un reconocimiento unánime de que en la formación de las mesas electorales se concentraba la clave del éxito o del fracaso para los grupos de la elite que disputaban los cargos. En el interior de la estratificación electoral a la que dio lugar el voto directo fueron los llamados sectores *intermedios* los destinados a difundir las listas, movilizar a los electores y participar en la formación de las mesas. El papel desempeñado por este sector fue tan importante que, en una oportunidad, el diputado Ugarteche afirmó que "este modo de proceder hizo que la elección fuese indirecta de hecho". Mientras determinados agentes siguieran monopolizando y manipulando los canales de movilización y la constitución de las mesas, la elección –según opinaba el diputado– "en práctica, importa lo mismo que elegir por cierto número de electores determinados".[116] El voto directo había dado lugar a la consolidación de una serie de liderazgos, cuya función, desde la perspectiva mencionada, podía ser parangonable a las ya desaparecidas asambleas electorales de segundo grado del régimen indirecto.

Los sectores intermedios

En la formación de las mesas electorales de ciudad y campaña intervenían, respectivamente, dos personajes clave: el *alcalde de barrio* y *el juez de paz*. El cargo de alcalde de barrio había sido creado durante la colonia, en 1791, para auxiliar al Cabildo en cuestiones de policía en el ámbito urbano. Luego de la revolución, su importancia creció al calor de las transformaciones ocurridas. Entre ellas, se destacó el rol que les cupo en la organización de los actos comiciales implementados en esos años. A partir de 1821, pese a que las autoridades electorales en la ciudad pasaron a ser electivas, los alcaldes de barrio no perdieron las prerrogativas acumuladas en la década precedente. No sólo debían controlar la designación de aquéllas, sino además "invitar a todos los individuos, hábiles para elegir, que habiten en sus respectivas manzanas", según rezaba la ley de sufragio. Domiciliados en los barrios donde ejercían sus funciones, eran además los encargados de formar la matrícula de los habitantes, de rondar las manzanas respectivas, de imponer penas y multas de acuerdo con las instrucciones policiales vigentes, de organizar los festejos patrios, en fin, de controlar y organizar parte de la vida cotidiana de los habitantes de su jurisdicción.

El cargo de juez de paz en ciudad y campaña fue creado luego de la supresión de los dos cabildos existentes en la provincia. La reforma de justicia realizada en 1821 otorgó a los jueces de paz de campaña mayores prerrogativas que a los de la ciudad, ya que a las funciones de justicia de menor cuantía se le sumaron las funciones de baja policía, antes desempeñadas por los alcaldes de hermandad. El problema se suscitó cuando meses más tarde se organizaron las comisarías de campaña y comenzaron a chocar comisarios y jueces en orden a las funciones que el Ministerio rivadaviano intentaba deslindar. Los jueces de paz se sentían herederos de las atribuciones ejercidas tradicionalmente por los alcaldes de hermandad y la experiencia de los habitantes de campaña, acostumbrados a que el alcalde reuniera en sus manos las cuatro causas coloniales, se resistía a aceptar una división de esferas en autoridades distintas. Los testimonios que ofrece la documentación de los Juzgados de Paz muestra la resistencia de los habitantes de campaña a obedecer las órdenes emanadas de los delegados del Departamento de Policía como asimismo de las comandancias militares, elevando sus quejas a los jueces y solicitando sean éstos quienes canalicen sus demandas y hagan cumplir las órdenes del gobierno. El protagonismo que, desde el inicio, desarrolló el juez de paz en la campaña en detrimento de la autoridad policial, se vio a su vez facilitado por dos decretos del gobierno. El primero, estableciendo la obligatoriedad de que los jueces designados fueran *vecinos* del lugar en el que eran nombrados, "donde es de necesidad absoluta su personal residencia para contribuir a la más pronta administración de justicia".[117] El segundo, que los comisarios de campaña "deben ser destinados para ejercer sus funciones a lugares donde *no* hayan estado avecindados o tengan propiedad", para evitar con esto posibles arbitrariedades.[118] Ambas disposiciones reforzaban a la autoridad judicial, ya que ésta contaba con el poder social que ejercía en su propia comunidad y con la tradición heredada de la colonia a través de la cual los pobladores de campaña identificaban al juez como la *autoridad natural* en tanto heredero del viejo alcalde de hermandad. Los conflictos entre ambas autoridades se extendieron durante toda la década, dando lugar a una creciente absorción de las funciones de policía por parte de los juzgados de paz.[119]

Así, alcaldes de barrio y jueces de paz controlaban, desde muy diversas dimensiones y aspectos, la vida cotidiana de los pobladores donde ejercían su jurisdicción. Entre ellas se incluía la dimensión electoral. En ambos casos, eran los encargados de hacer circular los nombres de los candidatos, de convocar a las elecciones, de controlar la elección de autoridades de mesa, de definir quiénes estaban habilitados para votar –socorriendo en esta función a los presidentes y escrutadores, en tanto eran quienes *conocían* a los habitantes de su jurisdicción– y, finalmente, de refrendar el escrutinio. Indudablemente, alcaldes de barrio y jueces de paz constituían los principales puntales del tan criticado oficialismo electoral. Ambas autoridades eran designadas anualmente por el gobierno provincial y, en general, respondían a éste en la tarea comicial. Son innumerables los ejemplos denunciados por la prensa respecto de la acción que desarrollaban en las elecciones. *El Teatro de la Opinión*, por ejemplo, anunciaba en 1823:

> "En los momentos de salir al público nuestro número 6, hemos recibido el siguiente papel, remitido por un comisario de policía a un alcalde de barrio:
> '*Me pasará hoy mismo una lista para nombrar de su cuartel un presidente y cuatro escrutadores de los más adictos a la presente administración. Los sujetos para representantes deben ser: D. Manuel de Sarratea y Dr. D. Juan Antonio Fernández*'".[120]

Era obvio que las dos principales funciones que debían cubrir las autoridades locales, tal como expresa la cita, consistían en controlar la elección de las autoridades de mesa y difundir la lista de candidatos más consensuada en el seno de la elite gobernante. Claro que esto era más fácil de llevar a cabo en el espacio rural que en el urbano. En la campaña, el juez de paz presidía la mesa y sólo le restaba difundir el nombre del candidato que, desde la ciudad, se había designado para ser electo en su jurisdicción. La propia estructura social del campo y el ascendiente que el juez tenía sobre sus pobladores –por las propias atribuciones que absorbía su cargo– hacía bastante sencilla la tarea. En la ciudad, en cambio, todo parecía ser más conflictivo. La puja entre los grupos menores de la elite se trasladaba hacia abajo: la proliferación de listas hacía más difícil la tarea de su difusión por parte de los alcaldes y no siempre resultaba exitosa su capacidad de controlar la elección de autoridades de mesa. Los grupos menores de la elite disputaban el apoyo de estos agentes o buscaban apoyarse en otras redes, capaces de desempeñar éstas los mismos roles de difusión, control y movilización que cumplían los alcaldes de barrio. De hecho, existen testimonios de los intentos de estos grupos por cooptar a las autoridades intermedias. En 1823, por ejemplo, circuló "la proclama manuscrita a los alcaldes y tenientes de barrio, después de exhortar a éstos a que trabajasen ese día por la oposición".[121] Las elecciones de 1824 son otra muestra de la disputa librada en este estrato de la pirámide electoral: la oposición ganaba en la ciudad, gracias a los mecanismos puestos en marcha en el momento de la autorización del proceso electoral.

La capacidad de movilización, entonces, desarrollada por el oficialismo electoral en estos años, se debió, en gran parte, al fluido vínculo que alcaldes y jueces tuvieron con su comunidad y al ascendiente que revestía la jerarquía de los cargos desempeñados. También colaboraron activamente con aquél otros miembros de la policía como asimismo jefes militares y de milicia. En ambos casos, las denuncias de las acciones desarrolladas por éstos en las elecciones revelan un mayor componente de coacción, propio de la función que ejercían en la sociedad. Respecto del papel de la policía, los comentarios seguían siempre la misma estructura de denuncia:

> "Los empleados de policía han sido el agente poderoso de la lista ministerial en los años '23 y 24; de sus mesas han salido listas; de comisarios han salido cierta especie de órdenes a los alcaldes para el nombramiento de escrutadores; y ante comisarios se han hecho votar a los changadores, después de habérseles proclamado, después de habérseles persuadido. Más aún, se ha hecho por ellos mismos. Destinados a presidir las mesas escrutadoras, ellos han aparecido, como señores para decidir, y han querido hasta después de formadas conservar cierta especie de predominio. Bajo el pretexto de conservar el orden, tal vez lo han comprometido, y revestidos de su autoridad han sido en los pórticos de las parroquias, como unos hombres destinados a interponerse por la lista a que sus empleos los decidían...".[122]

En 1824 se suprimieron las comisarías de campaña. La propuesta fue hecha en la Sala de Representantes por los miembros de la oposición al Ministerio, y las razones aludidas fueron, básicamente, las acciones desarrolladas por éstos en las elecciones. *El Nacional* acusaba –el 6 de enero de 1825– a la oposición ministerial de haber dado a entender "que su interés en esta supresión no era otro que el de quitar al gobierno estos medios por los cuales se cree que influye en las elecciones", mientras que *El Argentino* –vocero de aquélla– contestaba inmediatamente –el 14 de enero– "que los comisarios han coartado y violentado con escándalo la libertad de los ciudadanos en el único acto que ejercen de su soberanía", erigiéndose "en jueces, entorpeciendo y mezclándose en las funciones de los de paz, y aún en las de los de primera instancia". La ya aludida superposición de atribuciones quedaba de manifiesto en esta medida, como asimismo la amenaza de coacción que representaba la presencia de estas autoridades en las elecciones. Lo mismo sucedía con los cuerpos militares. La oposición afirmaba que "un coronel tiene quinientos votos más que un simple particular, y esto no en razón de sus relaciones privadas, sino de su empleo público, de la autoridad que tiene sobre sus soldados, de la renta, del influjo…".[123] La capacidad de movilización que otorgaban estas jerarquías era, por cierto, nada desdeñable. Incluidas siempre dentro de la órbita gubernamental, lograban acercar al escenario de la disputa electoral un considerable número de sufragantes.[124]

Sin embargo, tampoco era desechable el papel desarrollado por otros personajes, no vinculados directamente a la esfera estatal. Los curas, por ejemplo, jugaron un activo rol en la propagandización de listas y movilización del electorado, llegando a ocupar, muchas veces, la función de escrutadores de mesa. No siempre los religiosos adhirieron a las listas ministeriales, especialmente después de la reforma eclesiástica. Las denuncias de su participación en las elecciones de 1823 se repiten en los diversos periódicos:

> "Se dice que dos clérigos de una parroquia han recorrido las casas de los timoratos en su distrito, empeñándolos en el nombre de Dios y de la religión a votar por los candidatos escogidos para columnas del altar…".[125]

"A pesar de toda la agitación, calor, contrariedad de opiniones, entusiasmo e interés, se notaba la mayor dignidad en el acto: el orden casi no fue turbado en ninguna parte, si no son unas pequeñas turbaciones ocasionadas por clérigos, nada satisfechos con la actual marcha del país. Uno de ellos, después de no haber podido hacer partido en la campaña, hizo el último aborto de su rabia en Luján, produjo un pasquín en latín, y pernoctando vino a la ciudad a trabajar en los partidos de la Concepción, Monserrat y La Piedad. Las turbaciones que causó no se pueden llamar tales, pues se limitaron a voces pasajeras y sin efecto".[126]

La vinculación de los eclesiásticos con su feligresía constituía una de las diversas vías informales de movilización al sufragio. Naturalmente que no siempre se activaba con la misma intensidad con que lo hizo en la oportunidad citada. Siempre dependía de la coyuntura en la que era convocada la elección. No obstante, su existencia expresa, junto a la presencia de otro tipo de redes, la heterogeneidad del universo electoral. Así, por ejemplo, las relaciones entabladas en espacios de sociabilidad como el café, la pulpería o el reñidero, cumplieron un papel fundamental a la hora de reunir lealtades para votar una lista de candidatos difundida a través de algún líder intermedio con influencia en dichos lugares. La siguiente letrilla, publicada por *El Centinela* el 19 de enero de 1823, refleja la presencia de este tipo de liderazgos, que nada tenía que ver con la esfera estatal y el oficialismo electoral:

"*Representante:* –¿Y con cuántos sufragios contaremos?
Opositor: Con mil y quinientos cuanto menos!!!
Representante: –Habiendo un buen agente/podrá hacerse bastante/porque en el pueblo, amigo, hay mucha gente.
Opositor: –Pues toma si los hay! ¿Usted no ha visto/ aquel amigo que llegó sudando/ y que le habló al oído/ al religioso que nos presidía?
Representante: –Si lo he visto, pero ese!!!
Opositor: –Ese ha tenido/ relación muy antigua/ con todos los que van al reñidero/ y con los jugadores/ que pasan de seis-

cientos,/ y como tienen que perder, sedientos/ están porque se elijan diputados/ a su amaño, pues temen que les llegue/ el turno de mirarse reformados...".

De hecho, los diversos grupos de la elite podían apelar a estos liderazgos e intentar atraerlos antes de la elección. Los mismos grupos podían favorecer a una u otra lista, según la capacidad de sus miembros para lograr apoyarse en algunas de estas redes informales. Cuando los artículos remitidos a los periódicos profetizaban en torno a la cantidad de votos que iban a recibir en cada parroquia, además de buscar convencer al público de las mayores posibilidades que tenía la lista difundida, reflejaba también el intento por vincularse con este tipo de redes. Es evidente que en 1824 la oposición logró con ellas una articulación más exitosa que el oficialismo. Sin embargo, al año siguiente, el vocero del Ministerio se preguntaba: "¿dónde están los 1.000 votos que obtuvieron el año anterior?, si en un año pierden 1.000 apasionados ¡cuál será su crédito!".[127] La ductilidad del mundo elector era directamente proporcional a la capacidad de los grupos que conformaban la elite de vincularse con los aquí denominados sectores intermedios. Esto es, con líderes que, perteneciendo o no a la esfera del Estado, pudieran acercar votos a las mesas electorales. Cabe mencionar, al respecto, las redes surgidas en el ámbito de las relaciones de trabajo. La figura de los capataces –de obras públicas o privadas, de panadería, etc.– representa también un caso frecuentemente citado:

> "La misma policía hizo reunir al cuerpo de panaderos en el mercado del centro a las siete de la noche del 14, ¿y con qué objeto? Con el objeto de intimarlos, como les intimó, con amenazas, después de haber inquirido cuántos dependientes y peones tenía cada panadería, y que por orden del gobierno asistieran el sábado siguiente a las 11 de la mañana a recibir las listas por las cuales el gobierno ordenaba que sufragasen".[128]

En definitiva, lo que todo este universo expresa es la mayor dependencia respecto del mundo elector. Tal como se mencionó antes, la importancia asumida por el momento de la autorización al prescribirse un régimen de sufragio directo, obligó a la elite a buscar apoyos en sectores más amplios de la población. Y aunque los agentes de gobierno tuvieron recursos más poderosos para extender sus redes sobre los electores potenciales, no pudieron anular el margen de imprevisibilidad que en cada elección se generó frente a los resultados. Así lo expresaba una de las tantas letrillas que circulaban en aquella época luego de las elecciones:

> "Tengo lástima al pobre diputado
> la representación se le ha *chingado,*
> después de haber ardido
> la marcha que usted mismo había prendido.
> Amigo: así sucede,
> porque el hombre propone, y Dios dispone,
> y no siempre se puede
> lograr lo que se quiere,
> y es cosa muy común el ir por lana
> y volver trasquilado;
> que a veces de la noche a la mañana
> viene por tierra el plan mejor formado".[129]

Los electores

La base de la pirámide electoral, constituida por heterogéneos grupos de sufragantes que acudían a emitir su voto el día de la elección, es la que resulta más difícil de precisar. Los registros electorales, en función de que el voto era público y nominal, dan testimonio de sus nombres, cuarteles o secciones a los que pertenecían y candidatos por los que votaban. Aunque es posible, a partir de ellos, extraer conclusiones de tipo cuantitativo e inducir datos respecto de la estructura grupal del voto, poco nos dicen acerca de otras cuestiones como la condición social de los votantes o las redes que los conducían a la mesa electoral. En este sentido, una vez más, la prensa ofrece pistas para conocer algunos aspectos de la práctica electoral en el interior del universo de sufragantes, como asimismo los debates que se suscitaron en la Sala de Representantes a raíz de ciertas denuncias o irregularidades cometidas en las mesas respecto de los criterios de inclusión y/o exclusión de votantes.

La ley electoral, según se describió en el capítulo 3, dejaba en un marco muy impreciso la condición del elector. Los miembros de las mesas electorales –en colaboración con jueces de paz y alcaldes– definían quiénes estaban en condiciones de emitir su voto. Para ello, sólo tenían a mano –dada la ausencia del empadronamiento previo– lo que la ley prescribía y las nociones que, de manera desigual, formaban parte del imaginario de esos hombres. No todos coincidían en definir del mismo modo al hombre libre y al avecindado. Esto generó no pocos conflictos en el seno de las mesas, los que se trasladaron, muchas veces, al debate público. Uno de los aspectos más discutidos fue la condición del extranjero y su posibilidad de acceso al voto. Este debate es, quizás, el que expresa con más énfasis el entrecruzamiento de nociones muy diversas en torno a la definición de la ciudadanía. Criterios jurídicos tradicionales, presentes en la legislación hispánica de origen colonial, se confundían con criterios propios de la modernidad política inaugurada con las revoluciones francesa y norteamericana. La ley de 1821 nada decía, al menos explícitamente, respecto de la condición del extranjero y los requisitos que debía reunir éste para la obtención de la ciudadanía. Es recién con la convocatoria al Congreso Constituyente de 1824 que se prohíbe el voto a todo extranjero sin carta de ciudadanía. Esta cláusula, que opera como agregado a lo ya establecido por la ley de 1821, parecía tener vigencia solamente en las elecciones a diputados nacionales. Sin embargo, la propia indefinición de los espacios políticos en aquellos años generó un debate que expresa la imprecisión del alcance jurisdiccional de ciertas leyes. El punto en discusión era, luego de 1824, si la cláusula vigente para las elecciones a Congreso lo estaba también para las elecciones de representantes a la Sala en el ámbito provincial. *El Nacional*, respecto a este punto, se hacía cargo de tal desconcierto:

> "Nosotros ya hemos notado lo ridículo que es aglomerar voces, cuando más se necesita de la claridad: voces, que bien analizadas, o son sinónimas, o nada significan. ¿Qué quiere decir en

este caso *leyes,* (vigentes, sin duda, en cuanto se citan) *municipales, leyes vigentes de la provincia, leyes constitucionales, disposiciones de la nación?"*.[130]

El primer problema era, naturalmente, precisar algo que aún no estaba definido: el estatus jurídico-territorial de los espacios políticos. El segundo, la superposición de leyes emitidas en períodos diferentes, en los que el origen de la autoridad encargada de dictarlas era de naturaleza muy diversa. Así, por ejemplo, se discutía si la noción que debía prevalecer para definir la condición del extranjero era aquella que se remontaba a la época colonial, asociada al término *avecindado*; si, por el contrario, remitía a las reglamentaciones dictadas en la década revolucionaria para todo el territorio sobre el que regía la autoridad central –se cita, especialmente, el Reglamento Provisorio de 1817–; o si, habiendo caducado las autoridades centrales, dichos reglamentos no tenían vigencia en los espacios provinciales, debiéndose dictar otros. Desde esta perspectiva, los dos problemas señalados se imbricaban mutuamente: la diversa naturaleza de la autoridad con la transformación del sujeto de imputación soberana. Tal desconcierto se hacía presente en cada mesa electoral, cuyos miembros respondían según el criterio personal o la propia interpretación de las nociones en juego. Un ejemplo de ello lo da un escrutador que se quejaba, a través de un artículo remitido a *El Argos* el 26 de marzo de 1825, de la situación generada en su mesa:

> "...Yo señor, he estado por mis pecados de escrutador en una de las mesas electorales el célebre día 20, y ha habido Representante de la H. Sala que me ha sostenido allí que no tienen voto los extranjeros, y que es por consiguiente nula la elección. La ley de la H. Representación dada en agosto del año 21 en el artículo 2 dice, *todo hombre libre, natural del país, o avecindado en él, desde la edad de 20 años, o antes si fuere emancipado, será hábil para elegir.* Habla señor de elecciones para la representación provincial. En febrero de 1824 sancionó la misma H. Sala una ley cuyo título dice *Cuerpo Nacional,* y en el artículo 4 se expresa así: *Las elecciones se harán con arreglo a la ley del 14 de agosto de 1821, y tanto en las secciones campaña, como en las de la ciudad se votará si-*

multáneamente por todo el número de representantes. El artículo 5 hace la siguiente excepción de la ley del año 1821: *Ningún extranjero que no tenga carta de ciudadano podrá votar en las elecciones para diputados al Congreso*. ¿No es así Sr. Avisador? Yo soy un pobre diablo, pero así lo he entendido: el susodicho representante me ha sostenido que no. Apelo al juicio de todo el mundo...".

En las elecciones de 1825 –a las que alude la cita anterior– todos los argumentos se hicieron presentes. A raíz de algunas denuncias sobre irregularidades cometidas en las mesas –entre las que se destacaban las denuncias por el voto de extranjeros– los diputados y la prensa discutieron arduamente en torno al problema. *El Argentino* –vocero de las denuncias realizadas– sostenía que la cláusula dictada para las elecciones al Congreso en 1824 debía regir para las elecciones provinciales. De no ser así, preexistía a la ley de 1821 la reglamentación revolucionaria que excluía al extranjero del derecho de sufragio. Iba más lejos aún: para ratificar su posición, apelaba al significado de la voz *avecindado* presente en la ley. Aquí las interpretaciones oscilaban desde una reivindicación de la legislación española, para la cual "la condición de *avecindado* (...) según las leyes vigentes españolas, consiste en cierto número de años de residencia, y otras más calidades que sería molesto detallar", hasta la consideración de "que la voz *avecindado*, en acepción política, es un verdadero sinónimo de ciudadano". En el primer caso, el periódico apelaba a la definición tradicional del término; en el segundo, lo reinterpretaba a la luz de la teoría política moderna: "¿En qué publicistas, en qué políticos han leído, que los extranjeros residentes en un país, donde no estén naturalizados, tienen opción al goce de derechos políticos, de esos derechos sagrados, que son justamente patrimonio exclusivo de los hijos legítimos o adoptivos del mismo país?". Finalmente, el periódico acercaba una tercera interpretación que recogía el argumento jacobino utilizado durante la revolución. Otorgarle el voto al extranjero significaba dárselo a "los enemigos de nuestra patria, porque la historia de nuestra revolución comprueba, que no pueden titularse de otro modo los españoles europeos residentes entre nosotros desde el principio de ella, que se han denegado tenazmente a inscribirse en nuestros registros cívicos, despreciando con escarnio la noble franqueza, con que se les ha brindado repetidas veces la agua tersa manil de este bautismo político".[131]

El Nacional, vocero del grupo ministerial, comenzaba su argumentación apelando a los términos de la ley: "Tres son las calidades que la ley exige para la concesión del voto: edad, libertad y domicilio en los extranjeros". Esta última condición, que no aparece de este modo enunciada en la ley de 1821, era identificada, indudablemente, con la voz *avecindado*. En este caso, la apelación a la tradición hispánica servía para reforzar los objetivos ya enunciados por el periódico de restringir el voto a ciertas condiciones. Así se afirmaba que "en medio de la multitud de estranjeros que residen en la provincia, deduciendo los que se hallan afincados, los que tienen algún giro, y los que ejercen algún arte u oficio, el resto se compone de hombres o desconocidos, u ociosos o aventureros. El espíritu de la ley parece que es, y que no puede ser otro, que el de llamar a votar, cuando dice *extranjeros domiciliados*, a los primeros, y de ningún modo a los segundos". En este caso, la voz *avecindado* recuperaba la tradición hispánica para justificar, en verdad, la calificación del voto. Calificación que, en la argumentación de *El Nacional*, se reviste de todos los rasgos de la teoría liberal moderna. Su propuesta era dictar definitivamente una ley de ciudadanía para el Estado de Buenos Aires que respetara "el principio de que no conviene que la concesión de este derecho sea tan fácil y general" y que evitara las confusiones suscitadas en las mesas electorales a raíz de "los términos vagos y generales en que está concebido el artículo" que da derecho al voto.[132] Aparece en este sentido, una mayor preocupación que en años anteriores por definir una ciudadanía, entendida ésta como un derecho y, al mismo tiempo, como un mecanismo capaz de evitar los conflictos generados en los momentos más álgidos de expresar tal condición: las elecciones.

De hecho, la presencia de extranjeros (tomado en su sentido más amplio de nacidos fuera del territorio del ex virreinato) durante las elecciones del período constituye un dato inobjetable. Aun cuando debamos tomar los testimonios con cierta precaución

–ya que proceden de las denuncias hechas en la Sala de Representantes y publicadas por la prensa–, lo cierto es que ni los propios grupos oficialistas desmienten su participación. Intentan justificarla, en todo caso, a partir de los argumentos expuestos, como del presupuesto de que "todo lo que no está prohibido por la letra de la ley, es permitido". A tal efecto, los documentos que atestiguan el voto de los extranjeros no son tan importantes por la confirmación de este dato, sino porque ponen de manifiesto el tipo de redes que los movilizaba al voto, a la vez que la condición social a la que pertenecían. Dorrego, en un discurso pronunciado en la Sala de Representantes, acusaba la presencia de extranjeros en las elecciones de 1825 en los siguientes términos:

"Dígalo D. Vicente Casares, español sin carta de ciudadano, cuantos marineros y extranjeros transeúntes condujo –hombre marcable desde que con su comercio con los salvajes no ha hecho mas que propender a que ellos multipliquen sus incursiones trayendo con ellas la ruina y desolación de nuestra campaña. Diga Mr. Morris los que presentó en La Catedral. Dígalo el carpintero D. Tomás, quien aún hace alarde burlezco de ello. Dígalo el contramaestre de la Pepa, a quien el que habla vio presentarse en El Colegio; y reconvenido contestó concurrir por habérsele mandado, más no ser ni aún transeúnte en ésta, pues el sólo permanecía o en Montevideo, o en su buque. Díganlo varios esclavos trabajadores en la obra de La Catedral, y varios de particulares, entre otros uno de la Señora viuda de Santa Coloma. Díganlo las actas llenas de nombres extranjeros, muchos de los cuales por no saber escribir aparecen con solo las iniciales medio el más a propósito para suplantarse los votos que se quieran..."[133]

El testimonio de Dorrego es uno más de los tantos que enfatizaban la presencia en las elecciones de sectores subordinados o marginados de la sociedad. El debate en torno a los límites del concepto de ciudadano incluía, naturalmente, la discusión acerca de qué estatus debía otorgársele a estos grupos empobrecidos dentro del derecho de sufragio. La imprecisión que aún encerraba el concepto de hombre libre, hacía que en algunos casos se incluyera a todos en dicha noción y que, en otros, se excluyera a muchas categorías de la época que, en la interpretación de ciertos personajes, no gozaban de la condición de libertad exigida por la ley. Así, por ejemplo, opinaba el diputado Ugarteche:

> "La ley excluye de estos comicios a los que carecen de las calidades que ella exige: para las elecciones del 20 fueron llamados, y fueron traídos todos los excluidos por la ley; a saber, extranjeros no naturalizados, marineros ingleses, franceses, genoveses, portugueses, etc., de los buques al ancla en el puerto, peones de carretas transeúntes encerrados primeramente en el Parque, y de allí conducidos bajo la escolta de soldados hasta el corralón de la parroquia de San Nicolás, donde fueron introducidos por la puerta del Socorro, y después llevados de dos en dos a la mesa electoral, muchachos, negros esclavos, y los trabajadores a jornal en la obra pública de La Catedral, y en las panaderías, sin haber dejado de hacer lo mismo con los changadores; pero sobre todo españoles sin carta de ciudadanía...".[134]

Ugarteche definía taxativamente aquellos que, en su interpretación, quedaban excluidos del derecho de sufragio. Algunos grupos resultaban más claramente relegados de los términos de la ley: los esclavos –en oposición al hombre libre–, los transeúntes –en oposición a la voz avecindado– y los menores –a los que el diputado llama *muchachos*, en oposición a la edad mínima fijada–. Pero, en otros, las fronteras eran más difusas: es el caso ya tratado de los extranjeros (no transeúntes), peones y trabajadores a jornal. Este era siempre el punto más conflictivo: ¿dónde ubicar las categorías que, en algunos casos eran consideradas dentro de la dependencia social y, en consecuencia, opuesta a la condición de hombre libre? En este sentido, *El Nacional* sostenía que "los hombres de todas las clases son ciudadanos", aunque reconocía que en el interior de esta categoría "hay sus divisiones: esto es, unos son comerciantes, otros meros capitalistas, otros hombres de letras, otros empleados de todas clases, otros artistas, otros operarios, asalariados, y otros *ociosos*; pero todos son ciudadanos; y todos, también son llamados por la ley a votar...".[135]

Estas diferentes nociones que circulaban en torno a los criterios de inclusión en el sufragio, fueron utilizadas, en muchas ocasiones, de manera pragmática y oportunista, entrando no pocas veces en contradicción con posiciones adoptadas en otros escenarios. Así, por ejemplo, lo sostenido por el diputado Ugarteche, representante de la oposición al Ministerio y vinculado a los que comenzaban a llamarse *federales* en el Congreso Constituyente, era contradictorio con lo que sus pares defendían en el seno de dicho Congreso. Sucedía que, en aquel caso, el diputado intentaba demostrar la irregularidad de la elección en la que había triunfado el Ministerio, apelando a los argumentos citados. Por otro lado, la posición de *El Nacional* no debe esconder la postura favorable que en ese momento tenía respecto del voto restringido.

Ahora bien, más allá de toda la retórica empleada en cada ocasión y de las diferentes vertientes que se cruzaban en el debate sobre la ciudadanía, lo cierto es que en las elecciones, según los testimonios citados, participaba un universo de electores asociado a lo que en la época daba en llamarse *bajo pueblo*. Esto es, "hombres pobres y sin discernimiento, a quienes debe ser tan fácil conducir al voto", como excluirlo de él.[136] Todas las descripciones que señalaban la participación en las elecciones de este *bajo pueblo* –changadores, peones, jornaleros, transeúntes y hasta esclavos–, coincidían en ubicarlas dentro de redes clientelares que expresaban la forma del voto grupal. Así, pues, los grupos opositores, siguiendo el mismo procedimiento con el que intentaban cooptar a los sectores intermedios para trabajar por sus listas, procuraban también convencer a los potenciales electores de "que no hay que dejarse seducir, no hay que creer que debe seguirse al *cura, al comisario, al juez o al alcalde* en la votación; vote cada uno con su corazón…".[137] Votar con el corazón no significaba, naturalmente, pensar en un voto autónomo, o lo que es lo mismo, aplicar la lógica de un hombre, un voto. Implicaba insertarse en otras redes clientelares que no respondieran al llamado oficialismo electoral.

Esto matiza bastante la interpretación mencionada al comenzar este capítulo: esto es, que dicho oficialismo explicaba por sí solo la dinámica electoral. Según se ha intentado demostrar, a la incontestable influencia del gobierno se le sumaban otras redes y vínculos, no necesariamente contenidos en aquél. *El Centinela*, entre otros, cuestionaba esta versión y manifestaba –a través de un cálculo numérico de dudosa procedencia– que una elección no se ganaba, solamente, movilizando los resortes del gobierno:

> "Los empleados en Buenos Aires llegarán a 100 o 150; los militares blancos, porque estamos ciertos que no han sido como los que fueron a la Piedad, no pasarán de 500 dentro de la plaza; todos hacen 650; rebájese de los empleados cuando menos la mitad entre los que no votaron por distracción, y los que votaron en contra, y quedan 75 –rebájese de los 500 entre jefes, oficiales y soldados las tres partes cuando menos de los olvidados, de los contrarios, y de los en fatiga; quedan 200; supóngase que todos han votado, y resultarán 275 entre empleados y militares. Pero supóngase dados los votos por el total: son 650 –650 hasta 2.000 van 1.450 que es una friolera comparada con la de 270 u 80 votos que tuvo el mayor de los doctores. ¿Y esta diferencia es la que se llama incauta en Buenos Aires? ¿Son tantos en la realidad los incautos? Puede ser que sea así, pero los que han votado por la lista vencedora no lo son, porque precisamente las parroquias del Colegio y La Catedral que están en el centro de la población, y es indudablemente la más sagaz e ilustrada, con excepción de 506 votos en cada una por los doctores, todos los demás que pasan de 700 los votantes, aparecen en contra, y por la lista de los propietarios triunfantes; así pues, no lo entendemos, ni aún cuando la cuenta se haga de abajo para arriba, en lugar de arriba para abajo".[138]

Obviando, naturalmente, el valor de las cifras y la intención que subyace al utilizarlas, es importante rescatar el interrogante formulado por el editorial: *¿son tantos en realidad los incautos?* La pregunta reubica el problema del oficialismo electoral y confirma la necesidad de buscar la explicación del fenómeno en un universo mucho más heterogéneo. En esta perspectiva, ya se ha señalado que la heterogeneidad de ese universo fue mucho mayor en la ciudad que en la campaña. Aunque existen pocos testimonios sobre las modalidades del voto en las zonas rurales durante esos años, los documentos reflejan la precariedad que rodeaba, generalmente, la elección, como deja expresado el siguiente testimonio de un vecino de San Nicolás:

> "El domingo 20 del corriente fueron las elecciones de representante: fue electo Fray Francisco de la Concepción Díaz Vélez. Por haber llovido toda la noche precedente y parte de la mañana del domingo, no vino hombre alguno de la campaña. Sólo la compañía del capitán Córdova, que hacía tres días estaba reuniéndose en casa del mismo, habiéndolos citado previamente *con caballo de diestro* para que creyesen que había novedad. El sábado por la tarde ya sabía yo quiénes habían de formar la mesa escrutadora. Alcaraz asistió al acto con tropa: anduvo pesquizando las papeletas de los concurrentes, y al que no la tenía ministerial, se la quitaba y se le daba otra. Ud. sabe cuan tímidos y cuan ignorantes son los paisanos en estas cosas; así fue que el zelador se burló de todos. El señorito asistió con su piquete africano, y votaron militarmente. Me aseguran que vinieron varios vecinos del otro lado a votar, y que para el efecto fueron dos sujetos de aquí a persuadirlos. En San Pedro sabemos ya, que también salió electo el secularizado con más de doscientos votos. Dígame Ud. ¿por qué raro fenómeno se deciden tantos hombres, por uno que no conocen? Aquí absolutamente nadie sabía quien era D. Francisco Díaz Velez, hasta que yo les dije que debía ser el fraile secularizado".[138]

Sin negar la presencia de situaciones muchas veces conflictivas, como la que describía *El Centinela* el 2 de febrero de 1823 al admitir las batidas que hubo en la campaña en la "que hasta se han fijado papeles incendiarios en latín", lo cierto es que, aun en este caso, "la votación en favor del electo ha sido excesiva, como la de todos los demás de campaña". Estos personajes electos no eran otros que los candidatos designados por la ciudad –no pertenecientes a las secciones electorales que los votaban, según expresa el testimonio recién citado–, los que obtenían, la mayoría de las veces, la unanimidad de sufragios. El oficialismo electoral actuaba, en este caso, bajo el conducto del juez de paz que presidía la mesa y monopolizaba en sus manos la capacidad de movilizar a los sufragantes en pos de los candidatos oficiales, contando además con la colaboración inestimable de jefes militares y de milicias y de la policía.

Es evidente que la mayor conflictividad en las elecciones se manifestaba en la ciudad. Conflictos que se expresaban en todos los niveles de la estratificación electoral. En la cúspide, a través de la disputa por las candidaturas; en los sectores intermedios al actualizar redes y liderazgos mucho más heterogéneos que en la campaña; finalmente, en la base constituida por los sufragantes, que eran disputados por dichos liderazgos a votar por las diversas listas que circulaban en el ámbito urbano. En este contexto, ciertas jerarquías sociales preexistentes a la instauración del régimen representativo parecían trasladarse al campo electoral y traducirse en jerarquías políticas, mientras que otras se resignificaban en el nuevo espacio político creando relaciones de poder cuya asimetría poco tenía que ver con el viejo mundo del orden colonial. Tal traducción y creación de nuevos vínculos entre espacio social y el aún muy incipiente espacio político se daba, entre otros canales, a través de las elecciones.

La novedad de estas expresiones no debe conducir, sin embargo, a conclusiones apresuradas. De modo similar a lo que ocurría en otros territorios –americanos y europeos– donde los regímenes representativos y las elecciones inauguraban una nueva era, la dimensión identitaria del voto emitido por el universo de sufragantes era aún muy débil. El sentido de la elección quedaba así limitado a su acepción etimológica primera, la selección de personas, y la competencia se daba dentro del reducido mundo de los notables. Los canales de participación aquí descritos no reflejan un universo en el que los votantes puedan ser considerados portavoces de grupos con intereses particulares o de una opinión creada en torno a centros de agregación social o política, sino el de mecanismos destinados a designar a las personas consideradas más capaces y dignas de ocupar los cargos destinados a gobernar.

6. Guerra y política: entre la legalidad electoral y la práctica pactista

La Constitución de 1826, sancionada en un contexto absolutamente desfavorable –guerra civil en el interior y guerra contra el Brasil– marcó la crisis final del Congreso y con ella la de parte de un grupo dirigente que, poco a poco, quedó aislado de la escena política rioplatense.[140] La renuncia de Rivadavia a la presidencia fue seguida por la restitución de la provincia de Buenos Aires a su antigua jurisdicción, decretándose la reinstalación de la Junta de Representantes por orden del presidente provisorio, Vicente López y Planes. Las elecciones realizadas en julio de 1827 para formar nueva Sala, dieron el triunfo a la vieja oposición que desde 1824 le disputaba al Partido del Orden su hegemonía en la provincia, aunque es preciso advertir que ni éste ni aquélla eran los mismos que tres años atrás. Las divisiones producidas en el interior de la elite dirigente a raíz de las discusiones suscitadas en el Congreso que fenecía y, especialmente, las creadas a partir de la ley de capitalización, habían profundizado la división facciosa y realineado a sus miembros según una lógica que combinaba, dificultosamente, la política facciosa con la de los intereses estrictamente personales. La nueva Legislatura designó gobernador a Dorrego y pocos días después removió a los diputados por Buenos Aires del Congreso General Constituyente, dando así el golpe de gracia que culminó con su disolución. Buenos Aires reasumió, nuevamente, la dirección de la Guerra y Relaciones Exteriores, quedando Dorrego al frente de la conflictiva paz con el Brasil y de la no menos problemática situación que imperaba internamente en el recién restituido Estado provincial.

¿Qué había cambiado en el escenario político bonaerense luego de la experiencia vivida en el Congreso? ¿Qué nuevos itinerarios se abrieron, una vez restituidas las instituciones provinciales creadas en 1821, luego del *impasse* que las vio desaparecer durante más de un año con la ley de capitalización? Las elecciones celebradas después de 1827 reflejan la dificultad por separar aquello que en la *feliz experiencia* había logrado deslindarse: el plano de la política de la lógica de la guerra.

De la *feliz experiencia* a la revolución decembrista

El 20 de julio de 1827, dos días antes de celebrarse las elecciones convocadas para restituir la Legislatura provincial, *La Crónica Política y Literaria de Buenos Aires* vaticinaba que "las elecciones van a abrirse en circunstancias espinosas". El mismo artículo adjudicaba tales circunstancias a una razón, que si bien constituía un lugar común en el discurso de la época, no dejaba de tener fuerte anclaje en una realidad que, indudablemente, había cambiado. El *espíritu de partido o facción* al que aludía el editorial, no representaba un mero giro retórico que recogía los fundamentos de un discurso casi universal, repetido durante toda la primera mitad del siglo XIX; remitía, además, a la presencia mucho más tangible de facciones o partidos en el escenario político bonaerense. A diferencia del resto de los periódicos que, en aquella coyuntura, asumieron una retórica mucho más combativa –sobre todo cuando se abocaron a tratar el tema electoral–, *La Crónica Política y Literaria de Buenos Aires* intentaba calmar los ánimos y recordar –seguramente a la luz de la experiencia del año '20– "que los combates en las tribunas, por encarnizados que sean, son menos terribles que las guerras civiles". Una advertencia que fue escasamente escuchada por los protagonistas de la escena política.

Efectivamente, las elecciones se realizaron en un clima de creciente tensión. Una lista de tendencia federal –aunque apoyada por ex-miembros del Partido del Orden– obtuvo la mayoría de sufragios. Los partidos, según afirmaba la prensa periódica, lucharon como nunca antes lo habían hecho en el campo electoral. Existía un reconocimiento generalizado de que la acción de éstos revestía formas muy diferentes que en el pasado. *El Porteño*, por ejemplo, refiriéndose a estas elecciones, destacaba el 3 de noviembre "que esta es la primera vez que Buenos Aires es testigo de un procedimiento tal. ¿Será acaso porque nunca los partidos han combatido con más empeño que al presente? Pero nosotros hemos presenciado elecciones incomparablemente más ruidosas, más disputadas, y en las que sin embargo todo terminó con el pronunciamiento de la mayoría del pueblo". Indudablemente, la fragmentación en dos campos identitarios –unitarios y federales– después de la reunión del Congreso representaba un clivaje nuevo en el espacio electoral, aunque esto no debe ocultar la complejidad de los realineamientos políticos. Luego del debate de la ley de capitalización se alejaron del Partido del Orden gran parte de sus miembros, algunos de los cuales pasaron a las filas ahora llamadas federales e identificadas con la vieja oposición popular al grupo rivadaviano. En el interior de cada facción, los conflictos y rencillas personales estaban a la orden del día. *La Crónica Política y Literaria de Buenos Aires* captó muy bien esta combinación de conflictos personales y facciosos:

> "En la lucha de los partidos, los más próximos entre sí son los que probablemente tienen menos uniformidad en sus sentimientos. Los odios, los celos, los intereses privados, las relaciones públicas, separan a los habitantes de la misma ciudad, y suelen convertirlos en enemigos irreconciliables. Si sólo se les permite elegir un diputado, en lugar de ofrecer los medios de conciliación, se arroja en medio de ellos la manzana de la discordia".[141]

La cita demuestra que los miembros de la elite se enfrentaban siguiendo una lógica típica de notables –que suponía individuos unidos por redes de relaciones sociales más que por coincidencias ideológicas– combinada con una lógica facciosa, en la que ciertos tópicos o hechos concretos dividían circunstancialmente a aquélla. El debate por la formación de listas constituía la "manzana de la discordia" dentro de cada partido o facción, pudiendo los candidatos emigrar de una lista a otra, e incluso estar presentes en listas de signo faccioso diferente. Esta ductilidad atenúa, en parte, la idea de dos facciones irreconciliables en el espacio político –especialmente en aquél en el que se discutían las candidaturas– reflejando una realidad en la que los personajes de cierta notoriedad podían cambiar de posición y negociar –individual o grupalmente– su lugar en una lista de candidatos. Sobre esta ductilidad se expresaba otro periódico de la época:

> "Todo partido que triunfa aspira a reconcentrarse, mientras que las más opuestas facciones se reconcilian cuando son arruinadas. Una de las extravagancias de la naturaleza humana, es que hay frecuentemente más ojeriza entre las opiniones inmediatas que entre las diametralmente opuestas".[142]

Además de las elecciones para restituir la Sala, se convocó en septiembre a nuevos comicios para completar la representación provincial y en noviembre del mismo año para designar dos diputados a la Convención Nacional que debía reunirse en Santa Fe. Fue un año de "fiebre electoral" luego del *impasse* sufrido con la supresión de las instituciones provinciales. El nuevo clima vivido en estas elecciones se diferenció de aquel predominante en la *feliz experiencia* no sólo por la exacerbación del espíritu de facción sino además por la creciente violencia e intolerancia que impregnó los diferentes momentos del acto electoral. El momento de la deliberación en el que se debatían y difundían las listas de candidatos estuvo acompañado por una prensa facciosa de tono beligerante; dato que fue resaltado por la propia prensa extranjera en Buenos Aires: *The British Packet* afirmaba el 27 de octubre de 1827 que "la guerra desencadenada en los periódicos de Buenos Aires parece estar dirigida más bien contra los individuos que contra los principios". La guerra llevó a debatir, según admitía el mismo periódico, "una cuestión política más compleja: la libertad de prensa"; el corolario de ese debate fue la sanción de la ley de prensa de 1828, que si bien no clausuró "enteramente la experiencia liberal anterior" –según reconoce Jorge Myers– sí representó la inauguración de un "período de transición hacia una prensa controlada por el Estado".[143]

El nuevo clima de intolerancia reflejado en la prensa periódica formaba parte del mismo proceso que la disputa electoral se encargaba de actualizar con mucha frecuencia. En cada elección se reproducía el debate por las listas de candidatos, que en un clima de creciente faccionalización agitaba los espíritus de la clase dirigente, trasladándose luego la disputa al momento de la autorización. Allí, los mecanismos utilizados para difundir las listas y hacer propaganda electoral, como los que se pusieron en juego en la conformación de las mesas, la movilización de los votantes y la realización de los escrutinios, expresan elementos nuevos respecto del primer quinquenio de la década. Por un lado, los estratos inferiores de la pirámide electoral –esto es, grupos intermedios y sufragantes– comenzaron a expresar signos de una división que, si bien no implicaba la emergencia de una dimensión identitaria del voto, encontraba en el acto comicial el escenario más propicio para encarnar rituales de identificación colectiva vinculados a la esfera social y cultural. La forma de ir vestido a votar, donde el *frac* y *la levita* presuponía el voto unitario mientras que la *chaqueta* el voto federal, o las consignas que los sufragantes proclamaban a viva voz identificándose, en cada caso, con alguna de las dos facciones ("Viva los federales! Mueran los del frac y la levita!", "Viva Dorrego, mueran los de casaca! Viva el bajo pueblo!") expresan los cambios producidos en el universo de los votantes.

  Por otro lado, una violencia inédita en el ejercicio del sufragio subraya el segundo elemento de transformación en los comicios; la violencia fue acompañada por una catarata de denuncias respecto de los abusos –de muy diverso signo– cometidos en el acto de votar. Ya no se trataba de un debate –como el desarrollado durante la *feliz experiencia*– que se interrogaba en torno a los mecanismos de manipulación del voto. Aquellos eran interpretados en términos de coacción moral y, por otra parte, no ponían seriamente en cuestión el campo de la legalidad electoral. A partir de 1827, la discusión giró alrededor de nuevos tópicos: la coacción física ejercida por diferentes tipos de líderes intermedios, la tensión entre ley y práctica electoral y los vicios manifiestos en los momentos de formar la mesa, controlar el voto y realizar el escrutinio. Todos ellos, al tiempo que obligaban a cuestionar la legalidad del acto, conducían a erosionar la legitimidad del sufragio.

Este clima de violencia llegó a su máxima expresión en las elecciones realizadas el 4 de mayo de 1828 para renovar los miembros de la Sala. Catalogadas –por los contemporáneos como por los posteriores juicios condenatorios– como las elecciones más escandalosas de las realizadas desde la revolución, sobresalía el estado de agitación que invadía el espacio público, ya no sólo en el ámbito de la ciudad sino también en la campaña. Así, por ejemplo, en una nota de protesta elevada por varios vecinos de la parroquia de San Nicolás, se denunciaba el ejercicio de la coacción física: "amenazar el Sr. Parra, comisario de Policía, sacar los ojos a bofetadas a los ciudadanos, es un atentado verdaderamente nuevo en estos casos". La denuncia proseguía describiendo, como en tantas otras elevadas en diversas parroquias y secciones, que "Don Calixto Lozano, a quien se le vio acercarse llevando en la mano una lista celeste, fue reconvenido por ello en el atrio, y replicando que era libre para votar a su gusto, fue atacado por ocho o diez hombres, estropeado a golpes, robado su paraguas, hecho pedazos su sombrero, etc. etc.".[144]

La coacción física podía provenir, según muestran los testimonios, de grupos formados sobre la base de lazos y vínculos personales como de las propias autoridades dependientes del Estado. En este último caso, a las tradicionales demandas por alejar del sufragio a policías y militares, se le sumaron iniciativas concretas en la Sala de Representantes para frenar su acción. El debate desarrollado en 1827 sobre la participación de la tropa en las elecciones y la posterior prohibición del voto a la tropa veterana, expresa el intento por atenuar la violencia en el acto electoral. Los argumentos esgrimidos en el debate parlamentario coincidían en oponer dos tipos de acción de naturaleza muy diversa: "en el acto de sufragar se supone en el sufragante una libertad absoluta, lo que es contrario al principio que establece la disciplina militar en la obediencia ciega". No obstante esta coincidencia inicial, establecer un criterio unificado respecto de las jerarquías militares que debían quedar excluidas del voto, resultó más problemático. El punto era determinar si "los soldados de cabo para abajo, tienen o no tienen bastante capacidad para votar" –esto es, para ejercer la supuesta libertad del sufragante por encima del valor de la disciplina militar– o si debía elevarse la jerarquía a la de sargento. En esta discusión se ponía en juego la noción del voto por capacidad, sólo que limitado a quienes formaban parte del ámbito militar. Se afirmaba, al respecto, que "el soldado aquí no tiene conocimientos, ni sabe lo que es patria, ni sabe lo que es votar, ni sabe nada; es un autómata que no tiene más movimiento que el que le da la mano del que lo dirige"; y aunque se reconocía que había "tantos otros autómatas en todas clases" que no estaban excluidos del voto, se justificaba la distinción en que "aquellos otros autómatas son libres y éstos no lo son, porque están mandados por hombres a quienes deben obedecer". El debate culminó con la sanción de la ley ya citada, aunque esto no significó garantizar la eliminación de las tropas en el acto de sufragar.[145] Las denuncias continuaron apareciendo, junto a otras que ponían de relieve la inevitabilidad del ejercicio creciente de la coacción en el espacio electoral.

A esto se le sumó la presencia de prácticas que, ahora sí, podían catalogarse dentro de la esfera de la corrupción. Los vicios que en los diferentes momentos del proceso electoral fueron denunciados reflejan un clima diferente respecto de años anteriores. Este clima invadió hasta el espacio mismo de la campaña, antes caracterizado por el voto unánime en favor del candidato del Ministerio. En julio de 1827, las elecciones realizadas en el partido de San Nicolás debieron anularse por las irregularidades cometidas en la mesa electoral, derivadas de un hecho que estaba a caballo entre la corrupción electoral y la ignorancia producida por la falta de experiencia representativa. *La Crónica Política y Literaria de Buenos Aires* describía el conflicto:

> "El motivo de todo esto ha sido una discusión acalorada sobre si la votación debía ser verbal o por papeletas. Algunos empleados militares sostuvieron ruidosamente esta última opinión; no faltaron escrutadores que se obstinaran en ella; y el sr. cura párroco tomó su defensa manifestando que *era costumbre antigua, y que la costumbre hace ley*. Muchos ciudadanos celosos e ilustrados reclamaron la ley, pero nada consiguieron en medio del enardecimiento de los partidos que ha sido extraordinario (...)

Dar la preferencia a la costumbre sobre el texto escrito, y un texto tan reciente, y tan poco susceptible de interpretación, es abrir la puerta a todos los excesos de la arbitrariedad...".[146]

La Gaceta Mercantil coincidía en la descripción y apreciación del hecho: la subordinación de la ley a la costumbre no era más que el producto de la ignorancia y el punto de partida de prácticas inevitablemente viciosas.[147] El debate, al oponer la ley escrita a la más tradicional concepción que encontraba en la fuerza de la costumbre la única guía para proceder en estos casos, recuperaba una discusión iniciada con la revolución y aún no saldada: la de los silencios dejados por la ley, cubiertos generalmente por prácticas informalmente estatuidas. Otras denuncias ponían de relieve acciones, sin duda, "mal intencionadas" que recorrían todos los circuitos del proceso eleccionario desde la formación de las mesas, pasando por las formas de emisión del voto, hasta finalizar con la realización del escrutinio. Este último comenzó a tener un papel clave, en tanto aparecieron denunciadas ciertas prácticas, inéditas hasta ese momento –o al menos así fueron percibidas por los diversos grupos de la elite y de la prensa periódica–, que ponían en juego la legalidad de las elecciones. La "suplantación de votos" como la "introducción de pliegos" una vez concluida la elección, dejaba a las mesas electorales con una atribución que podía transformar el más rotundo triunfo en un fracaso sin precedentes.[148] Esta posibilidad –que sólo comenzó a tomar cuerpo en esta coyuntura y que podría asociarse a una forma de fraude artesanal, aunque el término prácticamente no es utilizado por los contemporáneos– dejaba a todo el régimen representativo cubierto bajo un manto de sospecha.

Las elecciones del 4 de mayo de 1828 constituyeron, en este sentido, el escenario propicio en el que se concentraron todos los rasgos ya perfilados durante las elecciones de 1827: manipulación, violencia, vicios... todo fue denunciado en ellas. Las denuncias reflejaban, por otro lado, la presencia de todos los estratos en las mesas electorales: los testimonios colocaban a Alvear, Lavalle o Soler votando y discutiendo en el acto, junto a líderes intermedios e, incluso, a los tan repetidamente denunciados changadores, negros esclavos o soldados. Triunfante la lista que apoyaba el gobierno, todos parecieron estar presentes ese día en los atrios de las iglesias. Las repercusiones que tuvieron los escándalos allí producidos se manifestaron, en forma inmediata, a través de la reactualización del viejo derecho de petición y, en el mediano plazo, en el descrédito de la legalidad electoral. Apenas concluidas las elecciones, un grupo de 539 ciudadanos suscribió una petición que presentaron a la Sala de Representantes. En ella, luego de denunciar los escándalos producidos en las elecciones, solicitaban que éstas fueran anuladas. La Sala discutió extensamente el pedido: los argumentos vertidos volvían a revisar las viejas antinomias planteadas en la crisis del año '20. Lo que básicamente estaba en debate era si el derecho de petición podía anular la lógica representativa fundada en el sufragio:

> "Pretender recurrir a los arbitrios espontáneos que sustituyan en cierto modo a los requisitos *pro forma*, que la ley ha sancionado, para salvaguardia del derecho de sufragio, equivale a intentar una anarquía legal o un trastorno y confusión de todos los principios. Esto es lo que hacen los del memorial, cuando han echado mano del derecho de petición para obtener por medio de él lo que no pudieron o no supieron conseguir, usando del derecho de sufragio".[149]

En el debate posterior a las elecciones de 1828 se actualizaron viejos problemas a la vez que emergieron otros, muy débilmente planteados en los años precedentes. El nuevo estilo de participación electoral generó seria preocupación en el interior de los grupos que conformaban la elite dirigente –en contraposición a la imagen de apatía electoral heredada de la década revolucionaria– presentándose como una seria amenaza para la estabilidad política. Dicha amenaza era mirada, al menos, desde dos ángulos diferentes. Por un lado, desde el que afectaba directamente a los miembros de la elite, derivado de las crecientes dificultades por acordar listas de candidatos; por el otro, desde la violencia expresada en el momento de la autorización electoral en el que participaban grupos de muy diversa procedencia. Este último aspecto, sumado al descreimiento que provocó la implementación de *vicios* en las elecciones, fue el que condujo a la *gente decente* –según denunciaba *El Tribuno*– a retraerse de participar en el sufragio. De hecho, en las elecciones complementarias realizadas en julio de 1828, los comentaristas coincidieron en señalar la indiferencia del público porteño frente al evento. "Compárese esta apatía –decía *El Tiempo* el 15 de julio de 1828– con el movimiento general del 4 de mayo, y con el que otras veces se ha observado, y nadie podrá desconocer en lo que consiste la diferencia."

Un mes después, algunos grupos opositores al gobierno de Dorrego decidieron la abstención electoral, mientras otros grupos, también pertenecientes al sector unitario, criticaron duramente la estrategia. Los hermanos Varela, por ejemplo, desde su periódico, advertían que "no concurrir a votar porque el día 4 de mayo se oyó gritar *que mueran ciertos hombres*, abandonar enteramente el campo, y no defender con energía el más apreciable de los derechos, es una prueba de que la apatía y el desaliento se han apoderado de todos los espíritus".[150] Apatía que, peligrosamente, podía conducir a males mayores. La pregunta que sobrevolaba el ambiente político era, ¿cómo actuar, desde la oposición, frente a un gobierno que monopolizaba los resortes del poder político, incluso de aquellos que permitían controlar la sucesión de las autoridades vía electoral? En este punto no dejaba de recordarse que durante la *feliz experiencia* el Ministerio de Gobierno también había monopolizado los resortes de poder y controlado, hasta donde pudo, la sucesión vía electoral; pero cuando la oposición le arrebató el triunfo en la ciudad en 1824, aquel gobierno aceptó su derrota y permitió la entrada a la Sala de estos grupos opositores. En 1827 esto ya no parecía ser posible. Los mecanismos puestos en juego excedían el marco de la manipulación denunciada en años anteriores. La violencia y la corrupción electoral se habían instalado como problemas y, al mismo tiempo, como argumentos de la oposición para avalar la primera ruptura de la legalidad electoral producida luego de 1821.

Revolución y pacto

El 1º de diciembre de 1828 estalló en Buenos Aires una revolución militar, liderada por el general Lavalle y alentada por algunos dirigentes del unitarismo. El ejército, recién retornado de la guerra contra el Brasil y disconforme con los términos de la paz que finalmente debió firmar el gobernador Dorrego, se alió al descontento previo de los grupos opositores. El general Lavalle, en su proclama inicial, luego de pasar revista por todos los hechos considerados más aberrantes de la administración anterior, se detuvo especialmente en la consideración del mal funcionamiento del régimen representativo. Las elecciones, viciadas por la corrupción y la violencia, constituyeron el eje de su discurso, tendiente a fundamentar la ilegitimidad de origen del gobierno derrocado y, en consecuencia, la necesidad de intervenir a través de un movimiento que se negaba a llamarse a sí mismo revolucionario: "La libertad en las elecciones populares, *esta base del sistema representativo*, fue completamente aniquilada por el gobierno que ha fenecido", afirmaba Lavalle. El documento describía muy detalladamente todas las elecciones realizadas entre 1827 y 1828 –especialmente los vicios detectados en ellas– para concluir:

> "Los ciudadanos apelaron al derecho de petición; pero la Junta de Representantes desoyó las quejas de más de quinientos individuos respetables... Desde aquel día, la provincia de Buenos Aires *no estaba representada, no había cuerpo legislativo*; porque la reunión de hombres que así se llamaba *no tenía encargo del pueblo*: la voluntad pública pronunciada en un sentido había sido desatendida, y sancionada la de una facción pronunciada en otro".[151]

La prensa aliada al movimiento no dejó de repetir este argumento mientras prometía la restauración de las instituciones representativas creadas en 1821. Pero hasta que ese momento llegara, la revolución decembrista apeló a los viejos mecanismos representativos –que se creían desterrados en el Estado de Buenos Aires– para legitimar el nuevo poder. La realización de una *asamblea popular* en la Iglesia de San Francisco –convocada por el propio Lavalle– reflotó la tradicional práctica de la década revolucionaria. Julián Segundo de Agüero –sin inquietarse siquiera luego de haber liderado junto a Rivadavia la supresión de los cabildos en 1821 en nombre de los "males" que acarreaba el asambleísmo– presidió la asamblea que designó gobernador al líder del movimiento:

> "En efecto, se propuso que los que quisieran que fuese Gobernador interino el Sr. Juan Lavalle levantasen el sombrero en la mano derecha, y el Pueblo todo lo levantó en el acto aclamándolo; se propuso la manifestación de igual signo nombrando al general Alvear, y no se notó que ciudadano alguno lo hiciera; también se propuso el mismo, nombrando al Sr. López, lo que dio igual resultado; fue electo, por consiguiente, unánimemente y aclamado después el Sr. general Juan Lavalle".[152]

El voto-consentimiento, por aclamación de una asamblea, estaba en las antípodas del régimen representativo que el movimiento pretendía restaurar y en cuyo nombre se había derrocado al gobierno de Dorrego. Aun cuando el acta citada destacaba que "es bien entendido que por nuestras leyes no es esta Asamblea la que debe elegir el Gobernador de la Provincia, sino la Sala de Representantes, la que es imposible en estos momentos convocar" y que se "hiciese entender al ciudadano que resultare electo para el gobierno provisorio que en el momento de ser posible se proceda a la elección de Representantes del Pueblo para que ellos elijan el Gobierno", la forma implementada en la asamblea recuperó las prácticas más aborrecidas en 1821. Muchos de los responsables de haber instaurado un régimen representativo capaz de reemplazar a aquéllas se encontraban ahora, por los avatares del destino político, cuestionando en los hechos los mismos principios que habían sabido defender. El problema, en verdad, consistía, como en el pasado, en revestir de legitimidad un acto que nacía rompiendo con la legalidad electoral establecida. Esta legitimidad, considerada provisoria, debía adoptar alguna modalidad que pusiera en juego el sufragio. De lo que no se podía prescindir, entonces, era del voto, aunque éste asumiera la forma tradicional del voto-consentimiento. Finalmente, pese a que la revolución se hizo en nombre del "renacimiento de la provincia", con ella se quebró el inestable equilibrio que aún se mantenía entre 1827 y 1828 en el Estado de Buenos Aires. La guerra, luego de algunos años de paz, suplantaba nuevamente a la política. Una guerra que fue interpretada –por los mismos contemporáneos como por algunos historiadores–, como un nuevo enfrentamiento entre ciudad y campaña, representadas respectivamente por las dos facciones en pugna.[153]

Los hechos que siguieron a la revolución decembrista son ya demasiado conocidos para detenernos en ellos: el fusilamiento de Dorrego, la creciente hegemonía del Comandante de Campaña –Juan Manuel de Rosas– designado en la anterior administración, el levantamiento de la campaña bonaerense liderado por sectores rurales subalternos, la derrota del ejército en Puente de Márquez que deja cada vez más aislados a los líderes del movimiento del 1º de diciembre y la paz concertada en junio de 1829 por las fuerzas en pugna. La emergencia del liderazgo de Rosas dentro de la facción federal –un liderazgo surgido "desde afuera" de dicha facción, encarnado por un personaje que se había caracterizado por su prescindencia en la esfera política–, además de ser producto de una situación coyuntural cuyos rasgos dominantes fueron el vacío de poder producido entre los grupos federales bonaerenses con el fusilamiento de Dorrego y la movilización rural generada por el golpe decembrino, abrió nuevos rumbos para la política provincial.

El pacto de Cañuelas, firmado entre Lavalle y Rosas –las dos cabezas visibles de los grupos enfrentados durante la guerra que asoló la provincia durante casi seis meses– intentaba concertar la paz a través del restablecimiento de la legalidad electoral. Desde febrero de 1829 se hablaba de la posibilidad de convocar a elecciones para restituir la Sala, pero éstas no habían podido concretarse por el estado beligerante de toda la provincia. Con el pacto de junio se intentaba garantizar la realización de las elecciones y con ella la restauración de las instituciones representativas. Pero a diferencia de años anteriores, en los que la legalidad electoral había funcionado a través de la competencia de listas, con este tratado se intentaba imponer una nueva modalidad, basada en el compromiso de una lista unificada –concertada entre Lavalle y Rosas– tendiente a reemplazar –o suprimir– la ya afianzada práctica de las candidaturas. El pacto establecía en su artículo 2º que "se procedería a la mayor brevedad posible a la elección de los representantes de la provincia con arreglo a las leyes", y entre sus cláusulas secretas estipulaba:

> "En el estado de encarnizamiento a que habían llegado los ánimos, se aumentaría la discordia si se dejaba sólo a los partidos. De ahí el *haberse puesto de acuerdo en una lista única*, en que ambos contratantes emplearían todas las medidas legales derivadas de su posición o influencia para que la elección recayera en los nombres de esa lista en que figuraban los representantes, como gobernador Félix Álzaga y como ministros de gobierno Vicente López y de hacienda Manuel García, quedando a voluntad del gobernador el nombramiento de la persona que desempeñaría el Ministerio de Guerra y Marina".[154]

Este primer intento por suprimir la competencia y establecer una unanimidad electoral basada en el mecanismo de la lista única, no resultó fácil de implementar; sobre todo en el espacio urbano, donde la práctica de las candidaturas estaba muy consolidada. Diversos grupos de la elite se negaban a aceptar la exclusión a la que habían sido sometidos, producto de una negociación concertada sólo entre dos personas. Era claro, a esa altura, que ni Rosas ni Lavalle podían representar, respectivamente, a las dos facciones en pugna, por las propias divisiones que existían en el interior de cada una de ellas. Menos aún representarlas en aquello que sus miembros no estaban dispuestos a conceder: la deliberación por las listas de candidatos. La carta enviada por el General Lavalle a Juan Manuel de Rosas luego de la Convención de Cañuelas y antes de realizarse las elecciones, ilustra esta dificultad por imponer la lista acordada:

> "Voy a hablar de las elecciones. Ud. sabe que un secreto deja de serlo desde que están iniciadas más de dos personas. A los pocos días de mi regreso de las Cañuelas, ya era vulgar en Buenos

Aires nuestro convenio, de hacer los esfuerzos posibles para componer el Ministerio y la Sala con los señores en que nos fijamos (...) Desde luego se notó en el partido unitario un disgusto mortal por nuestra elección, disgusto que se extendió a muchos federales respecto de la persona del gobernador, y se previó que una gran mayoría resistiría la lista del gobierno y haría triunfar otra. [...] No se engañe Ud., mi amigo, la mayoría de este pueblo resistirá la lista convenida. [...]
Convencido como he dicho ya, de que el gobierno iba a perder las elecciones, y queriendo evitar como he dicho también, un porvenir desventurado, no se ni veo medio de evitarlo que el de presentar al pueblo una lista, que al mismo tiempo que no encierre ningún exaltado, no sea resistida por él. De este modo, el triunfo es seguro, porque una lista tal, someterá a los unitarios, aunque no sea de su entera aprobación, porque se verán representados en ella; y a los federales porque saben que la lista de la campaña será toda de los suyos. Pero yo no podía hacer variación alguna en la lista sin faltar a lo pactado, sin haberme presentado a los ojos de mis amigos bajo un aspecto odioso y aborrecible, y sin que Ud. hubiera podido, con justicia, hacerme reproches que me hubieran humillado de vergüenza.
Tomé pues el partido de reunir a todos los amigos que asistieron a la estancia de Miller, les representé el estado de agitación de la capital, desde que se había sabido la composición de la lista de gobierno, les dije que la mayoría haría triunfar una lista forjada por la exaltación y por la animosidad (...) les representé todo lo que dejo dicho, proponiéndoles que adoptásemos el medio de reformar la lista de la ciudad, siete u ocho de los llamados federales y subrogarles otros tantos de los nombrados unitarios (...)
Le incluyo la lista para que Ud. vea la división que he hecho de ella. Los siete señores que he apuntado al margen derecho, son los que deben subrogar a los que tienen una cruz al margen izquierdo. [...]".[155]

El problema clave era, indudablemente, el momento de la deliberación del proceso electoral, practicado en el interior de la elite al discutir las listas. Esto comenzó a ser visualizado –al menos por quienes estaban a cargo de la negociación, especialmente por

Juan Manuel de Rosas– como la fuente de conflictividad política más amenazante. Si se suprimía esta instancia del proceso eleccionario y se mantenía el momento de la autorización –que en este esquema no tenía otra función que la del voto-consentimiento– se podrían evitar los males que aquejaban a la provincia y que impedían fundar un régimen estable de gobierno. En esta situación, las elecciones fueron convocadas para el 12 de julio y luego postergadas para el día 26 del mismo mes. El debate que precedió a su realización fue muy intenso. Dentro del sector unitario, algunos grupos apoyaban la estrategia de la abstención –ya definida en agosto de 1828– por no acordar con lo pactado secretamente en Cañuelas; otros, en desacuerdo también con lo pactado, propusieron dar batalla en las elecciones e intentar ganarlas con una lista diferente a la propuesta por Lavalle y Rosas. *El Tiempo*, defensor de esta última posición, ofreció sus columnas –como en el pasado– para discutir y publicar las listas de candidatos: "Cree, pues, *El Tiempo* que, desde hoy, debe pensarse en esto con mucha seriedad y sin pasión; ofrece especialmente sus columnas a los que quieran discutir este negocio, e indicar los nombres de los candidatos".[156]

Este ofrecimiento suponía desconocer, implícitamente, lo pactado en junio, como lo suponía también el hecho reconocido por el mismo periódico de que "se han efectuado reuniones diversas, con el solo objeto de formar listas de candidatos para representantes por la ciudad". La elite porteña pareció seguir, en este caso, con los mismos comportamientos que en el pasado: discutió y cruzó nombres, con diversa frecuencia, en numerosas listas que se publicaron sucesivamente en la prensa porteña. La división facciosa entre unitarios y federales asumía dos formas diferentes. Por un lado, se enunciaba casi como una escisión entre ciudad y campo: "de la campaña no puede esperarse más que diputados federales", mientras que en la ciudad al mismo tiempo que "el partido llamado *federal* convendrá todo en una sola lista" –respetando de este modo el pacto de Cañuelas–, "los llamados unitarios divagan y votan, por esta lista unos, por aquella otros".[157] El problema, aparentemente, estaba dado en el interior del ya muy dividido partido unitario. De hecho, el número de listas publicadas y las diversas combinatorias de nombres –que se repetían o excluían con diferente frecuencia– demuestran el aserto. Sin embargo, esta primera apreciación que hace pensar en un partido federal monolítico, capaz de votar disciplinadamente por una lista, es en parte engañosa. Las divisiones cruzaban también a este sector y se expresaban en las listas que circularon días antes de la elección.

"No sabe *El Tiempo* si hay, o no, exactitud en la lista que antecede de los candidatos por el partido llamado federal. Por otro conducto se ha recibido otra lista, que, por lo que respecta a la campaña, en nada discrepa de la anterior, y sólo añade, por el partido de Arrecifes, a los Sres. D. Celestino Vidal, D. Juan Bautista Peña, D. Tomás Anchorena, y D. Manuel Maza. Más por lo que concierne a los candidatos por la capital, hay una diferencia notable entre la lista copiada en el anterior remitido, y la que, por otra vía, llegó a nuestras manos; la copiamos a continuación y no sabemos si en esto ha habido alguna alteración o reforma; la del remitido nos parece mejor combinada..."

El problema era, en verdad, la ciudad: "el contrapeso de la elección de la campaña se ha de buscar en la capital; y éste será el modo único de que todos los partidos sean representados en el cuerpo legislativo". Como en el pasado, el conflicto provenía del espacio urbano: la elite no acordaba en listas unificadas, ni siquiera dentro de cada facción. Pero a esto se le sumaba un desacuerdo más profundo respecto de los mecanismos que debían regir el funcionamiento del sistema representativo. Los sectores llamados unitarios –y como veremos más adelante, también ciertos grupos federales– se negaban a aceptar la propuesta expresada en el pacto de Cañuelas que suponía fundir o amalgamar los partidos en uno solo. La división debía reflejarse en la Sala y seguir, en este sentido, una fórmula que "los pusiera en contacto, y al frente uno del otro, no ya con las armas en la mano, sino en el sitio destinado a la discusión de las opiniones y al arreglo de los intereses".[158] Esto significaba continuar con la tradición fundada en 1821 de un régimen de notables que, en esta perspectiva, podía aceptar la nueva división facciosa producida luego de la reunión del Congreso. Pero Rosas se negaba a esto; convencido de las bondades que podían derivar de una práctica pactista, se preparaba a hacer cumplir lo convenido en Cañuelas. Dos días antes de las elecciones (el 24 de julio), sospechando ya lo que podía ocurrir frente a la deliberación que se expresaba en la ciudad en torno a las listas de candidatos, le escribía al general Ángel Pacheco:

> "Impuesto de cuanto me dice sobre su conferencia con el general Lavalle, de la lista formada en el ministerio y demás ocurrido hasta la hora en que escribió, creo conveniente que no venga ahora. Su persona en ésa es muy necesaria, y es preciso que continúe trabajando cuanto pueda para que tenga efecto lo pactado y triunfe la lista convenida. Yo espero que trabajará con decidido empeño porque triunfe la indicada lista, interesado por lo mismo a todos sus amigos, y haciendo a este fin cuantos esfuerzos pueda.
> Si la lista acordada no triunfa, los pactos más solemnes del tratado, que no se han publicado, quedan sin efecto, y se habrá perdido la mejor ocasión de salvar la patria. La sangre de nuestros compatriotas se derramará a torrentes sin duda (…)
> Si algo necesita para el arreglo de las elecciones entiéndete con Arana, quien le facilitará todo, pues en la fecha le escribo sobre esto…".

El tono conspirativo utilizado por el Comandante General de Campaña –llevando al extremo la amenaza potencial de la guerra y la anarquía– adelanta uno de los tópicos recurrentes que el discurso rosista adquirirá no mucho tiempo después. Se llegó así a las elecciones del 26 de julio de 1829. Los resultados en la ciudad demostraron el fracaso de la lista pactada entre Lavalle y Rosas. Los llamados unitarios triunfaron con una lista en la que los cuatro primeros candidatos obtuvieron 3.302 votos y los 20 restantes entre 3.291 y 2.773 votos. La llamada lista federal obtuvo 527 votos, excepto en cuatro casos que los sufragios descendieron a 269. Es indudable que la diferencia se había volcado por los cuatro diputados más votados de la otra lista, siguiendo en esto la tradición de combinatorias diferentes, junto a "algunos votos divergentes que figuran poco y como aislados en el escrutinio", según reconocía *El Tiempo*. Los días posteriores a la elección, la prensa de tendencia federal –como *La Gaceta*– se mantuvo en silencio; la prensa unitaria dio una visión idílica de las elecciones; y la extranjera –como *The British Packet*– aseguraba que "la elección se desarrolló con el mayor decoro, se tomaron todas las precauciones para asegurar la paz en la ciudad y aparentemente no se produjeron desmanes".[159] La incertidumbre respecto de las elecciones en la campaña invadió el ambiente urbano. Los periódicos no acertaban a saber si se estaban realizando, si se habían suspendido o si, siguiendo los rumores que llegaban, los federales –en verdad, Juan Manuel de Rosas– desconocerían los resultados de la ciudad. En este clima de suma confusión, Rosas suspendió las elecciones de la campaña. Las razones no eran otras que el incumplimiento de lo acordado en Cañuelas.

Esta situación, que colocaba nuevamente a la provincia al borde de la guerra civil, condujo a la firma de un nuevo pacto el 24 de agosto en Barracas. En él se afirmaba que el resultado "incompleto, alarmante y equívoco" de las últimas elecciones de representantes no había permitido la reunión de la Legislatura, razón por la cual no era posible comprometer por segunda vez "la dignidad de aquel gran acto, que el estado actual de agitación y ansiedad no permite celebrar por ahora". Se acordaba, entonces, anular las elecciones realizadas en la ciudad y designar un gobernador provisorio que restableciera la paz para luego convocar, inmediatamente, a nuevas elecciones. El general Viamonte –un federal moderado– fue designado gobernador. Durante los meses que duró el interinato de Viamonte, el problema clave fue, como era previsible, la convocatoria a elecciones. La incertidumbre frente a los posibles resultados y las diferentes estrategias delineadas dentro de los grupos federales, condujo a dividir aún más la opinión. Mientras algunos propugnaban el nuevo llamado a elecciones –entre quienes se encontraba el gobernador Viamonte–, los grupos *dorreguistas* comenzaron a levantar la propuesta de restablecer la Legislatura derrocada por la revolución decembrista, cuestionando de este modo los pactos de Cañuelas y Barracas que convocaban a nuevas elecciones.

En octubre, el Senado Consultivo que se había formado para colaborar con el gobernador provisorio, sugirió la convocatoria a elecciones. Esto desató la polémica: la prensa debatía las dos posiciones, mientras que algunos miembros de la Junta anterior intentaron auto convocar a la Sala derrocada. En noviembre, Viamonte le comunicó a Rosas que "por parte de la ciudad no hay inconveniente para que se proceda a la elección de representantes para la próxima Legislatura de la provincia el tercer domingo de noviembre; pero mantendrá en suspenso la convocatoria, mientras el Sr. Comandante General D. Juan Manuel de Rosas no le informe si considera que para aquella época podrán practicarse libre y legalmente las elecciones en la campaña". Rosas se negó a hacer la convocatoria, aludiendo "que la campaña no está en posición de que sea nuevamente expuesta al ensayo del 26 de julio", inclinándose por la restitución de la Legislatura derrocada el 1º de diciembre de 1828.[160] De esta manera, el Comandante de Campaña negociaba, una vez más, el destino de las autoridades de la provincia: sólo que esta vez lo hacía con sus propios aliados federales de la ciudad. Viamonte, finalmente, accedió, y exactamente un año después de la revolución decembrista –buscando en la fecha designada la coronación simbólica de la restauración de la legalidad– se reinstaló la Sala. A partir de ese momento, el movimiento liderado por Lavalle fue identificado desde el discurso oficial como el responsable de haber quebrado la legalidad representativa; dicha responsabilidad era adjudicada, en bloque, a quienes comenzaron a ser llamados "salvajes unitarios". En este marco, el nuevo gobernador electo por la Sala el 5 de diciembre de 1829, el Comandante de Campaña Juan Manuel de Rosas, recibió el título de *Restaurador de las Leyes*.

Culminaba así un corto período de extrema conflictividad. La cuestión electoral se había convertido, de hecho, en el argumento central de la disputa política y en la única prenda de negociación entre los grupos enfrentados: los pactos concertados en Cañuelas y Barracas así lo expresaban. Asimismo, el tema del sufragio parecía invadir todos los circuitos de la opinión pública, muy especialmente el de la prensa periódica. *El Tribuno* admitía que "no se presenta una materia sobre la que se haya escrito más en Buenos Aires, y con más claridad y energía, que sobre la elección de representantes".[161] Efectivamente, el papel de la prensa en las elecciones realizadas entre 1827 y 1828 fue extremadamente significativo. Por un lado, contribuyó a agudizar las divisiones facciosas existentes y, en consecuencia, la conflictividad política resultante del fracaso del Congreso. Por otro lado, se convirtió en el testigo más implacable de los abusos cometidos en los actos electorales: cada detalle era descrito, sin retaceos, en largos editoriales, contribuyendo de este modo a hacer conocer al público los vicios del sistema electoral. Finalmente, la prensa se erigió en el medio más poderoso de desconocimiento de los pactos concertados y en la promotora de reeditar la práctica de las candidaturas en unas elecciones en las que Rosas pretendía imponer una lista única.

Luego de seis meses de guerra civil, la lógica política buscaba imponerse una vez más. Pero ésta no asumirá los mismos rasgos que en 1821. Aun dentro de la misma legalidad institucional y representativa, el proceso abierto con el ascenso de Rosas al poder, expresa paulatinos cambios que encontrarán su máxima expresión después de 1835. Tales cambios estuvieron absolutamente vinculados a la percepción que el nuevo gobernador tuvo de la dinámica política previa y, especialmente, del papel que las elecciones habían jugado en ella. En esta perspectiva, el problema radicaba en transformar las prácticas que eran visualizadas como más amenazantes para el momento crucial del orden político: la sucesión de las autoridades. La disputa por las candidaturas era, indudablemente, la que aparecía en el ojo de tormenta: su implementación tendía a generar un estado de deliberación permanente en el interior de la elite, promoviendo divisiones, ya no sólo en su propio seno, sino también en el interior de los estratos inferiores de la pirámide electoral. La existencia de diferentes listas de candidatos dividía las lealtades de los sectores intermedios y de los sufragantes, provocando un estilo de participación que recordaba el protagonismo de la plebe urbana en los movimientos de la década revolucionaria. Pero, como en el pasado, la amenaza no provenía, estrictamente, de esta plebe, sino de la capacidad de los miembros de la elite por movilizarla en pos de encontrar apoyos más amplios a sus candidaturas.

¿Cómo evitar, entonces, este momento del proceso electoral? Se elaboraron propuestas de reforma a la ley de 1821, como la que publicó *El Liberal* sugiriendo para la ciudad un sistema uninominal por circunscripciones que evitaba "el recurso de las listas que con tanta prodigalidad se han repartido".[162] Pero la solución provino del espacio de las prácticas informales. Había que inventar una modalidad que fuera capaz de domesticar a los miembros de la elite respetando la legalidad electoral preexistente. Sobre esta última no parecía ser posible retroceder luego de comprobar las reacciones negativas producidas por la revolución decembrista. La operación debía incluir, además, a la prensa periódica, principal agente a través del cual los grupos producían y hacían público un debate que, a partir de 1829 comenzaba a ser visualizado como elemento disruptor. Sin embargo, estos primeros amagos por suprimir el momento de la deliberación del proceso electoral no resultaron exitosos. Amplios sectores de la elite –muchos incluidos dentro del campo federal– se resistieron a aceptar un subordinado y poco decoroso segundo plano en el control de la sucesión política. Se necesitarán varios años más para que Rosas logre imponer, definitivamente, un sistema de lista única.

TERCERA PARTE:
El sufragio en la época de Rosas

7. Federales versus federales. Disputa electoral y redefinición del régimen político: 1829-1835

El gobierno de Rosas se inició en 1829 con una oposición unitaria prácticamente vencida en Buenos Aires. Muchos de sus miembros –como era habitual en aquellos años– siguieron el camino del exilio, otros se replegaron al ámbito privado, mientras que no pocos continuaron su vida pública prestando adhesión a la llamada *causa federal*, denominación que ocultaba mal las disidencias existentes entre los diversos grupos que la integraban. Tales disidencias, que precedieron el ascenso de Rosas al poder, se exacerbaron en el gran debate que ocupó a los miembros de la Sala y a la opinión pública durante su primer gobierno. El otorgamiento de las *facultades extraordinarias* al nuevo titular del Poder Ejecutivo fue la ocasión a partir de la cual se definieron posiciones, ya no sólo en el plano de los intereses personales sino además en el de los principios que debían guiar la acción política. Los grupos más apegados al nuevo gobernador –en su mayoría recién arribados al campo federal– se enfrentaron con los sectores dorreguistas en una controvertida discusión que puso en juego, entre otros tópicos, el problema de la división de poderes, la noción de legalidad constitucional y el papel de la disputa electoral en el régimen político provincial.

El desarrollo de este debate –que se extendió desde 1829 hasta 1835– refleja algo ya destacado por Jorge Myers: que el régimen rosista no fue el producto de la aplicación de un proyecto elaborado de antemano sino un orden construido gradualmente y "por parches", más atento a la "inmediata y siempre amenazante coyuntura" que a "los prospectos de largo plazo".[163] La dinámica adquirida por los acontecimientos y la percepción que de ellos tuvieron los grupos dirigentes jugaron un papel fundamental en la configuración del régimen rosista; la imposición de un modelo político basado en la preeminencia del Ejecutivo y en la eliminación de la competencia electoral se dio en un marco de disputa con otras opciones políticas dentro del mismo partido federal.

Elecciones y facultades extraordinarias

Rosas asumió el gobierno de la provincia el 8 de diciembre de 1829 en una ceremonia cuyo boato recordaba viejas tradiciones al tiempo que anunciaba nuevos rituales. Tres días antes, la Junta de Representantes recién restituida había discutido bajo qué título debía hacerse dicho nombramiento: las *facultades extraordinarias* ingresaban al recinto de la Sala como un tema candente de discusión y como foco de disidencias. Los argumentos vertidos por quienes presentaron la moción de revestir al gobernador propietario de tales facultades se centraron en tópicos que, poco tiempo después, se convirtieron en asuntos recurrentes del discurso rosista: la apelación a un estado de excepcionalidad –caracterizado por la amenaza al orden interno–, la referencia al modelo romano para justificar el fortalecimiento del Ejecutivo y la recurrente utilización de imágenes que colocaban al primer mandatario como piloto de una nave a la deriva o, en su versión criolla, como *baqueano* de un itinerario político que intentaba mostrarse atenazado por los más graves peligros. Las reticencias presentadas por quienes ya no eran parte de la oposición unitaria, sino miembros del heterogéneo partido federal, se expresaron a través de la defensa de las libertades individuales, la división de poderes y la defensa de la deliberación en el seno de la Legislatura. Todos estos argumentos se fueron repitiendo escalonadamente a lo largo del primer gobierno de Rosas, al reeditarse el debate en aquellas ocasiones en las que la Sala exigía al gobernador rendir cuenta del uso de tales facultades o en los momentos en que debía decidirse sobre la continuidad o suspensión de los poderes extraordinarios, entregados al comienzo por el período de un año hasta que se reuniera la próxima Legislatura. La intención de Rosas de extender la condición de excepción por "tiempo indeterminado" y la resistencia de la mayoría de la Sala a acceder a este pedido colocaba a la disputa electoral (para la renovación anual de la mitad de los miembros del Poder Legislativo) en un lugar clave capaz de definir el futuro rumbo político.

En abril de 1831 el gobierno convocó a elecciones, retomando las fechas establecidas por ley luego de la revolución de 1828 y de la restitución de la Sala derrocada en esa fecha. El clima político que se respiraba en Buenos Aires no era el más distendido: en 1830, el séquito más cercano a Rosas había pedido una ampliación de los poderes extraordinarios para el Ejecutivo y en enero de 1831 se suscribía el Pacto Federal, cuya firma generó un conflicto entre algunos miembros de la Junta de Representantes y el gobernador al cuestionarle aquéllos ciertos artículos del pacto que hacían sospechar sobre el ejercicio de un poder discrecional por parte del Poder Ejecutivo. La preparación de los comicios reflejó ese clima; al mismo tiempo actualizaba la ya tradicional práctica de las candidaturas, en un contexto en el que los unitarios no tenían presencia en el espacio público (ninguna lista se postulaba en "representación" del partido unitario) y en el que se reflejaba la resistencia de los grupos menores de la elite (todos dentro del campo federal) a aceptar la imposición de una lista única elaborada por el gobierno. En sintonía con un discurso que, cada vez más, hacía de la disidencia el emblema de la conspiración, el gobierno comenzó a identificar a la ya consolidada práctica de las candidaturas con tendencias disgregadoras del orden y la unidad que se presuponía en la sociedad. Los testimonios así lo demuestran:

> "Sabemos, a no dudarlo, que algunas personas que hacen ostentación de su posición social y de su influencia en los negocios públicos, han censurado estos días *cáusticamente* la conducta del *Clasificador*. ¿Y cuál el motivo ostensible? El de haber hecho alarde de nuestra opinión independiente, publicando una lista de candidatos para representantes de la provincia, que sólo contenía dos individuos de los que aparecían en la otra lista, registrada de antemano en las columnas del diario, que emite los artículos oficiales. De la diversidad solamente que había entre unas y otras personas (pues en ningún predicamento son inferiores las de nuestra nómina a las de la otra) han deducido los *censores* a quienes nos referimos, que habíamos tratado de

hacer *oposición* al gobierno. Por lo visto, para los SS. de la crítica deben ser sinónimos, o tener la misma acepción, el ser opositor, y el tener opinión propia y no inspirada...".[164]

El responsable de este artículo –y de haber publicado dos días antes de los comicios la lista a la que hace referencia– fue Sáenz de Cavia. Férreo defensor de las facultades extraordinarias y de "un poder dictatorial que nos salve de esta crisis espantosa"[165] hasta pocos meses antes, su cambiante trayectoria política expresa la de muchos otros. Los primeros apoyos incondicionales al gobernador iban haciéndose cada vez más reticentes al advertir algunos diputados, con el correr de los meses, la vocación unanimista de aquél, apenas esbozada cuando asumió el cargo. En el ejercicio de las facultades extraordinarias Rosas no escatimó aplicar medidas tendientes a amedrentar a los opositores reales o potenciales (a través de arrestos y encarcelaciones o amenazas que obligaban a los destinatarios a emprender el camino del exilio), a restringir de manera progresiva la libertad de prensa (hasta llegar a dictar la ley de imprenta de 1832 que coartaba notablemente la libertad de expresión) u obligar a todos los empleados de la provincia a portar la divisa punzó en la que debían ostentar la inscripción "Federación o muerte". Al calor de estos acontecimientos se iban definiendo y extremando las posiciones enfrentadas, cambiando permanentemente la correlación de fuerzas.

En este contexto, la suspensión del periódico de Sáenz de Cavia en 1832 (como la de muchos otros en ese período) estuvo vinculada a su cambio de posición respecto de las facultades extraordinarias como a su papel de difusor de listas de candidatos que no respondían a la elaborada por el gobierno. La disputa, cruces y combinaciones de nombres, tan característicos de los momentos preelectorales en el Estado de Buenos Aires, comenzó a ser visualizada por el gobierno bajo una noción de *oposición* que si bien recogía una tradición discursiva del pasado le agregaba nuevos contenidos. Básicamente, recogía y profundizaba la idea de que las *facciones* se identificaban siempre con una estrategia conspirativa. Las elecciones de 1831 fueron, finalmente, realizadas y aprobadas –a pesar de permitir la entrada de ciertos personajes que no se mostraban incondicionales al gobernador– como lo fueron también las convocadas en abril de 1832.

Con los resultados obtenidos, la correlación de fuerzas en el interior de la Junta de Representantes se hacía cada vez más desfavorable a los propósitos del gobernador. La comunicación que Rosas dirigió a la Sala un mes después de las elecciones de 1832 con el objeto de devolver las facultades extraordinarias no era ajena a este dato. En 1831 se había presentado una moción en la Legislatura en la que se solicitaba al Poder Ejecutivo la devolución de las facultades extraordinarias por considerar que habían cesado los motivos y circunstancias por los que se había investido al Gobierno de ese poder. Aunque en esta ocasión los que presentaron la iniciativa perdieron la votación, las filas de los cuestionadores a las directivas del gobernador iban engrosando la Sala. El argumento esgrimido por Rosas para justificar tal devolución no se basaba en el reconocimiento de que se habían extinguido los peligros que acechaban a la provincia, sino en la "divergencia de opiniones" que había suscitado su continuidad.[166] Ocho meses después, muchos de los diputados que ingresaron en la renovación de abril de 1832 votaron el rechazo a un nuevo otorgamiento de dichas facultades.[167] A los pocos días de tomar esta resolución, la Sala volvió a reunirse para designar nuevo gobernador ya que expiraba el período para el cual Rosas había sido designado siguiendo la ley de 1823. En este caso, el quórum fue mayor: asistieron treinta y seis diputados –diez representantes más que para la votación del proyecto de facultades extraordinarias– de los cuales veintinueve votaron al brigadier Juan Manuel de Rosas, cuatro a Tomás de Anchorena, dos a Vicente López y uno a Luis Dorrego. Se hacía evidente que la disputa no giraba en torno al nombre del candidato, sino a una determinada forma de ejercer el poder político. La mayoría parecía coincidir en que el saliente gobernador era la persona indicada para volver a ocupar la primera magistratura de la provincia a la vez que consideraban que éste debía gobernar siguiendo las leyes fundamentales establecidas en 1821 y las prácticas habituales que habían colocado a la Sala de Representantes en el centro del poder político provincial.

Los episodios siguientes son ya muy conocidos. Rosas se negó en varias oportunidades a aceptar el cargo por no poder asumir con las facultades extraordinarias. Aunque esto no fue dicho explícitamente, era obvio que lo que comenzaba a ser el "ritual de la renuncia" estaba íntimamente vinculado al otorgamiento o no de dichas atribuciones. Luego de varias negativas a aceptar la renuncia, la Sala debió pasar a elegir nuevo gobernador en la persona de Juan Ramón Balcarce. Concluía así el primer gobierno de quien fuera llamado "el moderno Cincinato, Aquiles del país, orgullo de América, César argentino, héroe y salvador de la República", según versaban las diversas composiciones poéticas repartidas entre la multitud el día que fue electo por segunda vez para el cargo que resignaba.[168] Para esa fecha, las divisiones dentro del campo federal se hacían cada vez más notorias. Las facultades extraordinarias habían profundizado las diferencias entre los viejos sectores de la oposición popular urbana y los nuevos integrantes del federalismo porteño, leales a Rosas, reflejándose en ellas una disputa por principios de organización política interna a la provincia, prácticamente ausente en la etapa anterior. Durante la *feliz experiencia*, las disidencias en el interior de la elite bonaerense no habían puesto en juego posiciones antagónicas respecto al ejercicio del poder político; sus miembros disputaban en torno a la distribución de determinadas cuotas de dicho poder y de ciertos proyectos concretos que podían afectarlas, pero parecía existir un acuerdo tácito sobre las reglas que debían regular –formal e informalmente– el sistema político provincial. Luego de la reunión del Congreso Constituyente y, especialmente, después de la experiencia revolucionaria encarnada por Lavalle, la disputa cambió de tono. A la tradicional discusión sobre la forma de distribuir los cargos en el interior de los grupos dirigentes, se le sumaron otras cuestiones: la división de poderes, la disputa electoral y, poco más tarde, la alternativa de dictar una constitución provincial.

La naturaleza de este debate, sin embargo, no debe llamar a confusión. No se trataba, en su origen, de un enfrentamiento entre grupos claramente delimitados por diferencias irreconciliables en el plano ideológico-doctrinario. A tales diferencias se arribó luego de los acontecimientos que se fueron escalonando a lo largo de este conflictivo período, extremándose cada vez más las posiciones al calor de una práctica política que iba construyendo, simultáneamente, las opciones en juego. En este proceso de construcción los diversos intereses –personales, facciosos, corporativos– se tradujeron en estrategias políticas que requirieron, crecientemente, de argumentos ideológicos y doctrinarios para sostener posiciones en el campo político. Fue así como se fueron delineando las opciones aquí descritas: no como parte de un clivaje doctrinario preconstituido, sino como producto de la combinación de ideas y prácticas que adoptaban configuraciones diversas según la correlación de fuerzas. La disputa por el poder llevó a estilizar cada vez más los argumentos y a constituir a éstos en una bandera fundamental de la lucha que se libraba en los dos planos principales de la deliberación pública: la que tenía lugar en el seno de la Sala de Representantes (y concomitantemente en la prensa periódica) y la que se concentraba en el primer momento del proceso electoral, destinado a discutir las candidaturas a dicha Sala.

Si en este marco las facultades extraordinarias dispararon un debate sobre el tipo de régimen político y la forma que debía adoptar el ejercicio de la autoridad, las elecciones actualizaron percepciones cada vez más divergentes respecto del papel que debía asumir el sufragio en el interior de dicho régimen. La emergencia en el Pacto de Cañuelas de una opción que buscaba reemplazar la práctica de las candidaturas por una lista única elaborada por el Ejecutivo fue encontrando a lo largo de estos años nuevos argumentos que la justificaran. Se hacía cada vez más notorio para el grupo leal a Rosas y, especialmente, para el propio gobernador, que las elecciones de representantes constituían una de las principales llaves de control del régimen político. Si la pretensión era gobernar con ciertas facultades que excedían el marco legal ordinario y mantener, al mismo tiempo, la legitimidad que emanaba del sufragio y de la Junta de Representantes, había que *inventar* alguna fórmula que suprimiera la deliberación para la formación de listas en el interior de la elite. De la negociación *inter pares* resultaban electos personajes que no siempre respondían a los mandatos del Ejecutivo, tal como demostraron los diputados que ingresaron a la Sala en 1832. Se hacía necesario, entonces, encontrar otras vías de acceso al poder político que, sin cuestionar la legalidad existente –principio muy caro al Comandante General de Campaña–, permitiera legitimar la instauración de un régimen de "excepción" por tiempo indeterminado.

Las elecciones de 1833

Esta intuición, ya perfilada en el seno del gobierno, se vio ampliamente confirmada en las elecciones de 1833. Luego de la designación de Balcarce para desempeñar el Poder Ejecutivo y de la partida de Rosas en su expedición al desierto (emprendida con el doble propósito de asegurar la frontera contra el indio y de tomar distancia del ambiente político bonaerense), la situación creada entre los diversos sectores del federalismo porteño se hizo cada vez más tensa. El nombramiento del general Martínez –primo del gobernador– en el Ministerio de Guerra aceleró las diferencias. Su intento por liderar una alternativa a la hegemonía rosista –valiéndose de los grupos federales que veían en ésta las tendencias despóticas demostradas en la primera gobernación– despertó el resquemor y la desconfianza de los que ya eran llamados *federales netos* o *apostólicos*.

Los preparativos en torno a los comicios convocados para el 26 de abril de 1833 generaron muchas expectativas. Los periódicos aseguraban que "de las próximas elecciones está todo pendiente".[169] Y es verdad que, en parte, así lo era. En dichos comicios no se enfrentarían solamente dos fracciones del partido federal, sino dos formas muy diversas de pensar el régimen político. Las divisiones comenzaban en el propio despacho del gobernador: en los ministerios estaban representadas las dos tendencias perfiladas en años anteriores, lo que significó que del seno del gobierno se elaboraran listas de candidatos diferentes y se trabajara por su triunfo apelando a los grupos que les eran respectivamente adictos. El ministro de Guerra se enfrentaba así a Manuel Maza y Victorio García de Zuñiga, ministros también y leales a Rosas, al mismo tiempo que participaban en la confección de las listas otros personajes allegados al gobierno. La disputa palaciega puede seguirse paso a paso a través de la correspondencia que cruzaron en esos días los personajes más encumbrados de la elite dirigente. El gobernador Juan Ramón Balcarce le comunicaba a Rosas que "antes de las elecciones del 28 de abril se acordó en Consejo de Ministros dar y sostener la lista que corrió con el título de Ministerial, bajo la condición expresa que el gobierno no había de dar la cara en su protección, ni había de llamar empleado ni ciudadano alguno a hacerla prevalecer. Con esta disposición nos separamos instruido cada uno de la línea de conducta que debía guardar".[170] De tal actitud por parte del gobernador dan testimonio hasta sus propios opositores, no resultando evidente si la misma respondía a una noble muestra de virtud cívica o a una estrategia que procuraba dejar el campo libre a sus más allegados. La lista elaborada en el seno del gobierno causó el disgusto de los amigos de Rosas, de lo que da testimonio una carta de Felipe Arana enviada al ex gobernador, un mes antes de las elecciones:

> "El 23 a la noche repetí mi visita al Sr. Balcarce (...) manifestándome la dificultad que tenía para expedir la convocatoria sobre elecciones y como yo le demostré la equivocación en que estaba, me encargó hablase sobre el particular con el ministro de gobierno, a quien había entregado las listas de los candidatos (...) Me declaré nuevamente con Don Victorio (García de Zuñiga), pero cargándolo del modo que ya corresponde hacerlo, estando presente nuestro don Tomás (de Anchorena), y se halla tan confundido, que me dijo pensaba remitir a Ud. una y otra lista, a fin de que le manifestase su juicio, pues yo creo que aún no se persuade de que la lista del Sr. Balcarce es obra de Vidal y de Martínez (...)
> A este mismo objeto, y para que Ud. confirme la exactitud de mi juicio sobre los autores de dicha lista debo también informarle, que el círculo del ministro de la Guerra está con la mayor agitación por las elecciones, y designa el día 14 del próximo abril para ellas; pues don Baldomero (García) me ha contado que visitando ayer al General Olazábal, encontró en su casa a Álvarez Condarco y a Pablo García quienes, luego que lo vieron, escondieron un papel que él conocía era copia de la lista,

y luego que los saludó, le hablaron sobre elecciones, de que don Baldomero no tenía noticia (...)
También en una de estas noches pasadas me solicitó con instancia el general Vidal para noticiarme que sabía de cierto se preparaba por el ministro de la guerra una lista de representantes en que colocaban todos los enemigos del general Rosas, manifestándome que estaba dispuesto a hacerle oposición, pero que para eso había de ser Ud. instruido".[171]

La extensa carta de Arana sigue relatando en detalle la sorda disputa por la confección de las listas de candidatos y las dificultades que existían para acordar en una lista única y "oficial" entre el círculo más pequeño que formaba parte del propio gobierno. Rosas aparecía como el árbitro indiscutido que, pese a la distancia que lo separaba de Buenos Aires, era consultado para dirimir el conflicto palaciego. Pero Rosas no contestaba a ninguna de las cartas recibidas en esos días; su silencio parece responder más a una deliberada estrategia tendiente a exacerbar el conflicto político interno que a una prudente actitud prescindente. El conflicto podía ser intuido rápidamente si se observan los preparativos para los comicios: circulación de listas por doquier, agitación de la actividad proselitista, negociaciones permanentes en torno a los nombres de los candidatos. Tal era el clima vivido en aquellos días que *La Gaceta Mercantil* publicó un artículo remitido el 18 de abril de 1833 titulado "Fiebre de listas" en el que se afirmaba: "'Hay quienes caractericen contagiosas las fiebres; y debe ser así; porque en la ocasión, la multitud de listas publicadas es un síntoma de la fiebre, y el que yo pida a Ud. Sr. editor un lugarcito para la que he formado es una prueba del contagio, del que ruego a Ud. me curen publicándola". Hasta tal punto llegaba el afán por participar en la confección y presentación de candidaturas –excediendo por mucho el más acotado espacio de la casa de gobierno para extenderse, según citan las fuentes, a reuniones muy diversas realizadas en salones, sociedades y casas particulares para elaborar la lista de ocasión– que un grupo de mujeres autodenominadas "Las Porteñas Federales" propusieron una lista de candidatos. En un sorprendente alegato, este grupo de mujeres aprovechó la oportunidad para defender sus derechos al sufragio —activo y pasivo— y para criticar el tipo de educación que se les brindaba:

> "Compatriotas. Si vuestra injusticia nos privó del derecho que el pacto social nos concedía de tener voto activo y aún pasivo en la elección de los ciudadanos que deben representarnos, no podrá impedirnos el que manifestemos por medio de la prensa nuestra opinión sobre un asunto que nos interesa tanto como a vosotros. Felizmente, se aproxima la época en que recobrando el bello sexo sus derechos primitivos, salga de una vez del anonadamiento en que ha vivido. Nuestros nietos, o quizás nuestros hijos verán una mitad de los asientos de la Sala de la provincia ocupados por mujeres que darán lustre a su patria. Entonces, no serán ya tachadas de entremetidas, pedantes, etc., las que discurran sobre asuntos de interés público. Mientras llega esa época feliz, contentémonos con intervenir indirectamente en los asuntos públicos.
> Nosotras, pues, hemos formado después de una madura reflexión lista de candidatos para representantes de la provincia que recomiendan a nuestros compatriotas...".[172]

Dejando de lado el optimismo que embargaba a estas mujeres al pensar que era posible obtener el voto activo y pasivo en el término de dos generaciones, lo cierto es que la discusión por las candidaturas demostró, en esta ocasión, tanto indisciplinamiento como en el pasado. No sólo parecía imposible acordar en una lista "oficial" o en dos listas que representaran a cada una de las dos fracciones supuestamente opuestas del partido federal, sino además, que los cruces y combinaciones de nombres llegaran a dibujar un mapa sumamente complejo. De su observación se deduce, en primer lugar, que lejos de circular sólo dos listas en los días previos a la elección —tal como algunos historiadores han afirmado—, la de los llamados *cismáticos* y la de los *apostólicos*, circularon por lo menos 24 listas (tomando sólo en consideración las que se publicaron a través de *La Gaceta Mercantil*). En ellas se combinaron, de muy diversas maneras, 81 nombres para designar sólo 12 diputados por la ciudad; de esos 81 candidatos, hubo algunos que se repitieron con mucha frecuencia –entre 8 y 13 veces –; otros que lo hicieron entre 3 y 6 veces y, la gran mayoría, apareció candidateada sólo 1 o 2 veces. El periódico *El Constitucional* comentaba en su edición del 5 de agosto de 1833:

> "días antes de las elecciones las opiniones estaban fraccionadas en dos grandes partidos, sin saberse qué objeto final cada partido se proponía. No eran por cierto las personas de los candidatos, pues que hemos visto aparecer alternativamente en ambas listas contendientes unos y otros candidatos de igual clase y categoría. Se puede deducir de esto que los candidatos, que han aparecido en estos días en ambas listas, no inducían desconfianza a ninguno de los dos partidos. No eran pues los candidatos. ¿Qué otra cosa podría ser?...".

La pregunta que se hacía el periódico después de las elecciones es, en parte, la misma que se formulan los historiadores al analizar este proceso. ¿Cómo entender la enorme ductilidad que muestran los miembros de la elite en su estrategia de confección de listas, en un clima de fuerte enfrentamiento faccioso y de debate en torno a la futura organización del régimen político? En estas elecciones parecían jugarse opciones que excedían el mero marco de una disputa por los cargos. Cabe destacar, en este sentido, el papel que jugó el tema de las facultades extraordinarias en la discusión de las listas de candidatos. La presencia de personajes que hubieran participado en dicho debate y la posición asumida al respecto –denominaciones como *liberales y antiliberales* se utilizaban para diferenciar a aquellos que, respectivamente, habían rechazado o apoyado la renovación de las facultades– resultaba un dato de primordial importancia a la hora de incluir o excluir nombres de una lista:

> "...antes de cerrar sus sesiones (se refiere a la Sala de Representantes) es ya un deber sagrado y hasta un compromiso señores el elegir para Representantes de la undécima Legislatura a aquellos recomendables patriotas cuyos dignos nombres se registran hoy con tanto aplauso y admiración de este gran pueblo, y de todas las sectas políticas que lo componen, en las filas

de los que votaron porque se desechase el proyecto de las facultades extraordinarias".[173]

Las comicios se realizaron, finalmente, en un ambiente de suma agitación. Lamentablemente, no poseemos los registros de estas elecciones de manera que nos permita comparar la lógica del voto con la previa disputa de listas. Pero si nos atenemos al relato que aparece en el intercambio epistolar de varios personajes con Juan Manuel de Rosas, es posible deducir los hechos.[174] Felipe Arana le manifestaba en carta del 22 de abril, pocos días antes de los comicios, su mayor "tranquilidad" por haber acordado con el Gobierno una lista de candidatos "después de innumerables conferencias y de haberse llevado este asunto a acuerdo de ministros por la divergencia en que se hallaban los ministros mismos según lo podrá inferir; en fin, aunque han quedado algunos perversos, muchos se han separado y yo estoy más tranquilo que antes y para ciertas cuestiones vitales conozco tenemos pluralidad...". A pesar del ambiente de agitación vivido durante el mes de abril y de la circulación de listas diversas a través de la prensa y otros medios, Arana y el séquito rosista parecían descansar en la última negociación realizada en el corazón mismo del gobierno para arribar a las elecciones con una lista "combinada y unificada". La percepción es ingenua si se consideran los antecedentes de la época rivadaviana: la elite nunca había logrado respetar ese acuerdo de manera unificada, aun cuando las divisiones en su interior no eran tan profundas como las que se expresaban en 1833. De hecho, la tranquilidad de Arana se vio perturbada cuando a último momento, el mismo día de las elecciones, el ministro de Guerra promovió por todos los medios posibles el triunfo de una lista diferente a la acordada, en la que predominaban los hombres opuestos a la hegemonía del grupo rosista. La clave de su triunfo estuvo no sólo en la "traición" cometida respecto de un acuerdo realizado "de palabra", sino a los mecanismos implementados "hacia abajo" para obtener el triunfo. Los testimonios que quedan de la actuación de los sectores intermedios y de los sufragantes en estas elecciones reflejan algunos cambios sustanciales, ya perfilados en las elecciones de 1828. En primer lugar, se expresa una puesta en escena que contrasta con la solemnidad de los actos electorales durante la etapa rivadaviana: "la costumbre que se ha introducido en las elecciones de celebrar con música, cohetes y vivas a los nuevos diputados"[175] muestra el clima vivido. Por otro lado, la presencia de más de 4.000 sufragantes en la ciudad, además de superar las cifras promedio de años anteriores, refleja el trabajo realizado por algunos grupos de la elite para movilizar a los sectores intermedios y éstos a los electores. La división producida en el mismo seno del gobierno descendía a los otros estratos electorales al actualizar cada miembro de la elite dirigente sus lealtades y lazos en pos de hacer triunfar a sus candidatos. Claro que, en este caso, el ministro de Guerra, desde las sombras, además de utilizar el factor sorpresa para presentar una lista diferente a la acordada, contó con las redes más seguras –dada la naturaleza del cargo que ocupaba– para garantizar el triunfo de los candidatos que promovía. De estas divisiones da cuenta, una vez más, Felipe Arana en una carta dirigida a Rosas el 28 de abril, el mismo día en que se realizó el acto electoral:

> "Ya dije a Ud. en mi anterior que en acuerdo de ministros se había formado la lista de representantes por la ciudad y campaña, y aunque esta calidad debía haber estimulado al ministro de la guerra a respetarla, sin embozo alguno ha encabezado y dirigido la oposición que usted verá en la que le adjunto: sus primeros agentes han sido el general Olazábal, el coronel Lynch, el teniente coronel Fernández perteneciente al cuerpo de Pinedo, Epitafio del Campo y todos los empleados de la Inspección (…) Es admirable lo que pasa: el mismo Senillosa ha seducido a un pariente de su mujer para que fuese presidente en la mesa de Santo Domingo, que ha estado como un loco; los militares en el mayor escándalo haciendo frente al gobierno, y sólo los Cívicos los constantes en votar por la de éste; repartida por su jefe, los defensores al principio recibieron repartida por su jefe, pero después por los mismos de su clase admitieron las del Ministerio (de guerra) (…) El general Pinedo ha repartido entre su gente la del gobierno, pero no se le ha visto el interés y la resolución que al general Vidal y a Ramiro; ya usted debe inferir que don Pedro Pablo y don Mateo Vidal con Cernadas

> han sido los directores privados, y que secundados por los Martínez del barrio de Monserrat Casal y demás comparsa a que se ha agregado de pocos días a esta parte el clérigo Argerich han puesto esto en la conflagración que ya indican los papeles públicos (...) Y la oficina en que todo se ha preparado ha sido la Imprenta Republicana, por la que se publica el Iris, papel de oposición, cuyo autor es el unitario Bustamante, mi concuñado, que en la parroquia de La Piedad con Fernández y el cura Gaete han dado dirección a la oposición, a pesar de las prevenciones que en tiempo hizo el Sr. Obispo...".

Si bien ya se habían registrado escisiones dentro de los sectores intermedios en elecciones anteriores, por lo general, los grupos que dependían más directamente del gobierno –militares, jueces de paz, jefes de milicias, empleados públicos– respondían a los candidatos que aquél les bajaba desde la cúspide. Pero en este caso, dado que hasta los ministros se hallaban divididos, el cuadro fue más complejo; según Arana, sólo dos jueces de paz y algunos comisarios respondieron al gobierno. La extensa cita anterior refleja que los alineamientos personales estaban a la orden del día, sin respetarse muchas veces ni los propios lazos parentales. El mismo hermano de Juan Manuel de Rosas, Prudencio, era acusado por los amigos de aquél de no haber trabajado lo suficiente por la lista acordada en el gobierno. El acusado respondía en carta a su hermano del 28 de septiembre de ese año, defendiéndose de los cargos y dirigiendo los "dardos" contra aquellos que llama "hombres de categoría" por haber reconocido éstos no ir a votar "porque no debían mezclarse con la gentuza". Prudencio, en un alegato de dudoso civismo democrático, afirmaba "que en el acto de las elecciones no había jerarquías, que todos eran ciudadanos" y que cuando se trataba de "salvar al país de las garras de una facción" había que "trabajar yendo personalmente a las elecciones". No sólo eso: los notables u "hombres de categoría" debían, además, aportar pecuniariamente al sostenimiento de las listas si se pretendía obtener un triunfo seguro. Un aporte que no adoptaba la forma de la "compra de votos" sino la de costear los gastos proselitistas. El hermano de Rosas se lamentaba al respecto al recordarles a sus pares que "trabajase el dinero, dije también un día algo exaltado que nada se hacía sin gastar, que se me pidió un día un hombre para chasque para mandarlo de un modo particular y que si yo no lo regalo no había quien lo hubiera hecho".

Las divisiones producidas en los sectores intermedios se tradujeron, como era de esperar, en el universo de sufragantes. El primer problema planteado era que en el interior de la división existente entre los notables y los sectores intermedios, había quienes podían tener contactos más fluidos con la "masa" de electores que otros. Otra vez Prudencio Rosas dejaba testimonio de esto al relatarle a su hermano (en la carta antes citada) que "en los días antes de salir yo de Buenos Aires se hizo una Junta en la que estuvo el Sr. Anchorena don Nicolás, Mancilla, Maza, Dr. Felipe Arana, Don Baldomero (García), el Sr. Don Victorio (García de Zuñiga), y otros varios; se trató allí de elecciones, el señor Guido dijo que él no tenía *conocimiento de las masas*, yo dije que era yo el único tal vez que con más propiedad podía hablar de ellas, que estaba casi seguro que si se trabajaba con calor, que las elecciones se ganarían". La desvinculación de muchos de los dirigentes rosistas de aquellos que podían constituir el universo de electores, sumado al descontento que manifestaban hacia ciertos candidatos de la lista acordada, llevó a que en algunos distritos se produjeran hechos como el que relató desde Monte Vicente González, un fiel seguidor de Juan Manuel de Rosas:

> "Ayer ha tenido lugar en este pueblo las elecciones, el Juez de Paz tuvo papeletas en que debían nombrarse al Dr. Ugarteche y al Dr. Sáenz Peña; el mismo Juez de Paz escribió días pasados al Dr. Maza diciéndole que le diera dirección en esta parte y Maza me escribió a mí diciéndome le dijese a Salas (el Juez de Paz) que con respecto a los que debía nombrar hiciera lo que quisiera, que los nombrados por la ciudad no le gustaban y tampoco los de la campaña, que en este caso se retiraba y no tomaba parte alguna... (Entonces) me presenté yo en la sacristía de la Iglesia que es donde se han hecho las elecciones y al empezar a tomar los votos fui yo el primero que dije doy mi voto por el sr. gral. don Juan Manuel de Rosas y el sr. gral. don Angel Pacheco. Todos me miraron y me preguntaron si ese era el voto

que daba, lo ratifiqué y dije que sí (...) pero sucedió que todos los que estaban con las papeletas en las manos para entregar, unos las guardaban, otros las rompían y los que estaban presentes y fueron viniendo después, sin que nadie les advirtiera y les dijera nada, todos votaron por Rosas y Pacheco, en tanto que ni con el Juez de Paz ni con nadie había yo conversado sobre esto...".[176]

Aun considerando que la descripción de González está por cierto centrada en su propio accionar y protagonismo, no deja por ello de expresar la lógica de comportamiento de los votantes y el peso que ciertas jerarquías sociales tenían en el momento de emitir el sufragio. Las papeletas repartidas por el juez de paz fueron rápidamente reemplazadas por la directiva dada a viva voz por un personaje de mucho influjo local que no encontró resistencias ni en las autoridades de mesa ni en el propio juez (entre otras cosas por ser el hombre de confianza de Rosas). La actitud pasiva y aparentemente homogénea del electorado de Monte contrasta, sin embargo, con lo ocurrido en otras mesas de la ciudad. Felipe Arana le relataba a Rosas en su carta del 28 de abril que "la ciudad está en su mayor agitación; en las mesas de Monserrat y Concepción es muy temible se cometan algunos excesos porque es sumo el calor de los sufragantes, y el objeto *dividen las masas, que hasta aquí ha sido por su unión una de las garantías de la autoridad*". La novedad que implicaba la división y agitación del mundo elector (ya detectada en las elecciones de 1828), a la vez que alarmaba a los dirigentes más conspicuos de la elite, los llevaba a reconocer que hasta ese momento el estrato inferior de la pirámide electoral no había constituido amenaza alguna. El peligro provenía ahora de la reproducción de las divisiones de la cúspide hacia el universo de votantes.

El triunfo de una lista claramente enfrentada a los designios del ex gobernador –a pesar de haber sido éste electo representante– fue ratificado por la Sala al aprobar las actas de las elecciones en un clima cuya tensión se manifestó en las colmadas *barras* del recinto, donde se expresaron "signos de reprobación, movimientos, risa, tos, etc...", según relata *La Gaceta Mercantil* el 23 de mayo. Rosas renunció a su banca desde el desierto mientras que otros diputados, doblemente electos por la ciudad y la campaña igual que Rosas, debieron optar por una u otra representación. Los *cismáticos* renunciaron a sus bancas por la ciudad teniendo claro que en elecciones complementarias tenían muchas más opciones de obtener el triunfo en el espacio urbano que en el rural, mejor dominado por los leales al ex gobernador. El 16 de junio se realizaron nuevas elecciones para completar la representación de la Legislatura, cuyos preparativos vaticinaban los peores pronósticos. El gobernador Balcarce, según le relataba a Rosas en una carta fechada el 1º de julio, había intentado reunir a sus ministros y conversar con "personas influyentes" con el objeto de acordar en una lista unificada para evitar "la exaltación de ánimos que se notaba en el pueblo". Ante la negativa de algunos ministros –especialmente Maza, amigo personal de Rosas–, el gobernador decidió adoptar una actitud prescindente y dejar en entera libertad a la policía que estaba bajo su mando. Comenzaron entonces los trabajos preelectorales de impresión de listas –la apostólica con tinta colorada bajo el lema "Federación o muerte" y la de los *cismáticos* con tinta negra por lo que se los llamó "Lomos negros"–, reparto de las mismas a cargo de los líderes intermedios, publicación en los periódicos de los candidatos y contactos múltiples por parte de los más encumbrados dirigentes con sus subordinados. Los rosistas, luego de la experiencia de abril, parecían dispuestos a todo e hicieron cuartel general en la casa de la esposa de Rosas, Encarnación Ezcurra. En la correspondencia con su marido, Encarnación afirmaba pocos días antes de la elección: "…no me parece que la hemos de perder, pues se armará bochinche y se los llevará al diablo a los cismáticos…".[177] Luego de realizado el comicio, los comentarios proseguían en este tono:

> "Las últimas elecciones no les han salido bien, los paisanos que empezaron a ver que eran contra la federación y contra vos, se movieron y empezaron a trabajar, dándoles una lección práctica que ellos no se venden (…) A la una del día en todas partes estaban ganadas por la votación, aun en las mismas parroquias en que habían perdido las mesas (…) Bernardino Cabrera, sar-

gento de la partida de Cuitiño, viendo en la Concepción darle una bofetada al comisario Parra por el pícaro Fernández (...) sacó su espada y le hizo un arañito, que fue pagado con mil pesos que le mandó el gobierno".

Todos los testimonios reflejan una disputa tanto o más polarizada que la consumada dos meses antes: a las típicas denuncias por sugestión de las autoridades civiles y militares, del voto de tropas, o de la violencia en la formación de las mesas, se le agregaron otras que apuntaban a destacar la participación de diversos estratos populares –muchos procedentes de la campaña– cuya función habría sido no sólo apoyar la lista de los apostólicos, sino además provocar disturbios. Igual que en las elecciones de abril, las autoridades intermedias –especialmente la policía y los militares– se hallaban divididas, polarizando así la movilización de los sufragantes. Las descripciones de la prensa señalaban, por ejemplo, que "en la Concepción el cura, se vio precisado a cerrar las puertas; en Santo Domingo no pudo hacerse lo mismo por hallarse llena la Iglesia de gentes, que temían salir al atrio donde existía el germen del alboroto...".[178] En medio del escándalo y la violencia, el gobernador Balcarce tomó la decisión de suspender las elecciones provocando la furia de los apostólicos, que las creían ganadas en casi todas las mesas.

La suspensión de los comicios por los desórdenes producidos condujo a un largo debate en la Sala de Representantes que incluyó la interpelación al Ministro de Gobierno para que diera cuenta de la resolución tomada, cuestionada por los diputados leales a Rosas. Vicente González le relataba a Juan Manuel de Rosas el clima de tensión que se vivía en esos días en Buenos Aires:

> "Uno que acaba de llegar de la ciudad dice que están en lo fuerte de los debates en la sala, sobre si fue golpe de autoridad y arbitrario la suspensión de las elecciones del 16 y que es mucha la concurrencia a estos debates y que no se habla de otra cosa; que se teme que su resultado sea el aprobar la conducta del gobierno haya una grita en que se diga que la Sala ha caducado. Ella es con asistencia de los ministros que en la cagada (sic) que hicieron de aprobar la suspensión de las elecciones, junto con

el gobierno estando en oposición abierta no sé cómo la salvarán y que ésta debe ser una traba para los apostólicos poder rebatir a los liberales, porque han de salir con esa pantalla. También se dice que han quitado el badajo de la campana del Cabildo, y que el gobierno duerme con guardias doble".[179]

Los comicios de 1833 habían dado una nueva oportunidad para discutir ya no sólo la cuestión electoral, de hecho central en aquellos años, sino además algunos problemas pendientes, claves para el futuro rumbo político. La organización constitucional de la provincia y las atribuciones de cada uno de los poderes (especialmente el Ejecutivo y el Legislativo) eran temas que aparecían íntimamente unidos a las elecciones. En primer lugar, porque de sus resultados surgiría una determinada correlación de fuerzas en la Sala que haría posible dictar o no una carta orgánica con los atributos correspondientes a cada uno de los poderes; en segundo lugar, porque las dos elecciones consumadas en ese año se hicieron bajo campañas proselitistas en las que además de ponerse en juego las intrincadas relaciones personales y facciosas aquí descritas, colocaron como lema la cuestión constitucional. Los *cismáticos* prometían en su campaña la rápida sanción de una carta orgánica para la provincia a la vez que inundaban los papeles públicos con principios doctrinarios –tales como "Constitución, Libertad, Instituciones"–, prácticamente ausentes de los debates preelectorales en años anteriores. Así lo reconocía el propio Felipe Arana al recomendarle a Rosas en su carta dirigida el 29 de abril de ese año que leyera en los periódicos que le enviaba "las doctrinas que profesan y la marcha que quieren dar a la opinión no sólo en cuanto a las facultades extraordinarias sino en cuanto a los unitarios que quieren traer a la Sala". La invocación de los oponentes a Rosas de "mueran los apostólicos, vivan los nuevos principios" buscaba establecer una polarización que dejaba en una débil posición a quienes se consideraban enemigos de dictar una constitución capaz de limitar el futuro ejercicio del poder en manos del Ejecutivo.

La cuestión constitucional

Conscientes de esta debilidad, los amigos del ex gobernador decidieron dar batalla en el plano de los "principios", actuando en este sentido con cierta independencia de criterio respecto del Comandante de Campaña, aún en el desierto. Apenas se abrió la undécima Legislatura, luego de las elecciones de abril, el diputado Anchorena presentaba en la Sala un proyecto de ley para que se dictara una constitución provincial.[180] Dicho proyecto era una respuesta a la inquietud manifiesta en la opinión pública –especialmente desde la discusión de las facultades extraordinarias– en torno a la ausencia de una carta orgánica. Manuel Maza le describía a Rosas este clima de opinión en una carta enviada el 7 de junio de 1833: "La opinión de la constitución es un torrente que está tan difundido que no hay dique en lo humano capaz de contenerlo; por manera que o nos precipita, y nos hunde, o lo seguimos". Maza le informaba de sus conversaciones con Anchorena adelantándole la estrategia a seguir para "sorprender" a sus opositores en el mismo terreno en el que ellos pretendían disputar. El proyecto de Anchorena obtuvo una reticente manifestación de apoyo por parte de Rosas, quien –como ya ha sido destacado en diferentes oportunidades– no gustaba adherir a las modernas corrientes constitucionalistas. La concepción de Rosas respecto de este punto –que incluía la posibilidad de dictar una carta orgánica tanto para el Estado nacional como para el Estado provincial– reivindicaba una tradición pactista de la política. En su correspondencia con Facundo Quiroga y Estanislao López es quizá donde mejor quedaron reflejadas las nociones sobre las cuales Rosas basó su fuerte convicción anticonstitucional. En una de ellas, dirigida al líder riojano en 1831, aseguraba lo siguiente:

> "Negociando por medio de tratados el acomodamiento sobre lo que importe el interés de las provincias todas, fijaría gradualmente nuestra suerte; lo que no sucedería por medio de un Congreso, en el que al fin prevalecería en las circunstancias las obras de las intrigas a las que son expuestos. El bien sería más gradual, es verdad; pero más seguro. Las materias por el arbi-

trio de negociaciones se discutiría con serenidad; y el resultado sería el más análogo al voto de los pueblos y nos precavería del terrible azote de la división y de las turbulencias que hasta ahora han traído los congresos, por haber sido tomado antes de tiempo. El mismo progreso de los negocios así manejados, enseñaría cuanto fuese el tiempo de reunir el Congreso; y para entonces, ya las bases y lo principal estaría convenido y pacíficamente nos veríamos constituidos".[181]

Varios argumentos esgrimía quien era gobernador en el momento de escribir la carta: la condición de excepcionalidad en la que se hallaba el Río de la Plata, la inclinación por una política gradualista, el temor a la división facciosa y, finalmente, la reivindicación de convenios parciales entre las partes. La presentación de Anchorena, pese a las prevenciones de su primo, aceleró la elaboración por parte de los federales *cismáticos* de otro proyecto constitucional que hería de muerte la vocación hegemónica demostrada por el Restaurador de las Leyes. El proyecto de Anchorena de dictar una constitución había pasado a la Comisión de Negocios Constitucionales y casi seis meses después ésta se expidió, en un ambiente absolutamente agitado por los acontecimientos sucedidos luego de las elecciones de junio. La *Revolución de los Restauradores* –leales a Rosas– en octubre de 1833 hizo caer al gobernador Balcarce imponiéndose, cada vez más, la estrategia del terror. En noviembre, la Sala designó a Viamonte para desempeñar la primera magistratura, acrecentándose el clima de tensión. La correlación de fuerzas seguía siendo favorable en la Sala a los *lomos negros*. Estos fueron los encargados de elaborar, en el seno de la Comisión de Negocios Constitucionales, el proyecto al que se hizo referencia. En él se prescribía que el gobernador sólo duraría tres años en sus funciones y no podría ser reelegido sino después de seis años de terminar su período; se limitaban las atribuciones del Poder Ejecutivo, privilegiándose las de un Legislativo bicameral; y se establecía, especialmente, un recaudo que sin lugar a dudas irritó ostensiblemente a Rosas y sus más fieles seguidores: "Jamás podrá en la provincia el Poder Ejecutivo ser investido con *facultades extraordinarias*, para disponer de las vidas ni fortunas de los particulares, ni transformar el orden y forma de la administración establecidos por las leyes...".[182]

Respecto del régimen representativo, la Comisión recogía algunas de las inquietudes expresadas en la prensa periódica y en la propia Sala de Representantes desde tiempo atrás. Se establecía un artículo especial para definir la ciudadanía, la que quedaba explícitamente restringida a aquellos que supieran leer y escribir y no estuvieran bajo la condición de "criado a sueldo, peón jornalero, simple soldado de línea o notoriamente vago..."; se especificaban las condiciones para ejercer el voto pasivo y se establecía que el número de representantes se fijaría según la cantidad de habitantes. Estos planteos de reforma electoral –especialmente aquellos tendientes a restringir el voto activo y pasivo– no eran ajenos al clima de ideas imperante en toda Europa, ya presente en el Congreso que dictara la Constitución de 1826, como tampoco lo eran –luego de más de 20 años de experiencia en los comicios– de las prácticas electorales vividas. Los cambios que se dieron en parte de la opinión pública respecto de este tema estaban íntimamente vinculados con la percepción de que era posible atenuar la creciente violencia expresada en las mesas electorales modificando la normativa. Así por ejemplo, en diversos artículos aparecidos en *El Constitucional* en julio de 1833 –un periódico de tendencia liberal– se proponían una serie de reformas a la ley, en las que se incluía la supresión de la electividad de las mesas electorales, la eliminación del voto verbal y la restricción del sufragio. En este caso, la hipótesis del editorialista era realmente novedosa: el voto amplio sin restricciones habría sido producto de una situación histórica particular, otorgado a una sociedad empobrecida por las guerras de independencia que necesitaba ser recompensada simbólicamente por su participación en la gesta revolucionaria. A veinte años de dicha gesta, la situación habría cambiado, requiriendo, en esta perspectiva, ciertos ajustes. Comenzaba a tomar cuerpo una preocupación que, hasta fines de la década del '20, había tenido escasa presencia en el escenario político: la amenaza que podía representar la movilización de sectores populares capaces de causar –como venían demostrando desde 1828– desórdenes y enfrentamientos en los comicios.

A fines de 1833, las cartas estaban echadas. Cada grupo había definido –en la práctica y en la teoría– sus posiciones. Sólo restaba dirimir cuál de ellas sería la triunfante. Y el éxito o fracaso dependía, casi exclusivamente, de la capacidad que cada sector tuviera de ganar las elecciones. Tener mayoría en la Sala de Representantes no suponía solamente garantizar la elección del gobernador, sino además asegurar el voto favorable –o desfavorable– al proyecto constitucional presentado. Con él se jugaba un posible rumbo político signado por el mantenimiento de un régimen basado en la centralidad de la Sala, en la rotación de sus miembros cuya selección dependería de la libre negociación de las candidaturas y de un orden constitucional que limitara las atribuciones del Ejecutivo. Era un rumbo bastante distinto al que se perfilaba en el sector leal a Rosas, que privilegiaba la supremacía del Ejecutivo, la práctica pactista en reemplazo de una constitución y, finalmente, la suplantación de la práctica de las candidaturas por la imposición de una lista acordada en el seno del gobierno. Indudablemente, las elecciones representaban, en esta coyuntura, una llave maestra que podía abrir opciones políticas muy diversas.

En este marco, es preciso detenerse en la percepción que de dicha llave tuvieron los grupos enfrentados. Ya se ha señalado que los federales *cismáticos* se mostraban especialmente preocupados por el tipo de movilización –esto es, por el tipo de sufragantes– que era conducido a las mesas comiciales (preocupación que manifestaron en esa particular coyuntura, no así en años anteriores cuando se discutió el mismo tema en el Congreso Constituyente de 1824 y se opusieron a los argumentos de los unitarios de restringir el derecho de voto). Consideraban que limitando el sufragio podían evitar la presencia de los sectores considerados responsables de provocar disturbios en las elecciones y, al mismo tiempo, crear un electorado capaz de discriminar opciones. El énfasis estaba puesto, básicamente, en el estrato inferior de la pirámide electoral: en los sufragantes. En cambio Rosas colocaba el eje de su preocupación en el estrato superior de la pirámide: en las prácticas de la elite. La intuición ya perfilada en 1828 que atribuía los problemas más acuciantes de la dinámica electoral a las disputas suscitadas en el interior de la clase dirigente –traducida y fomentada por la práctica de las candidaturas– se vio ampliamente confirmada entre 1830 y 1833. La cuestión no radicaba en intentar controlar a los sufragantes que, en definitiva, eran los que hacían ganar o perder una elección, sino a los responsables de movilizarlos al sufragio en pos de una u otra lista. Y éste era el punto más difícil de dominar. Rosas lo sabía muy bien: nunca había logrado imponer una lista unificada, ya que siempre se reeditaba –y en cada ocasión con más fuerza– la disputa de listas. De manera que lo que había que intentar eliminar era, justamente, el momento de la deliberación del proceso electoral. Las elecciones de 1833 habían demostrado que no sólo los sufragantes siguieron listas diversas, sino también los sectores intermedios dependientes del propio gobierno. Pero, ¿cómo lograr transformar una práctica, cuyo arraigo radicaba en la esfera informal? Ninguna ley podía modificar aquello que se debatía por fuera de sus prescripciones, a riesgo de imponer una normativa que hiciera perder las bases de legitimidad del régimen. ¿Cómo combinar la legitimidad que emanaba de la institucionalización producida en 1821 con una noción de orden que invertía, en gran medida, los valores sobre los que aquélla se había fundado?

La respuesta provino, en principio, de una estrategia heterodoxa que abandonaba los parámetros de la política. La aplicación sistemática del "terror" en los dos años que transcurrieron entre 1833 y 1835 y la consolidación de un discurso que buscaba agitar las amenazas al orden producidas por estos disturbios fueron los mecanismos a través de los cuales los federales netos liderados por Rosas buscaron transformar la situación, tal como estaba planteada a fines de 1833. Los hechos que se sucedieron luego son ya muy conocidos: la acción de los Restauradores que no dejaron de producir atentados contra el gobierno de Viamonte y contra los federales *cismáticos*; renuncia de Viamonte y elección de Rosas como gobernador, quien se negó a asumir el cargo –siguiendo el ritual de las reiteradas renuncias– por no serle concedidas las facultades extraordinarias; finalmente, la designación del Dr. Maza como gobernador interino. En esta situación, un hecho externo a la provincia de Buenos Aires le ofreció a Rosas el elemento de prueba que necesitaba para confirmar el discurso que agitaba la amenaza al orden por parte de conspiradores. El asesinato de Facundo Quiroga el 16 de febrero de 1835 precipitó los acontecimientos. Maza renunció al cargo y la Sala nombró a Rosas, una vez más, gobernador del Estado de Buenos Aires, pero en este caso con la suma del poder público y las facultades extraordinarias. Sometida a la presión de los acontecimientos, la Junta cedió su más preciada bandera concediendo un poder casi ilimitado a quien se lo negara durante más de un quinquenio.

8. La unanimidad rosista

El 7 de marzo de 1835, la Sala de Representantes nombraba gobernador y Capitán General de la provincia de Buenos Aires al brigadier general Juan Manuel de Rosas por el término de cinco años. El depósito de "toda la suma del poder público" en el titular del Poder Ejecutivo se hizo "por todo el tiempo que a juicio del gobernador electo fuese necesario".[183] Se modificaba, así, la ley de elección de gobernador dictada en 1823 –en la que se estipulaba tres años de duración en el cargo– y se abandonaba la costumbre impuesta en el gobierno anterior de limitar a un año el ejercicio de poderes extraordinarios. Rosas, sin embargo, munido de la experiencia precedente, no quiso correr riesgos. Exigió a la Sala someter las condiciones de su nombramiento al veredicto popular: se ponía en práctica, por primera vez con esas características, el voto plebiscitario. En carta dirigida a la Legislatura una semana después del nombramiento, Rosas, al solicitar la realización del plebiscito, dejaba expuestos los principales argumentos sobre los que montó su concepción en torno a la legitimidad del poder político:

> "En tal estado de cosas los Sres. Representantes no podrán desconocer cuan débil queda el poder que se le confía al infrascrito, y cuan expuesto a que sea anonadado en lo más crítico de su carrera, y que por lo mismo, para que sea útil y de una eficaz aplicación a las circunstancias extraordinariamente difíciles en que se halla esta provincia, se hace necesario no sólo ensanchar en su favor la opinión pública e ilustrada cuanto fuese posible, sino también hacerla aparecer con tal autenticidad que jamás pueda ponerse en duda. En esta virtud (...) el infrascrito (...) ruega a los Sres. Representantes que, para poder deliberar sobre la admisión o la renuncia del elevado puesto y extraordinaria confianza con que se han dignado honrarle, tengan a bien

reconsiderar a Sala plena tan grave y delicado negocio, y acordar el medio que juzguen más adaptable, para que todos y cada uno de los ciudadanos habitantes de esta ciudad, de cualquiera clase y condición que fuesen, expresen su voto precisa y categóricamente sobre el particular, quedando éste consignado de modo que en todos tiempos y circunstancias se pueda hacer constar el libre pronunciamiento de la opinión general".[184]

Con esta fórmula, el nuevo gobernador transformaba el sentido de la legalidad instaurada en 1821 –que otorgaba la centralidad a la Sala en el proceso de toma de decisiones– y modificaba también el sentido de la legitimidad al quitar relevancia al momento de la deliberación en el seno de la Legislatura. El centro de la nueva legitimidad se trasladaba al momento de la autorización –ejercida por el pueblo elector a través de formas plebiscitarias–, asumiendo las decisiones el carácter inapelable que confería, según Rosas, "el libre pronunciamiento de la opinión general". De esta manera, el nuevo gobernador buscaba superar el principal obstáculo que había sufrido en su primera gestión. La capacidad de otorgar poderes extraordinarios al Ejecutivo dejaba de ser un asunto privativo de la Sala de Representantes. El aval que se buscaba en el mundo elector intentaba sortear el riesgo siempre latente de una elite dividida que discutía en la Legislatura la conveniencia de renovar o no las famosas facultades extraordinarias. La legitimidad que ofrecía la vía plebiscitaria podía reemplazar a la tan temida deliberación facciosa.

En este marco, se convocó a un plebiscito para los días 26, 27 y 28 de marzo, con el fin de "explorar la opinión de todos los ciudadanos habitantes de la ciudad, respecto de la ley del 7 del corriente"[185] en la que se nombraba a Rosas gobernador con la "suma del poder público". El decreto de convocatoria mantuvo las mismas condiciones establecidas por la ley electoral de 1821 para definir al elector (incluyendo, en este caso, a los extranjeros "avecindados"), no así en lo relativo a la conformación de las mesas electorales. En esta ocasión no hubo autoridades electas sino que fueron los jueces de paz los encargados de presidir el acto, acompañados por escrutadores designados por el Poder Ejecutivo. Se eliminaba así uno de los espacios más disputados del proceso electoral, monopolizando el gobierno la principal llave de control del sufragio. Por otro lado, la convocatoria alcanzaba sólo a la ciudad, ya que se apelaba a la presunción de que la campaña era unánimemente leal a Rosas. *La Gaceta Mercantil,* en su edición del 1º de abril de 1835, lo justificaba en estos términos: "no habiéndose consultado la opinión de los habitantes de la campaña, porque además del retardo que esto ofrecería, actos muy repetidos y testimonios inequívocos han puesto de manifiesto que allí es universal ese mismo sentimiento que anima a todos los porteños en general". De este modo, se ratificaba que el conflicto político seguía estando en la ciudad –fuente de toda potencial disidencia– y que la campaña mantenía un estatus representativo diferente al de aquélla. Los habitantes del campo podían, en esta concepción, manifestar su consentimiento bajo otros signos que no necesariamente asumieran la forma del sufragio. Era posible, incluso, calcular los votos de los habitantes del campo y extraer de ello conclusiones que afectaban, directamente, la legitimidad del régimen. *La Gaceta,* vocera de aquél, ofrecía los resultados del plebiscito en los siguientes términos:

> "Ya ha terminado la votación (…) Ella ha ascendido al número de 9.316 sufragios en conformidad a dicha ley, y *cuatro* en oposición a la misma; de modo que unidos aquellos a 12.000 que al menos resultarían de la campaña harían la suma de 21.000 y más votos. Según el censo probable de los habitantes que componen la población es imposible obtener un pronunciamiento más general, solemne y decisivo; de suerte que la sanción de la H. Sala ha sido la expresión de la voluntad general que aclama al Sr. General Rosas como ciudadano designado para salvar la provincia de los graves peligros que amagan.
> El orden, la moderación y plena libertad que han caracterizado este acto eminentemente popular, la espontaneidad de los sufragios, y más que todo la casi uniformidad del pronunciamiento son motivos muy poderosos para que el Restaurador de las Leyes se decida a encargarse de dirigir los vacilantes destinos de la patria".[186]

Toda la retórica publicística, sumada a las declaraciones del propio Rosas, agregaban al ya munido argumento del peligro que amenazaba a la provincia para justificar el otorgamiento de poderes extraordinarios, un nuevo elemento: la legitimidad emanada del pronunciamiento popular. Una legitimidad que se fundaba ya no sólo en el acto de sufragar, sino básicamente en la uniformidad del voto. La unanimidad, identificada ahora con la voluntad general –tal como versaba el artículo antes citado– se constituyó, a partir de 1835, en la base de sustentación del nuevo régimen.

De la disputa por las candidaturas a la lista única

La unanimidad electoral lograda durante el régimen rosista fue producto de un proceso de construcción que acompañó el pulso de los acontecimientos que se fueron escalonando durante más de quince años de ejercicio del poder. Entre 1835 y 1838, aun cuando las "libertades" –de palabra, de prensa, de reunión– se vieron seriamente afectadas, se conservaron ciertos resquicios dentro del régimen político que permitieron expresar –aunque de manera tímida y velada– ciertas disidencias. En el campo electoral, aunque se impuso la lista única elaborada desde el gobierno y desapareció aquella práctica que caracterizó la dinámica electoral durante casi quince años –la disputa por las candidaturas–, dicha imposición requirió, por un lado, una justificación discursiva a través de la prensa –ya controlada, a esa altura, por el gobierno– y, por otro, una creciente explicitación por parte del propio gobernador de la necesidad de suprimir la competencia. En ocasión de las elecciones de 1836, *La Gaceta* publicó un extenso editorial el día 30 de noviembre en el que comparaba las elecciones realizadas antes y después del ascenso de Rosas con la suma del poder público. Los argumentos allí vertidos revelan la auto representación que sobre el papel del sufragio construyó Rosas y su séquito más cercano en los años que precedieron a su segundo nombramiento y las transformaciones que se esperaban lograr en el nivel de las prácticas electorales. El artículo comenzaba afirmando que "las elecciones de representantes, que en otras veces han motivado violencias y desórdenes, que han sido esperadas como la ocasión de una crisis más o menos influyente sobre los negocios públicos... se han convertido en un *pretexto legal* para conmover la sociedad y arrastrarla al borde de un abismo...". A partir de ese diagnóstico, el editorialista se interrogaba –al "comparar el aspecto político de unas y otras elecciones"– sobre "las causas (...) de algunos errores perniciosos". Introduce, entonces, el problema clave que, originado en la práctica electoral, preocupaba tanto a Rosas como a su séquito más cercano: el de la oposición expresada en la disputa de listas. En verdad, la pregunta que el periódico se formulaba, no era nueva; ya en la década del '20, los representantes más conspicuos del grupo rivadaviano habían escrito largos editoriales sobre la pertinencia o no de una oposición por sistema en la práctica electoral. El viejo dilema que oponía al imaginario unanimista tradicional –basado en la noción de armonía– la más moderna concepción que hacía de la disidencia el signo de la libertad, reaparecía en escena:

> "La diversidad de las opiniones, su mutua disidencia, el interés respectivo (lleva lo más o menos adelante) de los partidos o fracciones de la sociedad en obtener una mayoría de sufragios sobre el resto de la misma sociedad en el acto augusto de las elecciones populares ¿es un signo y un signo necesario de la verdadera libertad civil? Sin aquella disidencia ¿dejará ésta de existir en los pueblos?".

La diferencia entre la retórica rivadaviana y la publicística rosista posterior a 1835, estaba en la contundencia de la respuesta. Frente a la prudencia de aquellos que en la década del '20, aun advirtiendo los peligros a los que conducía la competencia electoral, aspiraban a mantener cierta coherencia entre los principios de libertad proclamados y la práctica política concreta, los rosistas no dudaban en levantar el fantasma de la anarquía para justificar la supresión de una oposición.

> "Véase, pues, confirmado en los hechos, en los hechos notorios, un principio que por otra parte es conforme al orden y a la *naturaleza de las cosas*. Tal es, que el acalorado interés, las di-

sensiones y las divergencias en el acto augusto de las elecciones populares, lejos de ser un argumento para probar el estado de verdadera libertad civil en los pueblos, es al contrario un fiel barómetro que demuestra hallarse amenazada aquella libertad. Y a la verdad que según hemos dicho, nada es más conforme al orden y a la naturaleza de las cosas; porque nada es más natural también que la no existencia de aquellos choques (...) donde reina el espíritu de orden (...)
Así es, y no de otro modo, que deben considerarse esas elecciones donde la opinión de los ciudadanos explicada casi universalmente, se manifiesta con *uniformidad* (...) Sí, así es que debe explicarse, porque la voluntad casi universal, la voluntad general en los pueblos nunca puede menos de ser libre."

El argumento central con el que concluía el editorial rescataba, sin lugar a dudas, una concepción tradicional del orden político. Este habría estado signado por un *orden natural* –tendiente siempre a la armonía–, cuyo corolario no sería otro que la unanimidad de opinión, identificada ésta –en el vocabulario político moderno– a la voluntad general. El viejo ideal unanimista reaparecía en un contexto institucional moderno, reivindicando, una vez más, la noción del voto como consentimiento. La opción se planteaba en términos de orden (unanimista) o anarquía (a la que conducía la libertad de los modernos).

No obstante, más allá de esta retórica encargada de reformular el concepto de libertad –al subrayar que la uniformidad era el producto de la acción libre y espontánea de los ciudadanos que sufragaban todos por las mismas listas de candidatos–, es sabido que el gobierno se encargó, desde las elecciones de 1836, de implementar otros mecanismos menos sutiles. La amenaza del exilio, la violencia ejercida hacia quienes se manifestaban disidentes y el creciente control de la prensa, hicieron desaparecer la tan característica disputa de las candidaturas en los días previos a la elección. Al menos, ésta no aparece expresada en los periódicos, encargados hasta ese momento de llevar al espacio público la deliberación en torno a los candidatos. Esta deliberación fue reemplazada por el reparto de listas confeccionadas por el propio gobernador al conjunto de las autoridades provinciales –encargadas de convocar y presidir la formación de las mesas–, de lo que dan testimonio ciertos documentos cuya fecha se remonta a las elecciones de 1836. En una nota dirigida a un juez de Paz por el Coronel Edecán del gobernador el 26 de noviembre de dicho año se manifiesta:

> "El infrascrito ha recibido del Exmo. Sr. Gobernador de la provincia nuestro Ilustre Restaurador de las Leyes Brigadier Dn. Juan Manuel de Rosas para remitir a Ud. las listas correspondientes a la opinión del Gobierno en la próxima elección para Representantes en la ciudad que deberá tener lugar el domingo 27 del corriente...".[187]

Esas mismas listas, que circulaban desde la cúspide del gobierno hacia los sectores intermedios de la pirámide electoral, eran, a su vez, sugeridas por la prensa al público lector-elector. Tal sugerencia mantenía la formalidad de antaño, al presentarse como una especie de "lista de preferencia" del propio periódico; sólo que, en este caso, no existían otras listas publicadas que se diferenciaran de aquélla. En 1837, este mecanismo se hizo explícito, al declarar el propio Rosas en su mensaje a la Sala de Representantes, lo siguiente:

> "Mucho se ha escrito y hablado entre nosotros acerca del sistema constitucional; pero en materia de elecciones, como en otras, la práctica ha estado bien distante de las doctrinas más ponderadas. A todos los gobiernos anteriores se ha reprochado como un crimen, y a sus amigos como un signo de servilidad, mezclarse en las elecciones de representantes dentro de los términos de la ley. Esto ha dado lugar a mil refugios y a la misma corrupción. El Gobernador actual, deseando alejar de entre nosotros esas teorías engañosas que ha inventado la hipocresía, y dejar establecida una garantía legal permanente para la autoridad, ha dirigido, por toda la extensión de la provincia, a muchos vecinos y magistrados respetables, listas que contenían los nombres de los ciudadanos, que en su concepto merecían representar los derechos de su Patria, con el objeto de que propendiesen a su elección, si tal era su voluntad".[188]

El cuadro se completaba cuando los periódicos publicaban los resultados de las elecciones en las que se reproducía, por unanimidad, el voto a la lista única. Sin embargo, aun cuando se había suprimido la disputa de listas y se aplicaba la estrategia aquí descrita, la presencia de cierta disidencia no desapareció completamente del campo electoral en los primeros años del régimen. Pese a que la prensa negaba la presencia de votos disidentes, algunos registros electorales que han quedado de las elecciones realizadas en ese período, comprueban que tal negativa no era más que la estrategia propagandística aplicada por el gobierno para ocultar aquellos hechos que desmentían la tan buscada uniformidad. En las elecciones de 1838, por ejemplo, en la parroquia del Socorro, votaron todos unánimemente por los dos primeros candidatos de la "lista oficial", obteniendo éstos 498 votos. Pero luego, 446 personas votaron por los 10 candidatos restantes de dicha lista, mientras que 52 lo hicieron por otra lista, conformada en su mayoría por ex diputados de la Sala en períodos anteriores.[189] Una cifra que, si bien minoritaria, refleja la dificultad por imponer la unanimidad –aun cuando estaban vigentes todos los mecanismos coercitivos tendientes a garantizarla– y la persistencia de la vieja práctica que entrecruzaba nombres con diversas combinatorias en las listas votadas. Así, pues, a las expresiones retóricas más sutiles se le sumaron las declaraciones explícitas del gobernador, y a ellas, la confección de una maquinaria electoral que no alcanzó hasta 1840 la capacidad de imponerse sin resistencia. Los hechos ocurridos entre 1838 y 1840 (bloqueo francés, expedición de Lavalle, rebelión de la campaña del sur bonaerense, la oposición ejercida por los exiliados de Montevideo) explican, en gran parte, el perfeccionamiento de dicha maquinaria, cada vez más cercana a un tipo de representación plebiscitaria.

¿En qué consistió dicha maquinaria? ¿Cuáles fueron sus mecanismos internos? ¿Qué importancia tuvo en el interior del régimen político instaurado por Rosas? A partir de 1839, el tema electoral se sustrajo de la prensa periódica. Esto coincidió con las transformaciones que sufrió aquélla en esos años; reducida a publicar documentos oficiales y anuncios de comercio, sólo rompía la monotonía de sus páginas editando artículos de tono polémico en los que se denostaba la acción de los opositores exiliados. Las reflexiones que hasta esa fecha se habían publicado en torno al problema de la representación política y el sufragio –por cierto, escasas– desaparecieron por completo. Fueron reemplazadas por una serie de formulismos que se limitaban a convocar a las elecciones y por artículos dedicados a atacar la acción de la oposición. Tal convocatoria aparecía pocos días antes del acto electoral y se hacía a través de la reproducción del decreto de la Policía. Poco después de realizado el acto, se publicaban los resultados y, finalmente, el acta de aprobación de la Sala. Ningún comentario acompañaba a este simple ritual informativo, excepto en muy raras ocasiones, en las que se destacaba el orden mantenido en el acto. La prensa dejó de ser, entonces, uno de los principales escenarios en los que se desarrollaban los primeros pasos del acto electoral; el protagonismo pasó directamente al entorno más cercano al gobernador, reemplazando éste –a través de la confección de la *lista oficial*– la vieja práctica de las candidaturas.

En general, las listas de representantes elaboradas desde el Poder Ejecutivo para ciudad y campaña, repetían sistemáticamente los mismos nombres. Como la renovación era por mitades, los diputados salientes eran reelectos, constituyendo así un elenco estable de representantes, cuya repetición en el cargo se erigió en uno de los rasgos característicos de la Legislatura rosista.[190] En la etapa anterior (1821-1835), en la que rigió un tipo de competencia entre notables, el grupo de individuos que alternó en las bancas de la Sala fue bastante más amplio y heterogéneo; la frecuencia en la repetición de los cargos fue mucho menor que la que se manifestó en el período rosista.[191] Por otro lado, luego de 1835, se produjo un importante recambio dentro del elenco de representantes: si bien, en algunos casos, aparecen personajes que desde 1820 actuaron dentro del funcionariado provincial, la nota distintiva fue la "profunda limpieza" producida dentro de la elite dirigente.[192] Los nuevos diputados constituyeron un grupo leal al gobernador, no estando presentes aquellos federales que entre 1829 y 1835 le disputaron en el seno de la Sala el otorgamiento de las facultades extraordinarias.[193] Cuando se producían casos de fallecimiento o renuncia –que fueron pocas– el gobernador, antes de cubrir las vacantes en la lista de candidatos, solicitaba a su edecán los antecedentes y calificaciones de un grupo no mayor de cinco o seis personas, y luego que le eran remitidos, decidía cuál de ellos cubriría el cargo. Los criterios utilizados para realizar estas calificaciones eran similares a los que se aplicaban para la designación de otros cargos, tal como el de juez de Paz: en primer lugar figuraba el grado de adhesión al Partido Federal, luego se señalaba la ocupación del candidato, para finalmente agregar otros calificativos adicionales.

La confección de las listas, aun cuando estaba directamente en manos del gobernador, no dejaba de ser el centro de una disputa larvada y silenciosa en el corazón del poder. De tal disputa da cuenta, entre otros testimonios, una carta enviada por Juan Manuel de Rosas a su primo Tomás de Anchorena el 25 de diciembre de 1838:

> "Lo engañan a Ud. cuando le han pintado así a Don Lorenzo Torres. Estoy seguro es mil veces mejor que el unitario Portela a quien reemplaza. El Dr. Torres, primo, fue elegido por mí siguiendo el consejo de Ud: no rogarles a los unitarios, pero ir poco a poco enrolando a aquellos que de por sí lo deseen, después de algunos años de prueba de que eso es sincero (...) había que enrolar dos abogados ahora, y esto sin remedio. Se me presentó la lista; no había ninguno; ninguno inspiraba confianza; todos eran unitarios marcados; tres veces trajo Garrigós la lista, y tres veces no resolví hasta que al fin llegó el momento, y fue preciso concluir. Yo hacía más de cuatro años que me había empezado a fijar en el Dr. Torres (...) y no creí que desagradaría a ningún federal verlo figurar en la lista; y en efecto sé que sólo a ciertos hombres nomás ha desagradado".[194]

Una vez culminado el primer paso del proceso electoral –tal la confección de la lista de candidatos–, se pasaba a la segunda fase que precedía a la realización del acto de sufragar y que consistía en la emisión de boletas con la lista oficial y la circulación de las mismas en un conjunto reducido de autoridades intermedias. La descripción de esta fase es quizá la que expresa con mayor exactitud las características asumidas por la "maquinaria electoral" rosista después de 1840. Una maquinaria que hoy es posible reconstruir, gracias a las cartas manuscritas intercambiadas entre el gobernador y otras autoridades de la provincia en ocasión de las elecciones realizadas en 1842 y 1843, archivadas en la *Secretaría de Rosas*.[195]

¿Cómo se organizaron estas elecciones? En primer lugar, el gobierno se ocupaba de la impresión de las boletas con la lista oficial. Quince días antes de la fecha estipulada para celebrar el acto –convocado, en el primer caso, para el 27 de noviembre de 1842–, Rosas ordenaba a Pedro de Ángelis, director de la Imprenta del Estado, la composición tipográfica de las boletas donde debían figurar los candidatos de ciudad y campaña designados por el gobernador. Le indicaba que "esto es ya muy urgente", aconsejándole que "debe conservar el modelo de las del año pasado y también el número que se imprimió tanto para la ciudad como para cada una de las secciones de campaña", solicitándole le remita "las pruebas enunciadas". El número de boletas que mandó a imprimir fueron 20.000 para la ciudad y 2.000 para cada sección de campaña, excepto para la sección 6ª que la redujo a 1.500 y para la 12ª que la aumentó a 6.000. Tres días antes de la elección, Rosas ordenaba a su edecán que, en la ciudad,

> "de las 20.000 listas que ha entregado a Ud. el Oficial Mayor del Ministerio de Gobierno entregue Ud. las siguientes mañana: al Jefe de Policía 12.500, al General Don Mariano Benito Rolón 1.800, al Sargento Mayor Dn. Pedro Ximeno 1.900, al Sargento Mayor Don José Narbona 1.900, al Sargento Mayor Don Victorino Aguilar 900, al Coronel Don Bobio 500, al Ministro de Relaciones Exteriores 300, al de Hacienda 200, al Oficial Mayor del Ministerio de Gobierno Don Agustín Garrigó 200, al Colector General 300, al Coronel Dn. Julián Salomón 500, al Coronel Don Andrés Porro 500, al Illmo. señor Dr. Don Mariano Medrano 100, al Dr. Don Antonio Ezcurra 150, al Coronel Don Casto Caseros 500, al vicepresidente de Serenos Mayor Don Nicolás Mariño 800, al Guardián de San Francisco 50, al Prior de Santo Domingo 50, al Mayor Don Fernando Abrano 50".

La distribución de las listas en la campaña se hacía por conducto de los jueces de paz de cada sección, a los que se les enviaba la siguiente nota:

> "El infrascrito ha recibido orden del Exmo. Sr. Gobernador de la provincia, Brigadier Dn. Juan Manuel de Rosas, para decir a Ud. que las adjuntas listas son las que corresponden a la opinión del Gobierno en la próxima elección para un representante por ese partido en la vigésima Legislatura, para que Ud. proceda a repartirlas entre los Alcaldes, Tenientes Alcaldes y demás individuos de ese partido a efecto de que sea más numerosa la votación según corresponde a un asunto de tan elevada importancia".

La maquinaria así organizada alcanzó un alto grado de eficiencia y de creciente mecanización, lo que permitió que se agilizaran los tiempos que debían utilizarse en la preparación del evento. La elección celebrada en 1843 demuestra, justamente, cómo ya estaban tendidos todos los resortes para echar a andar con premura la maquinaria electoral. En una carta fechada el 27 de noviembre de 1843, Rosas deliberaba sobre esta cuestión, mostrando honda preocupación porque se cumplieran en el tiempo estipulado todas las formalidades que requería el acto electoral y la consecuente apertura de la Sala:

> "Es tan escaso el tiempo que considero indispensable fijar el 10 de diciembre. Por la ley debe convocarse 15 días antes. Llevando el decreto fecha de hoy transcurren 14; un día es del todo indispensable. Si se fija el 17 de diciembre y por casualidad llueve ese día, ya no puede abrirse la Sala el 1º de enero y se malogran los grandes objetos que tuvo en esto V.E.
> La razón es que no habría luego lugar para que la campaña remita los registros a la Sala, y tenga ésta sus sesiones preparatorias, que deben ser 8 días antes de la solemne apertura.
> Fijando el 10 de diciembre hay tiempo para que vengan de la campaña los registros en oportunidad.
> Pero como la convocatoria se hace en ella 8 días antes, sería preciso que el Sr. de Angelis se ocupase primero de las listas de

campaña, y de las secciones distantes para despacharlas con preferencia. Así se hizo el año anterior por la premura; y quedaron para lo último las listas de ciudad. De las circulares se ocupará el ministerio desde mañana, principiando las de campaña...".

El gobernador se ocupaba en persona de cuidar todos los detalles para cada elección, controlando desde las pruebas de impresión de las boletas hasta el modo y los tiempos de distribución de las mismas. Una semana antes de celebrarse la elección de 1843, Rosas escribía a su edecán:

> "Remito a Ud. la carpeta del año pasado con todo lo relativo a las elecciones para que luego de recibir la presente se ocupe solo y puramente de este asunto; y que en su virtud mañana lunes por la mañana muy temprano haga dar principio a la impresión de las listas y me las vaya mandando sin un solo momento de demora, procediendo Ud. en todo de conformidad a las órdenes que se registran en la misma Carpeta para las listas del año anterior indicado de 1842 (...)
> Para llenar el vacío que ha dejado el fallecimiento del Coronel Don Antonio Ramírez, puede poner al ciudadano Don Tiburcio Cárcova. Va colocado el ciudadano Don Juan Alsina en la 8ª sección, y el ciudadano Don Miguel Riglos en la 11ª a que aquel pertenecía (...)
> (...) mañana mismo, enseguida si empiezan a venir las listas de las secciones más retiradas las iré también sin demora alguna haciendo caminar con los hombres que para todo tengo desde hoy muy prontos".

La clave parecía residir en una eficiente distribución –en tiempo y forma– de las boletas que contenían la lista de elegibles en el caso de la ciudad y el nombre del candidato para cada sección de campaña, confeccionadas ambas por el titular del Poder Ejecutivo. El reparto quedaba en manos de funcionarios de gobierno, soportando el mayor peso la policía y el ejército y, en menor medida, los ministerios y la Iglesia en la ciudad, mientras que en la campaña todo se centralizaba en la figura del juez de paz. Esta organización preelectoral, según se destacó al comienzo, no se impuso inmediatamente después del ascenso de Rosas a la gobernación. Le llevó a éste algunos años lograr ajustar hasta en sus más mínimos detalles la maquinaria aquí expuesta. Entre 1835 y 1839, la estrategia unanimista chocaba todavía con ciertas disidencias, que fueron desterradas definitivamente a partir del "terror" de 1840. La coacción aplicada en los dos primeros años de la década del '40 abrió paso a la consolidación de lo que sí puede dar en llamarse régimen de unanimidad. Este se valió para su más eficiente imposición tanto de una retórica que llevó al extremo la previa faccionalización –al dividir el universo político entre amigos y enemigos– como de redes y prácticas preexistentes actualizadas en un contexto de absoluto control por parte del Ejecutivo. Hacia 1845, ya sofocadas las disidencias y desaparecido el peligro de una rebelión, el régimen se hizo –según plantea John Lynch– "sino benigno, al menos conciliatorio".[196] Aunque la propaganda oficial seguía siendo excesiva y el faccionalismo mantenía en extremo la retórica antiunitaria, parecía retornar un cierto clima de paz a la vida política. En esa atmósfera, las elecciones se siguieron celebrando anualmente, casi como una reproducción automática de la maquinaria montada en años anteriores. La prensa prestaba cada vez menos atención a los anuncios electorales; las convocatorias se hicieron más escuetas y la publicación de los resultados muchas veces se reducían a la reproducción del acta de aprobación de las elecciones en la Sala de Representantes. En un contexto de extrema faccionalización como el que predominó entre 1838 y 1842, el sufragio asumió un papel fundamental: el de plebiscitar al régimen en peligro; sofocado éste, las elecciones se rutinizaron perdiendo el impulso de antaño.

**Expansión de la frontera política e inversión
representativa entre ciudad y campo**

Ya ha sido destacado en varias oportunidades que la unanimidad rosista se basó, fundamentalmente, en un proceso de "ruralización" de la política. Dicho concepto incluye componentes muy diversos: la movilización de amplios sectores rurales en apoyo al régimen –tanto en las elecciones como en otro tipo de rituales–; el creciente poder de los hacendados en la nueva estructura estatal bonaerense; la identificación del gobernador de Buenos Aires con la figura del caudillo-estanciero; la emergencia de un nuevo "estilo político" fundado en símbolos y costumbres procedentes del mundo rural. Ahora bien, la ruralización de la política implicó, además de todo esto, una creciente institucionalización del poder en el campo. En esto cumplió un papel fundamental la expansión de la frontera político-electoral, la que acompañó, con el mismo dinamismo, la expansión de la frontera económica en esos años. La transformación de la vieja desigualdad representativa entre ciudad y campaña –tan discutida en la crisis del año '20 y cristalizada, finalmente, en la ley electoral de 1821– a favor de esta última, implicó la incorporación de nuevos partidos rurales a la representación política y la inversión de la fórmula que otorgaba mayoría de diputados a la ciudad para pasar a tener el mundo rural una representación superior a la del mundo urbano. Inversión que no fue producto de una relación automática contenida en la ley que vinculara el número de representantes con el número de partidos incorporados al voto, sino el efecto de una decisión política tomada durante el gobierno de Rosas y legislada por la Sala de Representantes. Con este gesto –que indudablemente acompañó el mayor crecimiento demográfico de la campaña en detrimento de la ciudad– se cristalizó un cambio que transformó, definitivamente, la tradicional concepción de un espacio rural subordinado al espacio urbano. Sostén de un nuevo poder que no dejaba de reflejar los cambios ocurridos en el plano económico, la campaña fue el contrapeso utilizado en el régimen rosista para domesticar el espacio que fue foco de toda disidencia: la ciudad.

 La desigualdad representativa entre ciudad y campaña establecida por la ley electoral de 1821 continuó vigente durante toda la década del '20. Al no reconocer ésta ningún criterio automático que vinculara crecimiento demográfico y número de representantes a nivel territorial, se hacía caso omiso de que la población rural bonaerense había superado, para esa fecha, a la del mundo urbano.[197] No obstante, entre 1821 y 1831, aunque no se modificó el número de secciones electorales ni se amplió el número de representantes de la campaña, se destaca el hecho de que numerosos pueblos que antes desconocían la práctica del sufragio, ingresaron a ella. A las 11 secciones preexistentes se fueron integrando nuevos partidos con derecho al voto. La frontera electoral incluía, aun dentro de los mismos parámetros establecidos en 1821, un universo de votantes que estrenaba, por primera vez, el ropaje de sufragante.

Durante el primer gobierno de Rosas se produjo el primer cambio cualitativo de importancia al promulgarse una ley que invertía la desigualdad representativa entre ciudad y campo. En 1832, la Sala votó favorablemente un proyecto de ley por el cual la campaña pasó a tener 13 secciones electorales con un total de 25 representantes, frente a los 24 con los que continuaba la ciudad. Ya a esa altura eran 33 los pueblos que, dentro de las 13 secciones, habían accedido a la práctica del sufragio. La promulgación de esta ley, en los momentos más álgidos de la discusión en torno a las facultades extraordinarias, no estuvo desvinculada de la necesidad que tenía el rosismo de buscar una mayoría representativa en la Sala, capaz de avalar la entrega de los tan anhelados poderes. Difícilmente hubieran logrado esta mayoría en el espacio urbano a través de la tradicional disputa de listas; con mayor facilidad podían alcanzarla en la campaña en la que los apoyos parecían ser más seguros. El debate suscitado en la Sala, sin embargo, no reflejó una aspiración tan contingente; expresó, más bien, viejos y nuevos argumentos respecto del problema de la representación. En la fundamentación inicial, Rosas –responsable de elaborar y enviar el proyecto a la Legislatura– apeló al criterio de la proporcionalidad entre el número de habitantes y el de representantes:

> "Uno de los objetos más importantes en el sistema representativo es el de regularizar las elecciones de Representantes, guardando, en cuanto sea posible, la más aproximada igualdad y proporción entre el número de habitantes de cada sección y el de sus respectivos diputados; como también distribuyendo las asambleas primarias, que forman cada sección, de modo que los vecinos sufragantes de un pueblo estén en el mejor contac-

to posible con los de otro perteneciente a la misma sección, para que acuerden y convengan sin dificultad sobre los ciudadanos que deben ser electos".[198]

La segunda razón aludida por el gobernador, aunque poco creíble en boca de quien venía defendiendo la necesidad de imponer desde la cúspide los nombres de los candidatos, refleja la diversa situación que se vivía en aquellos años respecto de lo que posteriormente se impuso como maquinaria electoral. En verdad, más allá de lo que se podría suponer como auténticos móviles de esta iniciativa, lo cierto es que al argumento de la igual proporción según el número de habitantes –ausente en la legislación, pero atendible desde el punto de vista de la representación política moderna– se le sumaba un objetivo de más largo aliento. El poblamiento de la nueva frontera debía hacerse efectivo en todos los planos: social, económico, militar y político. Los primeros aspectos debían ser contemplados en una legislación específica, como la que propuso el diputado Anchorena en 1828 y nuevamente en 1830 de reparto de tierras a jefes militares, de milicia y vecinos, no sólo con el fin de "defender la frontera contra las incursiones indígenas", sino además para "poblar" definitivamente el área recién conquistada.[199] El aspecto político debía atender a la instalación de una autoridad local capaz de organizarlos –el juez de Paz– y, en un segundo momento, de hacer llegar la presencia del Estado a través del sistema representativo que lo unía a un territorio con un determinado sentido de pertenencia. En este punto, el sufragio cumplía un rol integrador de las nuevas poblaciones recién incorporadas. Así, al menos, era presentado el problema por quienes defendían el proyecto:

> "que se debía tener presente que allí hay vecinos también y que es un punto de la provincia de Buenos Aires, y por consiguiente... esta materia [electoral], la más interesante al derecho del pueblo, debe ella abrazar toda su jurisdicción, y por eso considero que no está mal el que se comprendan todos los pueblos que tienen opción para votar".[200]

Por supuesto que la iniciativa fue discutida y encontró cierta resistencia en algunos diputados que no podían dejar de sospechar de esta nueva mayoría adjudicada a la campaña. Vidal, por ejemplo, intentó rebatir, no el argumento de la proporción según el número de habitantes, sino el hecho de que la ciudad quedara en desventaja frente a la campaña, por considerar que aquélla tenía más población que el campo. El debate no conducía a ninguna parte porque, tal como reconocía el diputado Obligado, no contaban con censos confiables: "Por lo que respecta al mayor número de habitantes que puede tener la ciudad respecto de la campaña, lo cual es hasta ahora dudoso, porque los censos en la ciudad siempre han sido muy equívocos, porque en el momento de anotarse un individuo, habitante de un barrio, cuando se ha ocurrido a otro allá también se le ha encontrado". Finalmente, al no estar establecido en la ley electoral un sistema de reproducción automática según el crecimiento demográfico –lo que hubiera demandado la realización de dichos censos–, era suficiente con que se *negociara* en la Sala una modificación de la cantidad de representantes y quedara así estipulado un nuevo equilibrio entre ciudad y campaña en el sistema representativo. De hecho, esto fue lo que sucedió al quedar sancionada la ley en cuestión. Corolario: de 1832 en adelante la campaña tuvo mayoría de representantes en la Legislatura.

Este proceso de expansión de la representación política en la campaña y del número de pueblos con acceso al sufragio, volvió a tener un pico de alza hacia 1840. Si bien no hemos encontrado en la legislación respectiva la mención de esta ampliación, sí hemos observado que en las actas, registros y escrutinios de las elecciones de 1839 y 1842, hay 14 secciones electorales de campaña y nuevos partidos con derecho al voto que, antes de esa fecha, no sufragaban. El cambio más significativo se produjo dentro de la décimo segunda sección, área de la nueva frontera que antes de 1839 estaba integrada sólo por dos partidos y, que a partir de esa fecha, pasó a tener a cargo trece. Esto significaba que en su interior debían multiplicarse las asambleas electorales. El cambio estuvo seguramente vinculado a los hechos producidos en 1839 –revolución de los hacendados del sur bonaerense– cuyo epicentro fue, justamente, el área aquí mencionada. La reestructuración administrativa aplicada poco tiempo después, dejaba a toda la extensión de territorio comprendido desde el río Salado hasta el río Quequén, costas sobre el mar, y las tierras existentes al exterior de las tierras del Tandil y Tapalqué, que hasta entonces se hallaban bajo la jurisdicción de tres juzgados civiles, subdividida en 14 partidos. Al frente de cada uno de ellos se colocó a un juez de paz con 6 alcaldes y 12 tenientes, reestructurándose el partido de Monsalvo al quedar dividido en cuatro –Ajó, Tuyú, Mar Chiquita y Lobería Grande–, el partido de Tandil –dividido en Tandil y Chapaleofú– y el de Dolores, dividido en Tordillo, Pila y Dolores. El resto de los partidos creados fueron: Vecino, Saladillo, Flores, Tapalqué y Azul. Esta subdivisión permitía un control más exacto desde el punto de vista administrativo y político y, al mismo tiempo, aseguraba la frontera contra el indio dando un nuevo impulso a la colonización estanciera. Por otro lado, al serle otorgado inmediatamente el derecho de voto, se erigían en áreas privilegiadas para demostrar el apoyo plebiscitario al régimen que, para esa fecha, consolidaba su maquinaria unanimista. En las elecciones de 1842 se registraron sólo en la décimo segunda sección 4.156 sufragantes.

Esta creciente ampliación e institucionalización de la nueva frontera político-electoral, tendiente a reforzar la maquinaria unanimista, contó además con autoridades intermedias que hicieron posible encauzar y disciplinar la movilización y participación del mundo rural por los estrechos senderos que el régimen imponía como legítimos.

Voto rural y sectores intermedios

Naturalmente, el principal personaje que se destacó en esta tarea fue el juez de paz de campaña. Dado el fracaso del intento rivadaviano de deslindar las funciones de baja justicia y policía, los jueces de paz volvieron a absorber prácticamente las mismas atribuciones de los alcaldes de hermandad (a quienes reemplazaron luego de la supresión de los cabildos), pasando por sus manos casi todas las cuestiones que se referían al territorio de su jurisdicción. Rosas reforzó aún más la autoridad de los jueces de paz con el objeto de centralizar el control social, económico y político del territorio que estaba bajo su tutela y los convirtió en los principales engranajes de su maquinaria unanimista en el campo. Además de los testimonios ya citados sobre la actuación de estos personajes en las elecciones realizadas en los partidos rurales, cabe destacar el control que Rosas ejerció, de manera personal, sobre tales autoridades.[201] El Poder Ejecutivo era el que directamente hacía los nombramientos y el que, a su vez, se ocupaba de dirigir e inspeccionar el funcionamiento concreto de las administraciones locales. Son ya muy conocidos los requisitos que debían reunir los candidatos al cargo después de 1835. En la clasificación que realizaba el juez de paz saliente de los postulantes en terna que elevaba al gobierno, se consignaba: su opinión política, patria, lugar de nacimiento, edad, estado, capital, conducta, aptitudes, ejercicio, residencia permanente, si sabía leer y escribir y si había servido en el ejército restaurador con su persona o bienes. La primera y última condición revistieron fundamental importancia cuando el régimen devino unanimista. Por otro lado, las designaciones estaban siempre íntimamente vinculadas a los comicios. Desde su primer gobierno, Rosas y sus más fieles seguidores se cuidaron muy bien de elegir personas absolutamente leales. El testimonio de Felipe Arana es una muestra de ello cuando le comunicaba a Rosas, en su campaña al desierto, lo siguiente:

> "Viamonte se ha confesado con más claridad y Mancilla se ha resistido con energía; como se aproxima la elección de los Jueces de Paz le significó aquél a éste que cuidase que las propuestas no comprendiesen sólo apostólicos, sino que también se extendiesen a unitarios y cismáticos, porque era preciso ocupar a todos, y que pensaba hacerlo así para la futura elección de Representantes. Mancilla se resistió terminantemente asegurándole que sus propuestas serían siempre de apostólicos netos y que el gobierno hiciese la elección en quien le mereciese confianza, pues él no podía traicionar la del público y sus amigos con quienes estaba en serios compromisos".[202]

Una vez garantizados los nombramientos, el gobierno se encargaba de recomendarles a los jueces de campaña, en cada ocasión electoral, "el más puntual cumplimiento del artículo 3, capítulo 2 de la ley de elecciones sancionado el 14 de agosto de 1821, en el cual se ordena que en las mesas electorales de campaña el Alcalde antes y ahora el Juez de Paz, *es el presidente nato y forzoso, sin necesidad de elección*".[203] La circular destacaba, justamente, la continuidad entre el viejo alcalde de hermandad y el ahora juez de paz, y el preciso cumplimiento de aquel mecanismo que diferenciaba radicalmente la constitución de las mesas electorales en ciudad y campaña. La no electividad del presidente de mesa en el mundo rural constituía una de las llaves del control electoral en el campo. En una nota de contestación a la circular antes citada enviada por el juez de paz de Ensenada, se hacía alusión a que en una mesa electoral de la campaña el presidente había sido electo –en una muestra más de las formas diversas bajo las cuales era interpretada la ley electoral de 1821 en la práctica concreta– recayendo la elección en el mismo juez de paz del partido. Sin embargo, la Sala de Representantes advirtió sobre este hecho, ya que la elección podría haber recaído en otra persona, peligrando, de este modo, todo el andamiaje sobre el que estaba montado el voto rural. Andamiaje que contaba, además, con otras autoridades de peso en el campo. Tal es el caso tantas veces subrayado de los jefes de milicias que aportaban un gran número de votos "arrastrando" a sus milicianos a las mesas de campaña, especialmente aquellas ubicadas en los partidos de la nueva frontera poblada básicamente por fuertes y fortines. De hecho, la cifra de sufragantes antes citada para la elección de 1842 en la duodécima sección es una prueba de ello.

Ahora bien, la actuación de estas autoridades intermedias en los comicios realizados en la campaña durante la época de hegemonía rosista fue interpretada, por lo general, en una clave que subordinó las lealtades y comportamientos de los actores a sus posiciones en el ámbito privado. Al ser considerada la estancia la estructura socio-económica predominante, el vínculo patrón-peón emergente de dicha estructura habría tenido su traducción en el espacio político. Rosas, en esta imagen, representaría el gran patrón y jefe militar de una gran estancia –extendida ésta al Estado provincial– secundado por hacendados que asumían el rol de jefes de milicias o jueces de paz capaces de generar obediencia entre sus subordinados y, por ende, de movilizarlos al sufragio por el solo hecho de ocupar ese lugar social. Esta perspectiva subvalúa ciertos componentes de una realidad que se mostraba, por cierto, bastante más compleja. En primer lugar, deja de lado datos de la historia económico-social que, según los últimos avances de investigación, demuestran que el mundo rural bonaerense era bastante más heterogéneo. Las evidencias hablan de que en la campaña convivieron diversas formas de explotación –economía campesina, chacras, estancias– y que la estructura social resultante fue bastante más diversa de lo que se pensó.[204] En segundo lugar, subestima la figura del "vecino-miliciano" en el avance de la nueva frontera al identificar los comportamientos de éstos con los de las fuerzas regulares y deducir, entre otras cosas, que el voto de las milicias respondía a la misma lógica que la expresada por las tropas frente a sus jefes.[205] En tercer lugar, desconoce que los jueces de paz no fueron todos hacendados (con grados desiguales de riqueza) y que, aun en el caso de los hacendados, la obediencia de la que eran receptores no se debía tanto a dicha condición sino al hecho de monopolizar en sus manos todas las atribuciones del "poder público" en su jurisdicción. Cuando el juez de paz del partido repartía las boletas con el candidato oficial, no hacía más que actualizar su papel institucional ejercido como autoridad del distrito. Él mismo presidía luego la mesa en la que los pobladores –frente a los que cobraba impuestos, ejercía justicia, enrolaba en las milicias, o actuaba con funciones de policía– debían emitir públicamente su voto.

La "frontera" en el territorio bonaerense se incorporó así, por la vía electoral, como parte de un proyecto que obtuvo resultados innegables en aquello en lo que parecía haber fracasado la elite pos-revolucionaria: imponer un orden político estable legitimado a través del sufragio. En esta perspectiva, la creciente preeminencia de la campaña en el régimen rosista no derivó, exclusivamente, de la pertenencia de Rosas y su séquito más cercano al segmento social en ascenso que convertía a la expansión ganadera en la principal fuente de riqueza del Estado provincial, sino además de la necesidad de subordinar y domesticar políticamente a la ciudad, foco siempre de toda disidencia. El campo se convirtió en la base de un régimen plebiscitario al ofrecer al gobierno un *ejército de votantes* capaz de avalar, con su participación, el montaje escenificado por la maquinaria electoral, a la vez que un modelo de orden social y político que debía extenderse a toda la provincia. La ruralización de la política durante la época de Rosas significó, entonces, llevar a la ciudad la lógica representativa del campo. El voto por unanimidad, que en la campaña precedió al ascenso de Rosas al poder –salvo en algunos comicios muy disputados–, se resistía a ser implementado en el más heterogéneo y complejo espacio urbano, donde hasta 1835 la elite no dejó de reivindicar el papel que la ocupaba en la deliberación de los candidatos. Rosas buscó, con éxito, suprimir esta tendencia, absorbiendo la legalidad liberal heredada del espacio urbano para institucionalizarla con el signo inverso.

9. Un régimen plebiscitario

Las dos primeras fases que conformaban el engranaje electoral rosista descritas en el capítulo precedente –la confección de las listas por parte del gobernador y su impresión y distribución entre las autoridades intermedias encargadas de movilizar al sufragio– estuvieron montadas, básicamente, para escenificar el tercer momento del proceso comicial: el de la autorización procedente del mundo elector. El término escenificar remite inmediatamente a la noción de *farsa* tantas veces invocada por los propios contemporáneos opositores al régimen rosista como por algunas interpretaciones posteriores, con el objeto de describir los procesos electorales sucedidos en el período y destacar el predominio del componente de coacción en reemplazo de un consenso supuestamente obtenido en un marco de cierta "libertad de opinión". La imagen resulta, por cierto, tentadora a la hora de graficar la lógica de funcionamiento del sistema político después de 1835. Si se la considera en el sentido más literal del concepto (el que refiere directamente a la metáfora teatral), la elección podría ser pensada como una puesta en escena en la que el texto de la obra se conocía de antemano (la lista única de candidatos y su triunfo sin oposición), los actores reproducían un libreto que no podía ser modificado con libertades o improvisaciones propias del arte teatral (tal el papel de los diputados electos, coartados en su deliberación en la Sala) y donde los espectadores (electores) asistían pasivos a una escenificación en la que su asistencia no cambiaba nada de la obra, excepto para otorgarle prestigio a través de una nutrida audiencia. Esta imagen, si bien recoge el esqueleto de la maquinaria rosista, descuida su fisiología interna al simplificar un proceso histórico que a pesar de sus perfiles burdos y hasta grotescos –comunes, por lo general, a todos los regímenes de base plebiscitaria– estaba lejos de devaluar la práctica electoral como criterio de legitimación del poder. Entre los elementos que se han tendido a olvidar, presentes en el concepto de *farsa*, está aquél que refiere directamente a la noción de "ritual electoral" y al papel que le cupo en el régimen rosista. Los mismos contemporáneos se encargaron de subrayar esta dimensión de los comicios realizados a fines de los años '30 y especialmente durante la década del '40, aunque con el fin de criticarlos severamente. Un viajero norteamericano de paso por Buenos Aires destacaba, en este sentido, que "esta *farsa* ocurre anualmente; es escrupuloso (se refiere a Rosas) en *guardar todas las formas de la ley... et voilà tout!*".[206] Tomás de Iriarte, por otro lado, recuerda que "el hecho es que el sistema representativo importado exclusivamente por Rivadavia en Buenos Aires, ha echado allí raíces tan profundas que en el día hasta el tirano Rosas ha creído conveniente conservar un *simulacro*, aunque bien imperfecto de aquel sistema...".[207] En ambos casos se parte de reconocer el arraigo que había logrado la práctica comicial en la sociedad bonaerense y la "formalización" que asumió durante el segundo gobierno de Rosas.

El sufragio, como un acto ritual cuidadosamente repetido y perfeccionado hasta en sus más ínfimos detalles, fue utilizado por Rosas casi como una técnica política a los efectos de consolidar un poder de carácter individualizador, fundado en la idea de un jefe supremo o conductor cuya autoridad era ejercida más directamente sobre los individuos que sobre un territorio, guiando a todos y cada uno con el propósito de asegurar su salvación y hacer prevalecer la unidad sobre el conflicto.[208] El control personal que Rosas ejerció sobre los actos comiciales refleja no sólo la búsqueda de una legitimidad fundada en el orden legal preexistente, sino, la vocación por hacer de ese régimen un sistema capaz de singularizar el mando y la obediencia. Las elecciones fueron un vehículo privilegiado para ello puesto que le sirvieron a Rosas para reivindicar su proclamado apego a las leyes, demostrar –hacia el interior y hacia el exterior del país– el consenso de que gozaba, movilizar a un crecido número de habitantes con el objeto de plebiscitar su poder y conocer quiénes acudían al acto para demostrar públicamente su adhesión al jefe. En ese contexto de singularización e individualización del poder político, las abstenciones –además de recordarle a Rosas que su liderazgo no era indiscutido, irritándolo al extremo no obtener un caudal de votos capaz de hacer olvidar las divisiones que, aunque larvadas, existían en la sociedad– eran utilizadas como mecanismo de control personal, quedando bajo un irremediable manto de sospecha quienes se resistían a demostrar públicamente la adhesión al gobernador.

El momento de la autorización fue potenciado al máximo en el régimen rosista, recogiendo así la aspiración que venía formulándose desde la década revolucionaria: la soberanía del número alcanzó, definitivamente, el estatus de legitimación del poder político tantas veces proclamado. Claro que dicho estatus se logró en un clima de terror, no pudiéndose equilibrar la difícil balanza entre orden y libertad que dejó planteada la modernidad política.

El ritual del voto

En el momento de la autorización electoral es donde se perfilaron más nítidamente los rasgos plebiscitarios del régimen. La voluntad general debía expresarse en su doble dimensión: cuantitativa y cualitativa. Desde el punto de vista cuantitativo, era necesario que el momento de la autorización estuviera avalado por una amplia movilización de votantes para demostrar el apoyo incondicional al gobernador; desde el punto de vista cualitativo, el voto debía manifestarse en un marco ritual nuevo y distinto al de épocas anteriores.

Comencemos por el primer aspecto. Los resultados electorales durante el período de hegemonía rosista revelan que el mayor crecimiento de sufragantes se produjo en la campaña, mientras que en la ciudad se acrecentó de manera menos contundente el piso de electores logrado después de 1821.[209] El vertiginoso aumento de votantes producido en el campo formó parte del fenómeno más amplio de expansión y ruralización de la frontera política descrito en el capítulo precedente; en el ámbito urbano, en cambio, mantener el piso de votantes logrado en la década del '20 era visto casi como un triunfo: el peligro residía –tal como llamó la atención Tulio Halperin Donghi– en la abstención electoral. En un régimen en el que la disidencia quedaba acallada, la abstención podía asumir el sentido militante de una oposición larvada.[210] Ahora bien, en un contexto político fundado en la proscripción y pérdida de libertades, resulta prudente sospechar sobre la veracidad de los datos numéricos presentes en los registros –coincidentes, por otro lado, con los publicados por la prensa–, emergiendo, ineludiblemente, la pregunta sobre el problema de la producción del sufragio. Cabe recordar que la idea de producir el sufragio no fue una novedad del rosismo; estuvo presente desde el momento mismo en que se impuso la nueva representación en 1821. El papel desarrollado por la elite rivadaviana fue clave a la hora de movilizar a un nuevo universo de electores de cuya presencia en el espacio público quedaron numerosos testimonios. Durante el rosismo, en cambio, la sospecha recae sobre la veracidad de éstos últimos. Frente a una prensa controlada, registros electorales confeccionados por jueces de paz designados por el Ejecutivo y escrutadores leales al régimen, el punto reside en preguntarse si los votantes que allí figuran fueron *votantes reales o inventados.* Esto es, si las elecciones estuvieron realmente acompañadas de una amplia movilización.

Desde esta perspectiva, creemos que la respuesta debe subrayar, en primer lugar, un dato que se desprende de toda la documentación consultada: la fuerte voluntad e intencionalidad del gobierno por movilizar al sufragio –si se quiere, *crear* el sufragio– para legitimar un poder que se sabía casi ilimitado. Todos los documentos citados demuestran el aserto. La exhortación a los jueces de paz "...de que sea más numerosa la votación según corresponde a un asunto de tan elevada importancia...", no era un simple formulismo utilizado por el gobernador. Desde el inicio del segundo gobierno de Rosas se manifestó una fuerte preocupación por potenciar al máximo la soberanía del número y la presencia real, visible y pública de los sufragantes en las mesas electorales. En 1836, el juez de paz de Chascomús le comunicaba al ministro de Gobierno, Agustín Garrigós, "no haber sido posible aumentar el número de los sufragantes para la votación" por haber llegado con retraso la orden de convocatoria y por haber amanecido lluvioso el día indicado para la votación.[211] Al año siguiente, frente a la reiterada mala jugada del clima, el régimen se hallaba más prevenido: el juez de paz de Capilla del Señor cumplía las órdenes del gobierno al suspender el comicio en su partido por "la excesiva lluvia desde antes del acto hasta las nueve del día que ha impedido llenar este acto, el cual tendrá su debido efecto el próximo domingo 29 del corriente".[212] En 1842, ya más aceitado el engranaje unanimista, se prevenía nuevamente a los jueces de paz sobre la indispensable presencia de sufragantes:

> "las listas que remite adjuntas son las que corresponden a la opinión del gobierno en la próxima elección para un representante por este partido en la vigésima legislatura, para que el infrascripto las reparta entre los ciudadanos sufragantes, procediendo en esto con el mayor interés, según corresponde a un asunto de tan elevada importancia; con todo lo demás que se le previene sobre transferirse el día de la votación para el domingo 4 de diciembre próximo en el caso de no haberse podido verificar el domingo 27 del corriente por las causas que se expresan".[213]

Las causas a las que alude el documento no eran otras que la ausencia o el escaso número de votantes. Aún en las actas electorales de 1850 se expresaban los mismos móviles que en los primeros años del régimen e idéntica "formalización" de los documentos que "acreditaban" la unánime opinión hacia el gobernador Juan Manuel de Rosas.

Todos los detalles que señalaban los preparativos de las elecciones estaban indicando la fuerte voluntad por movilizar a votantes reales: la preocupación por distribuir en tiempo y forma las boletas con los candidatos, el control ejercido por el gobernador en las pruebas de impresión de dichas boletas, la selección de quiénes serían los encargados de redistribuirlas entre los sufragantes, son elementos que apuntan todos en la misma dirección. Incluso, la cantidad de boletas que el gobernador mandó a imprimir nos está hablando de esta fuerte voluntad por producir y, al mismo tiempo, movilizar al sufragio. Las 20.000 boletas para la ciudad, que Rosas seguramente esperaba se utilizaran para demostrar el apoyo del que gozaba, resultaron una suma exagerada para un espacio que seguía manteniendo cierta reticencia hacia el régimen. En la campaña, en cambio, parecieron colmarse mejor las expectativas: sobre todo en la sección 12ª para la que se mandaron a distribuir 6.000 boletas (contra 2.000 en el resto de los partidos) superando los 4.000 sufragantes en la elección de 1842. Esta fuerte voluntad por llevar a miles de votantes al escenario electoral, posiblemente haya predominado más en los años del terror, perdiendo la iniciativa al promediar la década del '40. En los últimos años, la maquinaria electoral parece funcionar bajo la inercia residual del primer impulso.

Desde esta perspectiva cuantitativa, entonces, aun cuando las cifras que ofrecen los documentos deben ser evaluadas con las debidas prevenciones, es posible afirmar que los comicios realizados durante el segundo gobierno de Rosas se sustanciaron con la presencia de votantes reales en las mesas electorales y que lejos de poder identificarlos bajo el más sutil concepto de "fraude" –en el sentido de poner en acto técnicas de "engaño" que adulteraban los resultados electorales– es preciso visualizarlos desde una óptica que supone la implementación de mecanismos más toscos de producción del sufragio. La dimensión cualitativa antes citada viene a reflejar, entonces, este aspecto grotesco del régimen. Los nuevos rituales que rodearon al acto electoral, como asimismo los mecanismos de tipo plebiscitario implementados, completan el cuadro descrito.

En 1835, en ocasión del plebiscito, la ciudad de Buenos Aires se vio invadida por una procesión ritual que reproducía más una festividad religiosa que la manifestación de un acto cívico. Así lo reconocía un artículo remitido a *La Gaceta* en el que se describía detalladamente lo sucedido en una de las parroquias de la ciudad –La Piedad– antes de iniciarse el acto: "(...) después de los intervalos que prefija la ley se emplearon en recoger olivo, sauce, banderas y colchas, para que se consumase el acto con el atrio compuesto, como para una función de *corpus*".

Luego se colocó el retrato "del gran ciudadano" en la puerta principal del templo, procediéndose al juramento con "una pomposa música". El acto tuvo lugar en este marco festivo, alcanzando su más álgida expresión al finalizar la votación:

> "El día 28 último de las votaciones apareció el atrio y su baranda vestida de ramos de olivo, etc. Las puertas tenían un arco de la misma especie, fuera de la puerta del templo que fue adornada del mejor modo posible, porque en ella estaba colocado el retrato del ciudadano de la opinión como sostén de la religión de nuestros PP, y en medio de adornos federales, capaces de inflamar el corazón del menos sensible. Esa tarde se cubrió el atrio y calle de un inmenso gentío de ambos sexos y de todas las clases. En medio de este concurso reverberaban una Matrona ilustre, el ciudadano presidente de la H. Sala Gobernador interino de la provincia, el Sr. Jefe de Policía y el Sr. General Ángel Pacheco. Todos estos señores en clase de ciudadanos, hacían la reunión federal más entusiasta. Llegó la hora de cerrarse la votación y se efectuó, y para conducirla al lugar designado por la ley se hizo necesario descolgar el retrato del Restaurador de las Leyes, y habiéndolo tomado en sus manos un miembro de la comisión se dirigió a S.E. seguido de la música y pueblo…".[214]

Las manifestaciones rituales que hicieron de cada fiesta cívica o religiosa una ocasión para renovar las adhesiones al régimen, se mimetizaron también con los actos electorales.[215] Su sacralización rompió con las formas seculares –y de perfil más modesto y austero– que había adoptado el sufragio luego de la revolución y, especialmente, a partir de 1821. Asimismo, fueron novedosos ciertos mecanismos utilizados para ratificar-autorizar el poder del gobernador, los cuales convivieron con las elecciones anuales destinadas a renovar la mitad de los miembros de la Sala. Aunque nunca se repitió la experiencia del plebiscito tal como se implementó en 1835, sí se aplicaron estrategias plebiscitarias que asumieron la forma de la tradicional *petición*. En 1840, vencido el período para el cual Rosas había sido designado gobernador y reeditado el ritual de la renuncia indeclinable al cargo por parte de éste, las autoridades locales (por sugerencia de ciertos diputados de la Sala), "instaron" a los habitantes de ciudad y campaña a firmar peticiones en las que se solicitaba la reelección de Rosas con los mismos poderes conferidos cinco años atrás. Se juntaron, según figura en los Diarios de Sesiones, más de 16.000 firmas en toda la provincia, considerándose "éste un acontecimiento histórico" –tal como afirmaba en la Sala el diputado Garrigós– "pues no se había visto hasta hoy una manifestación en masa de toda la población, pidiendo la reelección del Jefe de Estado". El mismo diputado sostenía en esa ocasión que "los representantes del pueblo estarán siempre de acuerdo con la opinión general (para) sancionar lo que es únicamente reclamado por sus conciudadanos".[216] No cabe duda de que con este gesto se buscaba un tipo de legitimación plebiscitaria; la ley estipulaba que la elección del gobernador estaba en manos de la Sala, adicta, por otro lado, a Rosas. Sin embargo, si la amenaza siempre latente era la deliberación en el seno de la Legislatura (de hecho el diputado citado hacía mención a un rumor –según él infundado– de que "la Sala se halla dividida respecto del candidato que haya de suceder en el mando a J. M. de Rosas"), lo que se perseguía con esta especie de consulta popular era la autorización del mundo elector. Su pronunciamiento debía ser lo suficientemente relevante desde el punto de vista cuantitativo como visible en su dimensión cualitativa para ratificar definitivamente la autoridad del gobernador. A tal efecto, el diputado Mancilla solicitó a la Sala "se publique diariamente en *La Gaceta* una columna de estas actas con los nombres de los que piden la reelección de nuestro Ilustre Gobernador de la Provincia".

Las actas de estas peticiones reflejan, a diferencia de la documentación sobre las elecciones anuales, modalidades de "expresión" de la opinión en la que se estaba lejos de la movilización requerida en los comicios. En la parroquia de la Concepción, por ejemplo, las nueve firmas que encabezaban la petición correspondían al juez de paz, dos comisarios, el cura de la parroquia y cinco personalidades de la Sociedad Restauradora. Luego aparecían fórmulas como las siguientes: "el teniente coronel a nombre de él y de cinco oficiales y ciento veinte individuos de tropa, Celestino Vázquez"; 313 firmas a ruego (o por encargo a terceras personas); pliegos con listas de nombres a cuyo final una rúbrica suscribía por todos ellos; o "individuos que han prestado su voto y no saben firmar". Conclusión: de un total de 1.163 peticionarios en esa parroquia, sólo 318 firmaron personalmente. Algo parecido ocurrió en el resto de las parroquias de la ciudad, figurando en algunas, como en la de San Nicolás, los componentes de las naciones africanas Burundi, La Womber y los de la Conga. De la primera se agrega el acta de la reunión realizada en su seno en la que se expresa: "Ésta es señor la voluntad expresa de toda esta Nación, y la prueba de ello es que remito la adjunta lista con sus nombres, previniendo que el que no supo firmar hizo el signo que se presenta y fe de todo lo autoriza nuestro secretario".[217] Son ya muy conocidos los contactos entre Rosas y las naciones africanas y los apoyos que éste recibiera de aquellas en oportunidades como ésta.[218] Ahora bien, lo que por cierto reflejan estas actas es una modalidad plebiscitaria menos "trabajosa" que la requerida por las elecciones a la vez que menos restrictiva desde el punto de vista formal. Aunque de manera informal es claro que los sufragantes no se ajustaban muchas veces a la ambigua condición de "hombre libre o avecindado" –según estipulaba la ley de elecciones–, en el caso de las peticiones, no hubo limitación alguna desde el punto de vista legal para expresar el apoyo al gobernador. De hecho firmaban hombres libres o esclavos, nacionales o extranjeros, avecindados o transeúntes.

No obstante toda esta demostración de apoyo, el ritual plebiscitario no hubiera sido lo suficientemente convincente si no le seguía, una vez más, la renuncia tantas veces reiterada por el gobernador al cargo al que se le designaba –que por otro lado había dado origen a la escenificación de las peticiones– exigiendo fuera reemplazado por otra persona. Este gesto, fundado siempre en razones personales y domésticas –vinculadas a su salud y necesidad de reposo después de tantos "sacrificios" ofrecidos a la función pública–, obligaba a la Sala a duplicar la apuesta y a invocar el mandato del pueblo para que Rosas aceptara el cargo. Los diputados volvían a insistir manifestando que "los representantes del pueblo, que en esta vez no han hecho sino ratificar el voto universal de la provincia, cargarían con una ilimitada responsabilidad, y traicionarían su conciencia, si vencidos de la justa estimación a V.E. y el deseo de complacerle, se prestasen a admitir su dimisión".[219] Frente al nuevo rechazo del hasta ese momento gobernador, se encontró una fórmula intermedia que a la vez que salvar la formalidad legal –tan cara al Restaurador de las Leyes– perpetuaba la situación de indefinición y, en consecuencia, de reclamo plebiscitario de manera casi continua: Rosas no aceptaba ser "elegido" por un nuevo período de cinco años sino que prorrogaba su mandato por el término de seis meses. A comienzos de 1841, una vez renovada la Legislatura, Rosas aceptó una nueva prórroga luego de los reiterados pedidos de la Sala y de sus renuncias "indeclinables", repitiéndose anualmente el ritual de la "prórroga" y de la renuncia. El rechazo a una nueva "elección" de carácter definitivo –con el respectivo juramento al cargo que establecía la ley– dejaba en vilo a toda la sociedad política, esperando con ello respuestas de adhesión personal al jefe de Gobierno cada vez más contundentes. Entre tales respuestas cabe destacar la elaborada en el seno de un grupo de conspicuos federales, quienes luego de un supuesto intento de asesinato dirigido a Rosas, propusieron designar como "sucesora" en caso de muerte del gobernador a su hija Manuelita. Estos devaneos "monárquicos", inspirados en una especie de regla de sucesión hereditaria a la criolla, aun cuando eran rechazados públicamente por su principal destinatario, reflejan el clima vivido en aquellos años.

En 1849 se reeditó la convocatoria a una nueva petición, pero con características que la ubican a caballo entre el tradicional petitorio y el plebiscito. Entre las instrucciones para su realización figuraban las siguientes:

> "1- Reunir las fuerzas de línea y milicias de ese departamento y que todos los ciudadanos que existan en él, desde la edad de 15 años para arriba, sin distinción de ninguna clase, peones, patrones, sirvientes, hombres de color y blancos, Chilenos, Mendocinos, y de todas las otras provincias.
> 2- Conforme se hayan reunido, les hará Ud. la siguiente pregunta: si quieren que el ilustre general Rosas gobierne o no la República, si le quieren acordar un voto de confianza absolu-

> to, y si es su voluntad conceder al Ilustre general todas las facultades, poderes y derechos que tiene la provincia para que use de estas facultades según lo juzgue conveniente para la felicidad de la Confederación.
> 3- Hecha la anterior pregunta, hará Ud. que todos los hombres que estén por la afirmativa (...) pongan su firma en el cuaderno que se adjunta... Para los que no sepan firmar (...) pondrá su nombre y apellido (...) y una cruz chica en señal de asentimiento.
> 4- A los que se nieguen a firmar las anteriores proposiciones, los apuntará Ud. en una lista aparte y le remitirá Ud. al gobierno junto con la otra lista en un papel aparte (...)
> El gobierno de la provincia quiere que ningún ciudadano por pobre y desvalido que sea se quede sin firmar (...)".[220]

La petición-plebiscito fue realizada como indicaban las instrucciones, presentándose un hecho curioso que ilustra los acontecimientos. A las formas peculiares de expresar las firmas –ya relatadas en el petitorio de 1840– se le sumó la intervención del Ministro británico al comunicarle al gobierno que varios súbditos ingleses residentes en Buenos Aires lo habían consultado "para saber la conducta que debían adoptar con respecto a invitaciones que habían recibido para firmar la petición" destinada a ser presentada a la Sala para que Rosas no abandonara el gobierno. Rosas no tardó en contestarle diciéndole que aun cuando los extranjeros residentes no debían tener ingerencia en los asuntos del país (cabe recordar que el episodio tenía lugar luego del bloqueo anglo-francés), no por ello les estaba vedado firmar "solicitudes" siempre que se realizaran "gustosamente" y con el "previo permiso de la autoridad ejecutiva". El *affaire* culminó con la confección de una nota firmada por 76 comerciantes ingleses, redactada en inglés y enviada a su Majestad Británica, quien la envió con copia y traducción al ministro de Relaciones Exteriores del Río de la Plata. La nota estaba lejos de asumir el tono adulatorio, faccioso e inflamado de la petición popular presentada en ese mismo momento en la Sala por los jueces de paz de ciudad y campaña, pero no dejaba por ello de prestar su cálido apoyo a la reelección del gobernador.[221]

Rosas se expidió casi un año después de ser presentada la petición. En su respuesta volvía sobre los tópicos acostumbrados, pero agregándole nuevos argumentos:

> "La espontaneidad de esos votos, en el seno del orden en medio del imperio de las leyes, del armamento de los ciudadanos en sus mismas casas, de la ausencia de tropas de línea, y de la expresión moral de los extranjeros que han asociado su testimonio a la petición de los ciudadanos, o manifestándolo en otra forma, comprueba dignamente la solemnidad y validez de tan expresivo unánime pronunciamiento. Más pudiera agitarse mi delicadeza al considerar que éste se ha hecho en circunstancias que yo mismo gobierno el país, y que diferencias respetuosas hayan influido en algunos ciudadanos. Al presumir esta circunstancia, sólo puedo referirme a sentimientos generosos de mis compatriotas, y no a temor o coacción (...)
> Por otra parte, aunque los ciudadanos influyentes del país en su universalidad han *sufragado* libre y deliberadamente, no hay sin embargo *mayoría de los sufragantes* hábiles de la provincia. En los partidos de la campaña dista mucho la votación de aproximarse a la mayoría. En unos ha sido escasa la votación, atento el número de sufragantes, y en los otros, que son los más, ha sido tan reducida, que no llega a la quinta parte".[222]

La casi grotesca descripción del evento como una gesta de transparencia electoral y virtud cívica (para su ponderación, sólo basta contrastarla con las instrucciones del gobierno antes citadas) no era más que una respuesta a las continuas acusaciones realizadas por los exiliados opositores al régimen de que tanto esas peticiones como las elecciones anuales para la renovación de la Sala eran "farsas" organizadas sobre la base de amenazas y coacción. Pero lo que más se destaca del mensaje de Rosas es la exaltación de que sólo la soberanía del número podía dar legitimidad y base de apoyo a una nueva reelección. Aunque no hemos podido hallar el número de "peticionantes-sufragantes" que participaron en esta ocasión (es llamativo, en este sentido, que se confundan en los documentos ambas condiciones), es claro que a Rosas la "cantidad" de firmas obtenidas no le alcanzaban para su voraz necesidad de convertir la abstracta noción de unanimidad en una realidad empíricamente demostrable a través de los números. Las elecciones anuales para renovar los miembros de la Sala convivieron, entonces, durante los diecisiete años de la gestión de Rosas como gobernador con la suma del poder público, con estas formas *sui generis* de demostración pública de adhesión a su persona. Lo que tal convivencia demuestra es, por un lado, el arraigo que el régimen representativo había adquirido en Buenos Aires de tal forma que Rosas no pudiera prescindir de él, y por otro, la modalidad que adoptó el gobernador para devaluar el papel de la Sala como junta electoral de segundo grado encargada de designar al titular del Poder Ejecutivo al supeditar sus sucesivos nombramientos y prórrogas indefinidas al veredicto "directo" del pueblo elector a través de peticiones y plebiscitos. El sufragio, en las diversas formas y variantes adoptadas, se transformó en la herramienta más eficaz para reemplazar la tan temida disidencia encarnada por facciones o grupos menores de la elite. Al limitar la legitimidad al momento de la autorización electoral, Rosas buscó superar lo que en aquellos años era evaluado como uno de los mayores problemas políticos en el Río de la Plata: las divisiones y enfrentamientos en el interior de la elite dirigente, cuya caja de resonancia residía en la Sala de Representantes. Una vez más, no era la movilización de la plebe el objeto de los desvelos, sino las prácticas creadas y encarnadas por quienes constituían la cúspide de la pirámide electoral.

La nueva dinámica política

Sin lugar a dudas, uno de los rasgos más sorprendentes del régimen rosista fue haber logrado, en el marco de la ingeniería institucional rivadaviana, cambiar completamente el sentido al que aquélla aspiraba. Subordinar el papel de la Legislatura y suprimir la competencia entre notables significó transformar, en la base, la dinámica política construida a través de prácticas formales e informales durante casi quince años de existencia del Estado provincial. Sobre la plataforma de un faccionalismo llevado al exceso, el rosismo recuperó los viejos tópicos que veían en la división facciosa o partidaria el foco de la anarquía, para avanzar en la construcción de su régimen unanimista. Jorge Myers ya ha subrayado el papel que tuvo la oposición en el discurso rosista, lo que nos exime de desarrollar tan importante cuestión para el tema que nos ocupa en este libro.[223] Sólo cabe recordar, a través de dos editoriales de *La Gaceta Mercantil*, la distinción que la retórica adicta al gobernador hizo entre partido y facción, punto especialmente desarrollado por el autor antes citado:

> "La causa santa de la Federación ni es un partido político ni debe considerarse como tal. Para que lo fuese sería necesario que existiese otro partido político que equilibrase su influencia, que invistiese justos títulos a una marcha y oposición legal, y que consultase en su mismo triunfo el mantenimiento del orden público y el bien general de la sociedad (...) ¿Y dónde está entre nosotros ese partido constitucional? En su lugar ha existido solamente un bando criminal (...) De una parte, la gran mayoría de la Nación, la gran mayoría de los Pueblos de la República, la Federación, en fin, se presenta en tendencia hacia la consolidación del orden, y consecución de su prosperidad nacional; de la otra, una reducida e inicua facción de asesinos, de anarquistas, de malvados se opone a los medios que facilitan las conspiraciones...".[224]

> "Hemos probado que los unitarios ni han formado ni forman un partido político, y que la causa de la Federación es nacional, adoptada por la casi universalidad de la nación; es puramente la causa de la patria y no la de personas o partidos."[225]

Se hace patente durante todo el período aquí trabajado la preeminencia de un nudo argumental que, sin oponerse a la noción de partido y a la existencia misma de una pluralidad de partidos compitiendo por el poder, niega tal condición a la oposición unitaria. A pesar de que los unitarios estaban en el exilio y que la oposición se había manifestado también dentro del propio partido federal, eran los primeros los que cargaban con toda la fuerza retórica del oficialismo. Al ser identificados al concepto de facción –en virtud de la siempre recordada acción liderada por Lavalle en 1828 que rompió con la legalidad instaurada en 1821– los unitarios quedaban, en esta representación, fuera del mundo político. El pecado original de haber quebrantado las reglas de juego de dicho mundo, los ubicaba, irremediablemente, dentro de los márgenes de la ilegalidad y la guerra. Desde esta perspectiva, el llamado partido federal –ahora limitado a los leales a Rosas– podía avanzar en su gestión de gobierno, gozando de la ausencia absoluta de una "oposición legal". Por ello se identificaba con nociones tan omnipresentes como las de nación, patria, causa federal, universalidad; los federales no se auto proclamaban como parte del universo político, sino como el todo que lo representaba.

Bajo esta argucia conceptual, que cruzaba tópicos del mundo tradicional con el prejuicio que aún mantiene la retórica liberal del temprano siglo XIX hacia la acción de partidos y facciones, el rosismo justificaba la proscripción de la oposición en la práctica política concreta. Ausencia cuyo corolario más inmediato fue la subordinación de la Sala de Representantes al Poder Ejecutivo y el consecuente desdibujamiento de la frágil división de poderes preexistente. Aunque esta situación era reconocida con carácter de excepcionalidad frente a los "principios republicanos de moderación", se subrayaba, al mismo tiempo, la legitimidad de dicha excepcionalidad en función de estar sustentada en el sufragio unánime de los ciudadanos. En ocasión del Homenaje que la Sala de Representantes le hizo al gobernador y Brigadier General D. Juan Manuel de Rosas en 1842, se expresaba claramente este doble reconocimiento:

> "Una misión tan difícil como extraordinaria debía encontrar resistencias en los principios republicanos de moderación, que formaron constantemente el carácter individual del esclarecido General Rosas. Firme en estos mismos principios, reiterada fue su oposición a recibirse del mando supremo del Estado, en toda la extensión que señalaba la citada ley del 7 de marzo de 1835. Pero las circunstancias exigentes del país, la decidida insistencia de los Honorables Representantes, el voto en fin uni-

versal de sus conciudadanos y habitantes de la Provincia, cuya voluntad fue siempre una ley imperiosa para el respetable Ciudadano en quien había recaído el sufragio de sus compatriotas, pudieron más que los principios de modestia y excesivo republicanismo, que alejaron siempre de los puestos expectables y eminentes al que en sus servicios no tuvo otras aspiraciones que las de promover el interés y glorias de la patria".[226]

En el marco, entonces, de una legitimidad otorgada por "el voto universal de los ciudadanos", Rosas procedió a renovar parte del funcionariado provincial –colocando en cada rincón de la administración pública personajes que explícitamente hubieran adherido a su gestión de gobierno– y a subordinar cada uno de los poderes a su estricto control. Esta renovación no alcanzó sólo a los miembros de la Sala de Representantes sino también a otras altas autoridades como asimismo a las autoridades intermedias, especialmente a los juzgados de paz. Cabe recordar algo ya subrayado anteriormente: la importancia que para Rosas tuvieron tales juzgados en la configuración de su régimen unanimista. A tal efecto, a partir de su primera gobernación, Rosas se encargó de recorrer los pueblos de la provincia y evaluar el estado de su administración. Saldías subrayaba, precisamente, la correspondencia que sobre estos viajes dejó el gobernador, y las apreciaciones que hizo en torno al funcionamiento de las autoridades locales de la provincia:

"Rosas se detuvo en todos los pueblos del norte y quiso darse cuenta exacta de las cosas, llamando a los funcionarios y vecinos expectables, atendiendo las demandas, oyendo las opiniones y proveyendo a aquellas necesidades de carácter administrativo. En este camino tropezó con algunas dificultades y pudo apreciar la negligencia con que las autoridades locales administraban los intereses de esos pobres pueblos. Es por demás curioso la correspondencia que sostuvo en este sentido con sus ministros, a quienes apuntaba las razones que lo movían a pedirles que hicieran cesar tales o cuales funcionarios civiles y militares y las condiciones de los que debían reemplazar a éstos".[227]

Toda la dinámica política provincial pasó a estar controlada por la estricta supervisión de quien desempeñaba la más alta magistratura, de lo que es un fiel testimonio la documentación conservada en la *Secretaría de Rosas*. Un control que, naturalmente, incluía al Poder Legislativo y Judicial y que ubicaba a la Sala de Representantes en un espacio de subordinación, asociado a la negativa concepción que el gobernador tenía respecto de los cuerpos deliberativos. Rosas aceptó mantener la ingeniería institucional rivadaviana, pero quitándole al principal cuerpo del régimen político la iniciativa otorgada en años anteriores. La continuidad de la Legislatura bonaerense después de 1835 se planteó más como una concesión otorgada por el propio Rosas al gobierno provincial que como la natural consecuencia de un sistema institucional que ya contaba con quince años de tradición. La carta enviada por Rosas a la Legislatura, pocos días después de asumir el cargo en 1835, confirma el aserto:

> "Últimamente, considerando el infrascrito que, a consecuencia del ilimitado poder que se le ha confiado por el término de cinco años, tal vez haya quienes crean innecesaria en este tiempo la existencia de la H. Sala de Representantes, y no pudiendo resignarse en ningún caso con la idea de que la Provincia carezca de esta H. Representación, espera de los Sres. Representantes, que aún cuando tengan a bien cerrar la Legislatura, y a la vez suspender sus sesiones, harán que continúe la Honorable Sala, renovando cada año los Sres. Diputados que corresponda, y observando todas las demás formalidades indispensables para su conservación, que prescriben las leyes de la provincia, a fin de que ésta no quede expuesta a una acefalía funesta y de consecuencias irreparables".[228]

Un solo representante de la Legislatura –el diputado Silveira– se manifestó sorprendido por los términos de la nota; se preguntaba al respecto "por qué se extraña que siga la Sala, si en otra ocasión ha tenido el Sr. D. Juan Manuel de Rosas facultades extraordinarias, y ha seguido la Sala: ¿por qué no habrá de ser ahora lo mismo?".[229] Interrogante al que no dieron lugar los diputados restantes; todos aceptaron que si la Sala continuaba en funciones, no era más que por la expresa voluntad del nuevo gobernador.

¿Con qué atribuciones quedaba, entonces, la Legislatura, al serle otorgado al Poder Ejecutivo la suma del poder público? La arenga que el diputado Arana dio en mayo de 1835 resume la respuesta: "Contrayéndome a los asuntos de que debe ocuparse la H. Sala, diré que en mi concepto los asuntos marcados que únicamente debemos tener en consideración, será los que él ponga al juicio de los Sres. Representantes... de manera que de hecho viene a resultar lo que voy a sujetar al juicio de los Sres. Diputados: –que la Sala acuerde la continuación de sus sesiones en la próxima Legislatura para ocuparse solamente de los asuntos que someta a su deliberación el P.E.".[230] En este sentido, el régimen no hacía más que violentar una práctica institucional estatuida informalmente desde la década del '20. De hecho, tal como se subrayó en capítulos anteriores, al no existir una constitución provincial ni leyes orgánicas que delimitaran las atribuciones de los tres poderes, el Ejecutivo avanzó sobre un terreno que se consideraba "legal" sólo por omisión. Los propios representantes se encargaban de recordarlo cuando algún atisbo constitucionalista asomaba en el horizonte:

> "...el Gobierno no necesita hoy de la sanción de la Sala, ni de la concurrencia de ella; en el gobierno reside hoy la plenitud del poder (...) Precisamente en nuestro país más que en ninguno estamos expuestos a que esto suceda, por falta de una ley orgánica de los poderes públicos, que determine los límites respectivos de cada uno de ellos. Así es que, casi por instinto y por buen sentido, el Legislativo, el Ejecutivo y el Judicial obran en la órbita de sus facultades, porque no hay ninguna ley orgánica que los detalle".[231]

El poder asumido por el gobernador era legal –porque fue otorgado por la Sala y no se oponía a ninguna ley escrita que prescribiera lo contrario– y legítimo, en tanto fue ratificado unánimemente a través del sufragio de los ciudadanos en el plebiscito convocado a tal efecto. De allí en más, la Sala jugó el papel ratificador-adulador del gobernador, perdiendo toda posibilidad de iniciativa y discusión. Esto era visto por la prensa opositora a Rosas editada en Montevideo como una directa consecuencia del ejercicio de la coacción. En ocasión de las sesiones celebradas en 1838 para aprobar la conducta de Rosas en el bloqueo francés, *El Grito Argentino* afirmaba que "todo Buenos Aires sabe, por que lo vio, que los representantes no tuvieron ninguna libertad en esa ocasión; que los de la Mazorca se apoderaron de las galerías de la Sala cargados de puñales y pistolas...".[232] Aunque es posible que todavía se manifestaran ciertas leves y tímidas disidencias en la Sala –ya que en 1838 no estaba consolidado el régimen unanimista– la apreciación de los exiliados resulta ciertamente exagerada. La Legislatura había entrado en un rápido e irremediable letargo del que sólo se recupera parcialmente –según afirma Halperin– después de 1843, una vez pasada la época del terror.[233] Hacia las postrimerías del régimen la Sala parecía estar nuevamente empantanada en su anterior inercia. Los *Diarios de Sesiones* dejaron de publicarse en 1847 (el gobierno adujo escasez del erario) y los mensajes del gobernador a la Sala asumieron, cada vez más, una dimensión ritual que reflejaban el lugar de ésta frente aquél. En ocasión del mensaje de apertura que el gobernador debía dar el 1º de enero de 1851 –costumbre que se había impuesto durante su gobierno, ya que antes se hacía el 1º de mayo de cada año– Rosas solicitó a la Sala postergar unos días su lectura, sin que esto significara alterar la apertura de la nueva Legislatura con los diputados electos en diciembre de 1850. El diputado Torres presentó entonces una moción en la que proponía diferir la apertura de la Sala hasta que el gobernador estuviera dispuesto a leer su mensaje, aduciendo la siguiente razón para justificar la postergación:

"Yo creo Sres. que la solemne apertura del Mensaje será una fría ceremonia que haría perder de su importancia a aquel acto, porque es constante que el pueblo al aproximarse la solemne apertura de las sesiones ordinarias, espera este acto, con una noble avidez, *no por la ceremonia de la apertura, sino por la importancia del Mensaje que siempre se exhibe en ella*".[234]

Más allá de que la moción fue aprobada unánimemente, lo que la cita destaca es el ritual que durante más de 15 años se fue afianzando en la política porteña. Si el mensaje del gobernador tuvo –desde que la Sala fue creada en 1821– un papel ciertamente relevante, a partir de 1835 asumió una dimensión absolutamente nueva. No sólo representaba una oportunidad para hacer *propaganda* en torno a los logros del régimen, sino también la ocasión para ratificar a la Sala en su papel receptivo y pasivo. La fecha de apertura no era, pues, importante por el hecho de dar comienzo a las deliberaciones de la Legislatura –tal como admitía el diputado Torres– sino por recibir la palabra de quien encarnaba la suma de todos los poderes. El mensaje vino a cumplir, así, un papel simbólico, que recordaba anualmente el espacio casi virtual al que había quedado reducida la representación provincial.

Hasta su definitiva caída, el régimen rosista siguió conservando todos los procedimientos formales del funcionamiento institucional de la provincia. En plena guerra contra Urquiza, continuó convocando y realizando elecciones para renovar a los miembros de la Sala, abrió sus sesiones con la tradicional lectura del mensaje –la que ocupaba varios días a los diputados– y siguió reuniendo a la Legislatura que, como siempre, se negaba a aceptar las repetidas renuncias del gobernador. La importancia que tuvo para el régimen este obsesivo apego a las *formas* revela una de las mayores ambigüedades del rosismo. Ubicado en un complejo punto de intersección entre modos tradicionales de concebir la política –en el que se sitúa la concepción unanimista y la visión orgánica y jerárquica de la sociedad– y formas más modernas, en las que se cruzan también nociones muy diversas sobre el ejercicio de la autoridad –tales como las que provienen de la ingeniería institucional liberal y las procedentes de formas y prácticas de tipo plebiscitarias–, el resultado fue la instauración de un régimen que difícilmente pueda ser caratulado bajo conceptos que destaquen unilateralmente algunos de estos aspectos. Producto de un notable pragmatismo político, el rosismo intentó dar una base políticamente sólida al crecimiento y prosperidad de Buenos Aires –un objetivo caro al régimen– y dar respuesta al viejo problema abierto por la revolución: la inestabilidad política. En su solución, en la que indudablemente primó el aspecto coercitivo, la legitimidad fundada en la movilización electoral jugó un papel fundamental: buscó reemplazar la deliberación entre los grupos menores de la elite y crear, así, una autoridad que se quiso indiscutida.

Epílogo

En una mirada retrospectiva, Domingo Faustino Sarmiento afirmaba al promediar el siglo XIX que mientras "Norte América se separaba de la Inglaterra sin renegar la historia de sus libertades, de sus jurados, sus parlamentos y sus letras, nosotros, al día siguiente de la revolución, debíamos volver los ojos a todas partes buscando con qué llenar el vacío que debían dejar la inquisición destruida, el poder absoluto vencido, la exclusión religiosa ensanchada".[235] La reflexión sarmientina ponía de relieve, una vez más, el sentido rupturista y novedoso del proceso revolucionario local. A diferencia de los Estados Unidos, poseedores de una tradición colonial capaz de ser rescatada, el Río de la Plata debía renegar de ella y construir sobre las cenizas de su pasado un orden completamente nuevo.

Por cierto que esta imagen era más una aspiración incumplida que la expresión de una realidad en marcha en el momento en el que Sarmiento escribía sus *Recuerdos de Provincia*. La revolución rioplatense, aun cuando se estructuró para "negar y condenar todo un pasado" –tal como afirma Halperin Donghi–[236] dio lugar a un proceso que, inevitablemente, recogió un universo de prácticas y tradiciones cuyo arraigo en el régimen colonial era advertido por el propio Sarmiento al analizar las claves de lo que su generación consideraba el fracaso de la revolución. Cuando los grupos de la elite criolla dirigieron su mirada a otros paradigmas organizativos en busca de respuestas que los alejaran del "despotismo colonial", se encontraron con las mismas perplejidades –teóricas y prácticas– sufridas por quienes también pretendían fundar un nuevo orden y carecían de un universo conceptual acabado que adaptara la repentina y súbita experiencia a nuevos lenguajes. Ese nuevo campo conceptual, esbozado en su dimensión teórica desde el siglo XVII pero notablemente impulsado por las revoluciones norteamericana y francesa –usinas productoras de nuevas ideas y prácticas– estaba en pleno proceso de construcción en la primera mitad del siglo XIX. La lógica del "ensayo y el error" imperaba en todo el orbe occidental, por lo que la tarea de aquellos hombres que habitaban la porción más austral de ese universo fue doblemente compleja: debieron enfrentar la coyuntura, adoptando modelos externos de organización política que regularan la nueva relación entre gobernantes y gobernados, y adaptando, al mismo tiempo, tales modelos a una sociedad que difería notablemente de aquellas para las cuales habían sido concebidos.

En tal contexto, la larga marcha que toda la América hispánica inició en procura de una legitimidad de reemplazo, se enfrentó a un dilema, compartido en su formulación más estilizada, por todos los países que ingresaron a la modernidad política. La nueva representación basada en elecciones periódicas no sólo rompía con las reglas de sucesión del antiguo régimen, sino que además generaba una lógica –no prevista entre los pensadores políticos de la época– que desestructuraba todo el universo de prácticas y lenguajes basado en las tradicionales nociones de armonía y unanimidad. Esto, que hoy resulta una afirmación obvia y un lugar común de la teoría política, no lo fue para los actores de aquella época. Destacamos, nuevamente, la novedad de este acontecimiento para subrayar el desconcierto que vivieron los protagonistas al advertir frente a sus ojos los cambios que se producían. Entre estos cambios, uno de los que más perturbó el nuevo orden de cosas fue la aparición del inédito fenómeno que acompañó la celebración de elecciones periódicas y la competencia por el poder derivada de ellas: el faccionalismo. Aunque el mundo antiguo conocía de divisiones y enfrentamientos a la hora de disputar cargos y privilegios –aun en los espacios coloniales en los que las elecciones de capitulares reflejaban la existencia de lo que ya en el siglo XVIII se daban en llamar "facciones"–, esto no significaba que fuera posible pensar en la idea de división como parte integrante del orden social y político. ¿Y qué era la facción –se pregunta Natalio Botana– para el pensamiento clásico, "sino el monstruo de mil cabezas, anatema para el filósofo, capaz de destruir la unión moral del cuerpo político?".[237] Las soluciones a este dilema oscilaron desde las posturas más tradicionales que pretendieron abolir la causa del espíritu faccioso destruyendo la libertad, pasando por las utopías igualitarias según las cuales cada ciudadano tendría idénticas opiniones, hasta llegar a las que en clave moderna buscaron atenuar o controlar "un mal" que se consideraba inevitable en las sociedades políticas que basaban su legitimidad en el nuevo concepto de libertad. El ejemplo de Madison –adoptado por Botana para desplegar una de las estrategias propuestas dentro de la última opción señalada– refleja, precisamente, la perplejidad provocada por la nueva lógica política entre los hombres de fines del XVIII y comienzos del XIX, y el optimismo que, en este caso, se depositaba en la instauración de un régimen representativo como posible solución al problema. Madison, además de pensar que el espíritu faccioso se debilitaría en un país de grandes dimensiones, creía básicamente que aquél podría ser controlado a través de un régimen representativo en el que el pueblo delegara el ejercicio del poder en un grupo de ciudadanos.[238] La misma creencia compartieron los sectores dirigentes criollos de la década revolucionaria cuando opusieron el ejercicio directo de la soberanía desarrollado en asambleas o cabildos abiertos a un régimen representativo de elección indirecta. En esta versión, los colegios electorales debían ser capaces de anular las divisiones que más fácilmente se engendraban en la deliberación asambleísta y disciplinar así una movilización que nacía también del mismo gesto fundacional que imponía la revolución.

Luego se supo que ésta no era una solución al problema del conflicto político. Muy pocos advirtieron los "efectos no queridos" de las instituciones que supuestamente debían apaciguar el espíritu faccioso y que contrariamente parecían exacerbarlo. La experiencia demostraba, a medida que el proceso representativo se expandía y afianzaba, que ni un sistema electoral indirecto ni uno de voto directo lograría frenar aquello que paulatinamente fue mostrándose como un componente inescindible e inevitable de la nueva representación política: la división en facciones o partidos. Un periódico de aquella época afirmaba que "al paso que las facciones son como inherentes a las repúblicas, son al mismo tiempo la enfermedad que las devora".[239] El conflicto político, lejos de ser suprimido, se erigía en parte indisoluble del nuevo orden, y su canalización, en motivo de desvelo de las clases dirigentes modernas.

Los caminos transitados y las modalidades adoptadas para encauzar dicho conflicto fueron muy diversos: al gradualismo inglés se le opuso el modelo rupturista y revolucionario francés, mientras que en las ex colonias americanas el sistema bipartidista instaurado muy tempranamente en la nueva república no se habría reproducido en el resto de América Latina. En este último caso, el modelo interpretativo clásico leyó la canalización del conflicto político surgido de la revolución como una historia de guerras civiles y caudillos que, en sus diversas versiones regionales, no encontró hasta fines del siglo XIX y comienzos del XX una vía institucional de expresión. Aunque esta versión subraya una dimensión fundamental de la historia política del período (¿o acaso alguien podría minimizar el papel que desarrolló la violencia en la política latinoamericana del siglo XIX?) subvalúa, al mismo tiempo, el papel que jugó la instauración de un régimen representativo en la regulación, primero, de la sucesión política, en la construcción de alternativas frente al conflicto político después y, finalmente, en la exacerbación de la violencia cuando dichas alternativas se enfrentaron.

La competencia por el poder que presuponía la nueva representación política abría un universo de luchas y disputas que, aunque recogiera viejas prácticas, nada tenía que ver con el mundo de la colonia. La posibilidad de competir se erigía, justamente, en la gran novedad introducida por la revolución. Y pese a que dicha competencia asumió rápidamente las características de un régimen de notables, no se debe perder de vista por ello el papel que jugó en la dinámica política del período. Presente en muy diversos espacios en la década revolucionaria –asambleas, cabildos abiertos, elecciones indirectas– la competencia por el poder no hallaba ni pautas estables que la rigieran ni un universo conceptual nuevo que pudiera reemplazar la noción de armonía del mundo antiguo. Luego de la crisis del año '20 se avanzó en ambos planos, al intentar concentrar dicha competencia en un solo espacio político –basado en un régimen electoral de voto directo– y al procurar enmarcar la nueva representación en un universo conceptual nuevo. No obstante, la apuesta superó sus posibilidades. La ley electoral de 1821 logró crear nuevas reglas de juego para encauzar la competencia suprimiendo el ejercicio directo de la soberanía –para cuyo objetivo la supresión de los cabildos fue fundamental– a la vez que alentar la constitución de un nuevo imaginario fundado en las más modernas concepciones de legitimidad y legalidad del poder político. Pero su éxito en la regulación pacífica de la autoridad –manteniendo para ello un cierto margen de libertad respecto de las pautas que regulaban la competencia electoral– fue efímero. Mientras la disputa se mantuvo dentro de los cánones de un régimen en el que cierto grupo de notables podía deliberar, negociar y alternar en los cargos, sin que por ello peligrara la estabilidad del orden impuesto luego de la crisis del año '20, la armonía pareció reinar en el nuevo Estado de Buenos Aires. Pero apenas despuntó el debate por la organización nacional y los grupos se dividieron en facciones que, aunque laxas en términos organizativos, representaban posiciones divergentes respecto de la futura estructura del Estado, la competencia por el poder se identificó nuevamente con el "monstruo de mil cabezas" que amenazaba la estabilidad tan duramente conquistada. Las elecciones comenzaron a adquirir cada vez más importancia –porque de ellas dependía, efectivamente, la posibilidad de apropiarse legítimamente del poder político– y en una relación que era directamente proporcional al papel asumido por éstas en el espacio público, la violencia reapareció rompiendo la armonía de la *feliz experiencia*. El papel asumido por el sufragio en la regulación de la sucesión de la autoridad fue lo que llevó primero a la única ruptura de la legalidad en 1828 y a la construcción del orden unanimista de Rosas. La representación que de la competencia construyó el séquito más cercano de quien fue gobernador de Buenos Aires durante más de dos décadas, condujo a fundar un régimen *sui generis* basado en la supresión de dicha competencia y en la exaltación de un ideario que combinaba mal las concepciones unanimistas del mundo antiguo con las utopías igualitarias –de sello rousseauniano– según las cuales cada ciudadano podría tener idénticas opiniones, reunidas todas en el ambiguo concepto de "voluntad general". La constante oscilación entre el fantasma del consenso –que llevó a Rosas a exacerbar el momento de la autorización electoral– y la amenaza de la guerra civil –que lo condujo a suprimir la deliberación– estructuró en gran parte la vida política de la primera mitad del siglo XIX.

La cuestión de la sucesión política se instauraba así como un problema clave desde el comienzo mismo de la vida independiente de estos territorios. En nuestra perspectiva, el problema se dirimió más en el interior de la esfera del sector dirigente que en la más amplia esfera de los gobernados. Ya hemos mencionado en capítulos anteriores que la muchas veces proclamada amenaza de la "plebe" no representó ni un verdadero peligro a la estabilidad política ni el eje a partir del cual se definió el régimen representativo. A pesar de los temores expresados por algunos sectores de la elite en coyunturas específicas, cuando la violencia irrumpía en las mesas electorales (como aconteció en 1828 y 1833), la mayor dificultad para encontrar pautas estables que regularan dicha sucesión parecía provenir más del momento de la deliberación en el interior de la elite dirigente que del momento de la autorización electoral. La débil presencia de posiciones tendientes a restringir el voto activo durante todo el período –aun cuando en las coyunturas mencionadas emergieran como alternativas– no fue ajena a la escasa participación electoral, hecho que preocupó a toda la elite dirigente desde el momento mismo de la revolución hasta prácticamente la sanción de la ley Sáenz Peña que estableció el voto obligatorio. De hecho, la base de la pirámide electoral no comenzó a tener un papel clave hasta bien entrada la segunda mitad del siglo XIX cuando, producto de la inmigración masiva y del proceso de modernización, se advirtió la amenaza potencial que podía significar la noción que identificaba "un hombre, un voto". Aunque lentamente construida durante el transcurso del siglo, esa noción asumió verdadera fuerza dos años después del centenario de la revolución, al garantizarse legalmente el libre ejercicio del sufragio universal masculino.

Llegados a este punto, sin embargo, es nuestro propósito volver a recordar algo ya mencionado en nuestra introducción: que la historia del sufragio en la Argentina no comienza con la sanción de la ley Sáenz Peña. Aunque la práctica del fraude y la manipulación, tan difundida en el siglo XIX, llevó a interpretar el período precedente en términos de una "prehistoria" electoral en la que el ejercicio del sufragio no habría tenido ningún papel relevante, fue objeto de este libro intentar demostrar lo contrario. El papel que los procesos electorales jugaron en la larga búsqueda de una legitimidad de reemplazo, no sólo fue importante por haber colaborado en la creación de un nuevo imaginario en torno al concepto de legalidad, sino además porque fue una llave que definió rumbos políticos. Rumbos que fueron construyéndose al calor de los acontecimientos y que pese a sus grandes diferencias no pudieron eludir el nuevo principio incorporado por la revolución: que las autoridades debían surgir de elecciones periódicas. Sobre este punto no hubo vuelta atrás.

Con la caída del rosismo, no sólo se volvió a las viejas prácticas de las candidaturas –buscando con ello recuperar el momento de la deliberación suprimido durante más de quince años– sino que además se mantuvo el voto sin restricciones prescrito en 1821. Los debates que sobre el sufragio protagonizaron los diversos grupos de la elite política después de Caseros no dejaron de remitir a la ley electoral dictada por Rivadavia, al mismo tiempo que abrían nuevos caminos al cambiante mapa político del país. El conflicto político asumía perfiles novedosos en una sociedad que se transformaba vertiginosamente. Las prácticas electorales –siguiendo la hipótesis de Hilda Sabato– se convirtieron en un instrumento interno del juego de las facciones políticas, eficaz para garantizar la sucesión gubernamental del régimen de soberanía popular vigente, pero no para establecer mecanismos efectivos de participación política ampliada.[240] La competencia electoral, mientras renacía bajo diversas formas luego de la unanimidad rosista, no se instalaba sobre un terreno virgen: recuperaba, en gran parte, una historia y una tradición que, en el caso de Buenos Aires, Rosas no sólo no había logrado acallar sino que, por el contrario, parece haberla mantenido viva en cada uno de los rituales electorales celebrados durante su gobierno durante más de quince años.

Visto, entonces, el problema del sufragio en una perspectiva de más largo aliento (que supone no poder eludir la historia de marchas y contramarchas sufridas por el régimen representativo durante el siglo XX), resulta a primera vista paradójico comprobar que, a pesar del carácter artesanal de los procesos electorales y de la convivencia entre éstos y la violencia armada en la primera mitad del XIX, los comicios se celebraron de manera continua –casi sin interrupciones– para instaurar "legítimamente" las autoridades políticas. Se podría objetar que esta ininterrumpida celebración fue posible gracias a la manifiesta "intervención" de la elite en los procesos electorales y a la posterior vigencia de un régimen no competitivo durante muchos años. Tal objeción pone en primer plano algunas cuestiones ya tratadas a lo largo de este libro y otras implícitas en él. Quizá sea éste el momento de explicitar estos últimos aspectos que, aunque no reconocidos en el texto, resultan obvios para cualquier lector entrenado. La historia aquí relatada dice mucho más sobre los comportamientos de la elite dirigente que sobre aquellos grupos sociales involucrados en los procesos electorales en calidad de electores o de grupos intermedios. Esto es así, no porque exista una traducción directa entre jerarquías sociales y posiciones asumidas en el campo político ni porque constituya un supuesto metodológico común a cualquier espacio y período en estudio (supuesto que radica en el dato obvio de que los grupos de la elite siempre dejan rastros de mayor densidad para futuras interpretaciones historiográficas). En realidad, esta historia aporta más a una reconstrucción del papel de la elite dirigente porque –siguiendo la hipótesis antes destacada– los mayores conflictos derivados de la disputa electoral se dirimieron más en su interior que en el dilatado espacio que incluía a los otros actores participantes de pleno derecho. Esto no significa minimizar la acción de los grupos sociales no pertenecientes a la elite en la construcción del nuevo orden político, sino ponderar el papel que le cupo a cada uno de ellos en la definición de las estrategias ensayadas a lo largo de la primera mitad del siglo XIX.

Este explícito reconocimiento, que bien puede ser evaluado como uno de los límites del presente libro, no tiene por objeto más que el reforzar la idea de que el gran problema de la historia política argentina, desde sus comienzos, radica en sus sectores dirigentes y que la temprana inclusión de la lógica electoral como criterio de legitimidad estuvo muy lejos de alentar la configuración de una cultura política pluralista. La reconstrucción aquí realizada refleja, por el contrario, las formas que adoptó el sufragio para atenuar –e incluso negar– la *división* del cuerpo político como parte de la nueva dinámica que imponía la modernidad y la escasa predisposición que mostraron los grupos dirigentes para aceptar la alternancia en el poder cuando ésta se ponía en juego a partir de la implacable soberanía del número. Aunque no corresponde en esta oportunidad hacer la evaluación de una supuesta continuidad de esta configuración originaria –que reconoce la persistencia de una cultura política totalizante y unanimista desplegada, paradójicamente, en el marco de un régimen representativo– resulta imposible eludir la tentación de cerrar este libro con una referencia a ella.

Notas

[1] Para el caso argentino, caben destacar las críticas realizadas por Hilda Sabato en *La política en las calles. Entre el voto y la movilización. Buenos Aires, 1862-1880*, Buenos Aires, Sudamericana, 1998, y por Noemí Goldman y Ricardo Salvatore en *Caudillismos rioplatenses. Nuevas miradas a un viejo problema*, Buenos Aires, Eudeba, 1998.

[2] El modelo evolutivo clásico, basado en el caso inglés, está expuesto en la obra de T. H. Marshall, *Class, Citizenship and social development*, Westport, Connecticut, Greenwood Press, 1973.

[3] A este esquema han adherido, entre otras, las historias electorales producidas en Argentina. Saturnino Salcedo, *Las primeras formas de elegir y los actuales sistemas electorales. Régimen político de las provincias argentinas*, Buenos Aires, ETGLA, 1948, y Ezequiel Ortega, *"¿Quiera el Pueblo votar?" Historia electoral Argentina, desde la Revolución de Mayo a la ley Sáenz Peña: 1810-1912*, Bahía Blanca, Giner, 1963.

[4] Pierre Rosanvallon, *Le Sacre du Citoyen. Histoire du Suffrage Universel en France*, París, Editions Gallimard, 1992.

[5] *Quaderni Storici*, 69/a.XXIII, nº 3, diciembre, 1988. Antonio Annino (coord.), *Historia de las elecciones en Iberoamérica, siglo XIX*, Buenos Aires, Fondo de Cultura Económica, 1995; Raffaele Romanelli, "Sistemas electorales y estructuras sociales. El siglo XIX europeo", en Salvatore Forner (coord.), *Democracia, elecciones y modernización en Europa, siglos XIX y XX*, Madrid, Cátedra, 1997.

[6] Frank O'Gorman, *Voters, patrons, and parties. The Unreformed Electoral System of Hanoverian England 1734-1832*, Oxford, Clarendon Press, 1989. John A. Phillips, *The Great Reform Bill in the Boroughs*, Oxford, Clarendon Press Oxford, 1992; *Electoral Behavior in Unreformed England. Plumpers, Splitters, and Straightes*, Princeton, New Jersey, Princeton University Press, 1982.

[7] Tulio Halperin Donghi, *Revolución y Guerra. Formación de una elite dirigente en la Argentina criolla*, Buenos Aires, Siglo XXI, 2002; *Historia Argentina. De la revolución de independencia a la confederación rosista*, Buenos Aires, Paidós, 1980. Natalio Botana, *La Tradición Republicana*, Buenos Aires, Suda-

mericana, 1984; *El Orden Conservador. La política argentina entre 1880 y 1916*, nueva edición con un estudio preliminar, Buenos Aires, Sudamericana, 1994.

[8] José Carlos Chiaramonte, *Ciudades, Provincias, Estados. Orígenes de la Nación Argentina*, Buenos Aires, Ariel, 1997; "Vieja y Nueva representación. Las elecciones en Buenos Aires 1810-1820", en Antonio Annino (coord.), *Historia de las elecciones...*; "Ciudadanía, soberanía y representación en la génesis del Estado Argentino, 1810-1852", en Hilda Sabato (coord.), *Ciudadanía política y formación de las naciones. Perspectivas históricas de América Latina*, México, Fideicomiso Historia de las Américas, Fondo de Cultura Económica, 1999.

[9] Hilda Sabato, *La política en las calles...*; Hilda Sabato (coord.), *Ciudadanía política...*; "Ciudadanía, participación política y la formación de la esfera pública en Buenos Aires, 1850-1880", *Entrepasados*, año IV, n° 6, 1994; Hilda Sabato y Elías Palti, "¿Quién votaba en Buenos Aires? Práctica y teoría del sufragio, 1850-1880", en *Desarrollo Económico*, n° 119, oct-dic. 1990; Hilda Sabato y Ema Cibotti, "Hacer política en Buenos Aires: los italianos en la escena pública porteña 1860-1880", en *Boletín del Instituto de Historia Argentina y Americana "Dr. Emilio Ravignani"*, 3ª serie, n° 2, 1er semestre de 1990.

[10] François Guerra, *Modernidad e Independencias. Ensayos sobre las revoluciones hispánicas*, Madrid, MAPFRE, 1992; "La metamorfosis de la representación en el siglo XIX", en *Democracias posibles. El desafío latinoamericano*, Georges Couffignal (comp.), Buenos Aires, Fondo de Cultura Económica, 1993; Pilar González Bernaldo, *Civilidad y política en los orígenes de la Nación Argentina*, Buenos Aires, Fondo de Cultura Económica, 2001; Jorge Myers, *Orden y Virtud. El discurso republicano en el régimen rosista*, Buenos Aires, Universidad Nacional de Quilmes, 1995; Noemí Goldman, *Historia y Lenguaje. Los discursos de la Revolución de Mayo*, Buenos Aires, CEAL, 1992; "Legalidad y legitimidad en el caudillismo. Juan Facundo Quiroga y La Rioja en el interior de las Provincias Unidas del Río de la Plata (1810-1835)", en *Boletín del Instituto de Historia Argentina y Americana "Dr. Emilio Ravignani"*, 3ª serie, n° 7, 1er semestre de 1993; Alberto Lettieri, *La república de las Instituciones*, Buenos Aires, El Quijote, 2000.

[11] En los últimos años han comenzado a investigarse cuestiones asociadas a los procesos electorales en varias provincias argentinas –según reflejan las ponencias presentadas en los últimos congresos realizados en el país–, cuyos resultados aún no tienen amplia difusión dado el carácter prelimi-

nar de muchos de ellos y las dificultades que supone la posibilidad de publicarlos. Entre los que han alcanzado esta última condición, se destacan los siguientes: Beatriz Bragoni, *Los hijos de la revolución. Familia, negocios y poder en Mendoza en el siglo XIX*, Buenos Aires, Taurus, 1999; Noemí Goldman y Sonia Tedeschi, "Los tejidos formales del poder. Caudillos en el interior y el litoral rioplatenses durante la primera mitad del siglo XIX" en Noemí Goldman y Ricardo Salvatore (comps.), *Caudillismos rioplatenses...*; Gabriela Tio Vallejo, "La buena administración de justicia y la autonomía del Cabildo. Tucumán, 1770-1820", en *Boletín del Instituto de Historia Argentina y Americana "Dr. Emilio Ravignani"*, 3ª serie, nº 18, 2do semestre de 1998.

[12] Tulio Halperin Donghi, *Historia Contemporánea de América Latina*, Buenos Aires-Madrid, Alianza Editorial, 1990.

[13] Los procesos electorales rioplatenses en la década revolucionaria han sido analizados recientemente por José Carlos Chiaramonte (en colaboración con Marcela Ternavasio y Fabián Herrero) en "Vieja y nueva representación....". Véase también Genevieve Verdo, *Les 'Provinces desunies du Rio de la Plata'. Representation politique et souveraineté dans l'independence argentine (1808-1821)*, Tesis de Doctorado, Universidad de París I, 1998.

[14] Antonio Annino (coord.), *Historia de las elecciones en Iberoamérica...*; Hilda Sabato (coord.), *Ciudadanía política...*; Eduardo Posada Carbó, *Elections before Democracy: The History of Elections in Europe and Latin America*, London, Institute of Latin American Studies, University of London, Macmillan Press, 1996. La imposición de un "sufragio amplio" en el área hispanoamericana no significa negar la existencia de regímenes de tipo censatario como los que existieron en Colombia o Chile para el período que nos ocupa ni la de otro tipo de exclusiones no derivadas de los criterios clásicos del censo o la propiedad. Veáse de David Bushnell, "El sufragio en la Argentina y en Colombia hasta 1853", *Revista del Instituto de Historia del Derecho "Ricardo Levene"*, Buenos Aires, nº 19, 1963; para el caso chileno, Samuel Valenzuela: "Building aspects of democracy before democracy: electoral practices in nineteenth century Chile", en Eduardo Posada-Carbó, *Elections....*

[15] José Carlos Chiaramonte, "Acerca del origen del Estado", *Anuario IEHS*, nº 10, 1995.

[16] Antonio Annino, "Soberanías en lucha", en Antonio Annino, Luis Castro Leiva y François Guerra, *De los Imperios a las Naciones. Iberoamérica*, Zaragoza, Ibercaja, 1993.

[17] Además de los trabajos ya citados de J. C. Chiaramonte y G. Verdo, véa-

se de Darío Roldán, "La cuestión de la representación en el origen de la política moderna. Una perspectiva comparada (1770-1830)", ponencia presentada en Jornadas Internacionales *La política en la Argentina del siglo XIX. Nuevos enfoques e interpretaciones,* Facultad de Filosofía y Letras, UBA., 22-24 de agosto de 2001.

[18] *Estatutos, Reglamentos y Constituciones Argentinas (1811-1898)*, Buenos Aires, Universidad de Buenos Aires, 1956, pp. 33 y sgtes.

[19] Sobre los efectos producidos en el nivel electoral en los territorios americanos que aplicaron la Constitución gaditana, véanse los trabajos incluidos en el volumen dirigido por Antonio Annino, *Historia de las elecciones...*

[20] Sesión del 21 de agosto de 1818 del Congreso Constituyente, en Emilio Ravignani, *Asambleas Constituyentes Argentina seguidas de los textos constitucionales, legislativos y pactos interprovinciales que organizaron políticamente la Nación,* Buenos Aires, Facultad de Filosofía y Letras, 1937, p. 373.

[21] François X. Guerra, *Modernidad e Independencias....;* "El Soberano y su Reino. Reflexiones sobre la génesis del ciudadano en América Latina", en Hilda Sabato (coord.), *Ciudadanía política...*

[22] "Convocando a elecciones para diputados a la Asamblea General", Buenos Aires, 24 de octubre de 1812, *Registro Nacional...*, p. 185.

[23] Pierre Rosanvallon, *Le sacré du citoyen...*

[24] Carlos Cansanello, "De súbditos a ciudadanos. Los pobladores rurales bonaerenses entre el antiguo régimen y la modernidad", en *Boletín del Instituto de Historia Argentina y Americana "Dr. Emilio Ravignani",* 3ª serie, nº 11, 1er semestre, 1995.

[25] Sobre la composición social de ciudad y campaña en esos años, véase Juan Carlos Garavaglia y José Luis Moreno (comps.), *Población, Sociedad, Familia y migraciones en el espacio rioplatense. Siglos XVIII y XIX,* Buenos Aires, Cántaro, 1993.

[26] Cabe aclarar que la posición de revocar la figura del mandato e imponer la noción de que los diputados eran representantes de la nación, fue enunciada en diversas oportunidades durante la década. Propugnada, en general, por quienes pretendían una organización centralizada para el futuro Estado, fue claramente expresada, por ejemplo, en la Asamblea del Año XIII, por quien la presidía, Carlos María de Alvear: "Los diputados de las Provincias Unidas son diputados de la nación en general, sin perder por esto la denominación del pueblo a que deben su nombramiento, no pudiendo de ningún modo obrar en comisión". Sesión del 8 de marzo de 1813, en *El Redactor de la Asamblea,* nº 3, 13/3/1813, pp. 9-10.

[27] Fabián Herrero, "Buenos Aires, año 1816. Una tendencia confedera-

cionista", en *Boletín del Instituto de Historia Argentina y Americana "Dr. Emilio Ravignani"*, 3ª serie, nº 12, 2do semestre de 1995.

[28] *Junta de Observación*, sesión del 17 de junio de 1816. *La Gaceta de Buenos Aires*, 29 de junio de 1816.

[29] En el ejemplo citado, el Director interino apoyaba el movimiento provincialista y el mecanismo de cabildo abierto, mientras que el Cabildo y la Junta de Observación se oponían a dicho movimiento defendiendo el régimen representativo para dirimir el asunto en disputa. Sobre el desarrollo de este conflicto en el plano estrictamente electoral, véase de José Carlos Chiaramonte en colaboración con Marcela Ternavasio y Fabián Herrero, "Vieja y Nueva Representación...".

[30] Sobre la participación de la "plebe" en la década revolucionaria, véase de Tulio Halperin Donghi, *Revolución y Guerra...* De Gabriel Di Meglio, "La participación política de la plebe urbana de Buenos Aires en la década de la revolución", Tesis de Licenciatura, Facultad de Filosofía y Letras, UBA, 2000.

[31] *Sesiones de la Junta Electoral en Buenos Aires...*, Acta de Arrecifes, Areco, Pergamino y Salto del 1º de agosto de 1815. Carlos Correa Luna, *Documentos para la Historia Argentina*, Instituto de Investigaciones Históricas de la Facultad de Filosofía y Letras, tomo VIII, Buenos Aires, 1917.

[32] *La Gaceta de Buenos Aires*, nº 165, 22 de marzo de 1820.

[33] José Carlos Chiaramonte, *Ciudades, provincias...*

[34] Fabián Herrero, "Mil ochocientos veinte: una revolución en Buenos Aires", Tesis doctoral, *Federalistas de Buenos Aires. Una mirada sobre la política posrevolucionaria, 1810-1820*, Facultad de Filosofía y Letras, UBA, 2000.

[35] Cabe destacar el trabajo de Ricardo Levene, "La anarquía del año '20 en Buenos Aires desde el punto de vista institucional", en *Acuerdos de la Honorable Junta de Representantes de la Provincia de Buenos Aires (1820-1821)*, Publicaciones del Archivo Histórico de la Provincia de Buenos Aires, La Plata, 1932, vol. 1.

[36] *Acuerdos de la Honorable Junta de Representantes... (1820-21)...*, p. 14.

[37] "Acuerdo de la H. Junta de representantes de Buenos Aires", 4 de marzo de 1820, *Acuerdos...*, p. 26.

[38] *Acuerdos de la Honorable Junta de Representantes...*, p. XXX.

[39] "Acuerdos del extinguido Cabildo de Buenos Aires", Archivo General de la Nación (AGN), Libro 83, 17 de marzo de 1820.

[40] *La Gaceta de Buenos Aires*, nº 169, 26 de abril de 1820.

[41] "Circular a los Alcaldes de Barrio del 21 de abril de 1820", AGN, sala 7, Colección Celesia, Impresos 1820, legajo 2.472.

[42] Citado en la Introducción de Ricardo Levene a los *Acuerdos de la H. Junta...*, p. LIII.

[43] "Acuerdo del 30 de abril de 1820", *Acuerdos de la H. Junta...*

[44] Bartolomé Mitre, *Historia de Belgrano y de la independencia argentina*, tomo IV, Buenos Aires, Estrada, 1947, p. 266.

[45] "Acuerdo del 20 de junio de 1820", *Acuerdos de la H. Junta...*, pp. 91-92.

[46] "Memorial presentado al Cabildo de Buenos Aires por la Junta de Representantes de la provincia, instalada en la Villa del Luján". En Gregorio Rodríguez, *Contribución histórica y documental*, tomo 1, Buenos Aires, Peuser, 1921.

[47] Las refutaciones aquí señaladas estuvieron a cargo de los representantes electos por la ciudad para la Junta Electoral que designó gobernador a Dorrego, del Cabildo de Buenos Aires y de la prensa local, especialmente de *La Gaceta de Buenos Aires*. Véanse al respecto los *Acuerdos de la H. Junta de Representantes de Buenos Aires* en las siguientes fechas: 2-7-1820, 3-7-1820, 4-7-1820, pp. 100-105. De *La Gaceta de Buenos Aires* véanse los documentos reproducidos en las siguientes fechas: 5-7-1820, 13-7-1820, 26-7-1820, 2-8-1820, 9-8-1820.

[48] "Acta de los representantes de la campaña fechada en la Villa del Luján el 1º de julio de 1820", en *La Gaceta de Buenos Aires*, nº 10, 5 de julio de 1820.

[49] *Gaceta Extraordinaria de Buenos Aires*, 13 de julio de 1820.

[50] "Acuerdo del 12 de septiembre de 1820", en *Acuerdos de la H. Junta...*, p. 115.

[51] "Acuerdo del 26 de septiembre de 1820" en *Acuerdos de la H. Junta...*, p. 131.

[52] *La Gaceta de Buenos Aires*, 13 de octubre de 1820.

[53] *Gaceta Extraordinaria de Buenos Aires*, jueves 14 de diciembre de 1820. La bastardilla es nuestra.

[54] *La Estrella del Sud*, nº 1, 9 de septiembre de 1820.

[55] "Carta de un ciudadano de Buenos Aires a los ciudadanos forzados por Alvear para componer un Congreso que lo aclame gobernador", firmada por "Soy de V. un hombre saqueado por las tropas de Carrera en la Punta de San Fernando", fechada el 24 de julio de 1820. En AGN, sala 7, Colección Celesia, Impresos 1820, legajo 2472.

[56] *La Gaceta de Buenos Aires*, nº 25, 18 de octubre de 1820.

[57] "Ilustración sobre las causas de nuestra anarquía y del modo de evitarla". Firmado por "Don F. S y dada a luz por un amigo suyo", Buenos Aires, Imprenta de Phocion, 1820. AGN, sala 7, Colección Celesia, Impresos 1820, legajo 2472.

[58] "Breve examen del sistema que debe adoptar la provincia de Buenos Aires con respecto a los pueblos hermanos para conservar la libertad e independencia que ha proclamado, compendiada en dos cartas escritas desde la Colonia del Sacramento", 22 de agosto de 1820. AGN, sala 7, Colección Celesia, Impresos 1820, legajo 2472.

[59] *El Argos*, n° 6, 16 de junio de 1821.

[60] Sobre las reformas rivadavianas, véase: Tulio Halperin Donghi, *Revolución y Guerra...*; Sergio Bagú, *El plan económico del grupo rivadaviano (1811-1827)*, Rosario, Facultad de Filosofía y Letras, Universidad Nacional del Litoral, 1966.

[61] Pese a no tener trabas censatarias, la Constitución del año VIII excluyó a los domésticos asalariados del derecho de voto. Sin embargo, la sensación de ruptura advertida por los contemporáneos franceses –para quienes en materia de derecho de sufragio se había dado un salto cualitativo– se expresó a través de la utilización, por primera vez, del término "*sufragio universal*". El mismo fue utilizado en un artículo publicado por Mallet du Pan en el *Mercurio Británico* para comentar las nuevas disposiciones constitucionales. Pierre Rosanvallon, *Le sacré du citoyen*...

[62] Esteban Echeverría, el *Dogma Socialista* y *Una ojeada retrospectiva*, en *Obras Completas*, Buenos Aires, Claridad, 1945.

[63] Ricardo Picirilli, *Rivadavia y su tiempo*, Buenos Aires, Peuser, 1943.

[64] *The Correspondence of Jeremy Bentham*, Clarendon Press, Oxford, 1989.

[65] Jonathan Harris, "Bernardino Rivadavia and Benthamite 'discipleship'", en *Latin American Research Review*, volume 33, number 1, 1998.

[66] Sobre los puntos de contacto entre Bentham y Rivadavia se pueden consultar los siguientes trabajos: Klaus Gallo, "Un caso de utilitarismo rioplatense: la influencia del pensamiento de Bentham en Rivadavia", Working Papers, Universidad Torcuato Di Tella, 1998; Fernando Aliata, "El Teatro de la Opinión. Proyecto político y formalización arquitectónica. La Sala de Representantes de Buenos Aires", *La ciudad regular. Arquitectura, programas e instituciones del Buenos Aires posrevolucionario*, Tesis doctoral, Facultad de Filosofía y Letras, UBA, 2000; Beatriz Dávilo, "Moral, política y legislación: una propuesta utilitarista en busca de ejecutores. Jeremy Bentham e Hispanoamérica (1805-1825)", en *Espacios, Memoria e identidad*, Rosario, UNR editora, 2001.

[67] Algunos periódicos se encargaron de criticar el sufragio amplio sancionado en 1821. *El Argos de Buenos Aires*, perteneciente a la Sociedad Literaria, proponía en 1823 reformar el régimen electoral dando derecho de voto sólo a aquellos que tuvieran "un fondo productivo, una propiedad

o un capital de que subsistan", excluyendo a "aquellas personas de la plebe que se encuentran en una situación tan abatida, que están reputadas por no tener voluntad propia", nº 103, 24 de diciembre de 1823, tomo 2, p. 267. *El Nacional*, periódico publicado entre 1824 y 1826, también cuestionó el sufragio amplio con los mismos argumentos que lo había hecho *El Argos*. Entre los redactores del diario figuran Valentín Alsina, José Manuel García, Julián Segundo de Agüero, Palacios y San Martín.

[68] Ley de Elecciones, Buenos Aires, 14 de agosto de 1821, *Recopilación de las Leyes y Decretos promulgados en Buenos Aires desde el 25 de mayo de 1810 hasta fin de diciembre de 1835*, primera parte, Buenos Aires, 1836, p. 173, art. 2º.

[69] "Minuta de decreto que establece las condiciones necesarias para elegir y ser elegido miembro de la H. Junta de Representantes y prescribe el orden y método de las elecciones", Imprenta de la Independencia, agosto de 1821, AGN, sala 7, Colección Celesia, Impresos 1821-1823, legajo 2474, folios 1 y 2. La comisión redactora de la ley estuvo formada por Bernardino Rivadavia, Juan José Paso y Manuel García.

[70] Benjamín Constant, *Principios de Política*, en *Escritos Políticos*, Centro de Estudios Constitucionales, Madrid, 1989.

[71] *El Centinela*, nº 21, 15 de diciembre de 1822.

[72] Carta de Rivadavia a Juan Martín de Pueyrredón, fechada en París el 22 de marzo de 1817, un mes y medio después de haber sido sancionada la ley electoral en Francia. Reproducida en *Bernardino Rivadavia. Páginas de un estadista*. Prólogo de A. Capdevila, Buenos Aires, Elevación, 1945, pp. 57-58.

[73] Propuesta formulada por el diputado Millán, reproducida en *El Argos de Buenos Aires*, nº 19, 14 de agosto de 1821.

[74] "Acuerdo del 5 de diciembre de 1821", en *Acuerdos..*, pp. 327-328.

[75] Véanse especialmente los siguientes trabajos: Carlos Heras, *La supresión del Cabildo de Buenos Aires*, Humanidades, tomo XI, Buenos Aires, Coni, 1925; José María Sáenz Valiente, *Bajo la campana del cabildo*, Buenos Aires, 1952, cap. XVI.

[76] Desde la creación del Cabildo de Luján a comienzos del siglo XVIII, los conflictos jurisdiccionales con el Cabildo de Buenos Aires no cesaron. Este último ejercía su potestad sobre las tierras que se extendían hasta las proximidades del Río Salado, quedando excluidas aquellas que lo eran del Cabildo de Luján: Villa del Luján, sus contornos y los partidos de Pilar, Cañada de la Cruz y San Antonio de Areco.

[77] Marcela Ternavasio, "La supresión del Cabildo de Buenos Aires, ¿crónica de una muerte anunciada?", en *Boletín del Instituto de Historia Argenti-*

na y Americana "Dr. Emilio Ravignani", 3ª serie, nº 21, 1er semestre de 2000.
[78] *Acuerdos de la H. Junta de Representantes...*, sesión del 5 de diciembre de 1821, pp. 327-328.
[79] *Acuerdos de la Honorable Junta de Representantes...*, sesión del 19 de diciembre de 1821. La bastardilla es nuestra.
[80] La elección de las autoridades de mesa se debía hacer una hora antes de la apertura, estipulada para las 10 de la mañana. Según el artículo 12º "las atribuciones de la mesa son el excluir al que no sea hábil para elegir, conforme al artículo segundo; prevenir la nulidad de los votos por personas que no sean elegibles, con arreglo al artículo tercero...". Respecto de esta atribución, un diputado de la Sala reconocía en 1827: "La ley, que ha confiado a cinco vecinos, que deben conocer todas las personas de su barrio, supone que ellos tienen todo el conocimiento que se requiere para saber que los que votan residen en el cuartel que dicen, y si tienen las demás calidades que previene la ley", *Diario de Sesiones de la H. Junta de Representantes de la provincia de Buenos Aires*, sesión nº 50, 11 de diciembre de 1827, pp. 8-9.
[81] Diputado Anchorena, intervención reproducida en *El Constitucional de 1833. Diario Político, Literario y Mercantil*, nº 29, 10 de agosto de 1833, tomo 1.
[82] AGN, sala 7, Colección Celesia, Impresos 1820, legajo 2472.
[83] Un Inglés. *Cinco años en Buenos Aires: 1820-1825*, Buenos Aires, Hyspamérica, 1986, pp. 150-151.
[84] Raffaele Romanelli, "Sistemas electorales y estructuras sociales..."
[85] Pilar González Bernaldo, *Civilidad y política...*; Jorge Myers, *Orden y Virtud...*; "Una revolución en las costumbres: las nuevas formas de sociabilidad de la elite porteña, 1800-1860", en Fernando Devoto y Marta Madero (dir.), *Historia de la vida privada en la Argentina. País antiguo: de la colonia a 1870*, Buenos Aires, Taurus, 1999; Noemí Goldman, "Libertad de imprenta, opinión pública y debate constitucional en el Río de la Plata (1810-1827)", *Prismas, Revista de Historia Intelectual*, nº 4, 2000.
[86] *El Argos de Buenos Aires*, nº 20, 27 de marzo de 1824.
[87] *El Correo de las Provincias*, nº 3, 15 de diciembre de 1822.
[88] *El Centinela*, nº 26, 26 de enero de 1823.
[89] *El Correo de las Provincias*, nº 4, 1º de enero de 1823.
[90] *El Nacional*, nº 39, 22 de diciembre de 1825.
[91] *El Nacional*, nº 38, 15 de diciembre de 1825.
[92] Véase *AGN, Sección Gobierno Nacional, Elecciones, Actas, Padrones, Antecedentes*, sala X, Leg: 43-10-3 (años 1825-1838), Leg: 30-7-8 (años 1821-1838).

[93] *El Nacional*, nº 39, 22 de diciembre de 1825.

[94] De un total de 125 representantes entre 1820 y 1826, 17 se repitieron en el cargo más de tres veces mientras que 24 diputados ocuparon el cargo dos veces y la gran mayoría –84 representantes– lo hicieron sólo una vez.

[95] Tulio Halperin Donghi, *Revolución y guerra*....

[96] *El Correo de las Provincias*, nº 6, 23 de enero de 1823.

[97] *El Argentino*, nº 12, viernes 14 de marzo de 1825.

[98] Un Inglés. *Cinco años en Buenos Aires...*, p. 150.

[99] *El Argos de Buenos Aires*, nº 27, 21 de abril de 1824.

[100] Jorge Myers, "Julián Segundo de Agüero (1776-1851): un cura borbónico en la construcción del nuevo Estado" en N. Calvo, R. Di Stefano y K. Gallo (dir.), *Los curas de la revolución*, Buenos Aires, EMECE, en prensa.

[101] *El Argos de Buenos Aires*, nº 21, 31 de marzo de 1824.

[102] Carta de Valentín Gómez a Carlos de Alvear, fechada en Buenos Aires el 22 de abril de 1824. Reproducida en Gregorio Rodríguez, *Contribución histórica...*, tomo 2, p. 253.

[103] Se declaraba a la ciudad de Buenos Aires, capital del Estado y la provincia quedaba dividida en dos partes: la jurisdicción capitalina y la jurisdicción provincial. Esta última, a su vez, quedaba dividida en dos distritos: las provincias del Salado y del Paraná, con capitales en Chascomús y San Nicolás, respectivamente. El gobierno de la Provincia de Buenos Aires cesaba en el ejercicio de sus funciones, quedando de este modo suprimidas las instituciones políticas provinciales creadas en 1821. *Registro Oficial de la República Argentina*, tomo 2: 1822-1852.

[104] *The British Packet*, nº 18, 2 de diciembre de 1826.

[105] Es ilustrativa, al respecto, la representación que Nicolás Anchorena envió al Congreso –acompañando una petición firmada por varios propietarios de la campaña, entre los que se encontraba Juan Manuel de Rosas– en la que se exponen las razones por las que dicho sector se oponía tajantemente al proyecto. Estas apuntaban a destacar los aspectos económicos que se verían afectados con la división propuesta y a subrayar la unidad socio-económica de ciudad y campo. *Archivo Histórico de la Provincia de Buenos Aires, Documentos del Congreso general Constituyente de 1824-1827*, tomo XIII, La Plata, 1949, pp. 279-285.

[106] Carta de Ignacio Núñez a Bernardino Rivadavia, Buenos Aires, 21 de enero de 1825. Reproducida en Ricardo Picirilli, *Rivadavia y su tiempo...*, tomo 2, apéndice documental, pp. 562-563.

[107] La crítica puede encontrarse en los siguientes números del periódi-

co: nº 17 del 14 de abril de 1825, nº 18 del 21 de abril de 1825, nº 19 del 28 de abril de 1825 y nº 20 del 5 de mayo de 1825.

[108] *El Argentino*, nº 5, viernes 14 de enero de 1825.

[109] Véase *El Nacional* en las siguientes fechas del año 1825: nº 8 del 10 de febrero; nº 9 del 17 de febrero; nº 10 del 24 de febrero.

[110] Sobre el liberalismo y el concepto de unanimidad, véase de Elías Palti, "El legado como problema (a propósito de la ponencia de Hilda Sabato)", en Carlos Altamirano (ed.), *La Argentina en el siglo XX*, Buenos Aires, Ariel-Universidad de Quilmes, 1999.

[111] El propio vocero de aquel grupo así lo reconocía: "algunos de los nuevamente electos se desviaron de la oposición; y esto fortificó algo más el partido que se intentaba combatir", *El Argentino*, nº 3, viernes 31 de diciembre de 1824. Valentín Gómez también lo admitía al afirmarle a Alvear en una carta fechada el 20 de junio de 1824 que "el partido de oposición que apareció en la Sala ha sido rendido. La opinión pública se ha pronunciado contra él y lo han abandonado muchos de los nuevos diputados con cuyas opiniones contaban".

[112] *El Argentino*, nº 12, 14 de marzo de 1825.

[113] *El Nacional*, nº 15, 31 de marzo de 1825.

[114] *Diario de sesiones de la H. Junta de Representantes...*, sesión nº 14, 15 de septiembre de 1827, p. 8.

[115] *El Argentino*, nº 25, 18 de junio de 1825.

[116] "Discurso del Dr. Ugarteche...", *El Argentino*, nº 19, 6 de mayo de 1825.

[117] AGN, Archivo de Policía, sala X, Leg: 32-10-3, libro VI, año 1823, folio 1, 2 de enero de 1823.

[118] AGN, Archivo de Policía, sala X, Leg: 32-10-2, libro V, año 1822, folio 73, 19 de agosto de 1922.

[119] En 1825 se suprimieron los juzgados de primera instancia de la campaña, disponiéndose, además, que las funciones de los Comisarios de Policía, cuyos empleos habían quedado sin efecto por ley del 2 de noviembre de 1824, fuesen ejercidas "(...) por ahora por los jueces de paz, tanto en parte civil, como en lo criminal y judiciario". En todo lo concerniente al ramo de policía, los jueces de paz dependerían del Jefe de Policía. Por ley del 22 de julio de 1825 se restablecieron los empleos de Comisario de Policía de campaña y por decreto del 28 de julio se designaron 8 comisarías, con las mismas secciones y atribuciones anteriormente asignadas. Desde ese momento los jueces de paz volvieron a ejercer las funciones que tenían antes. En 1829, los jueces de paz reabsorbieron, nuevamente, las atribuciones de policía, consolidándose definitivamente por

el acuerdo del 17 de febrero de 1831 donde se dispuso el retiro de algunos comisarios de campaña. Finalmente, por circular del 6 de octubre de 1836 aparecieron los jueces de paz como encargados de las funciones de comisarios. Véase al respecto de Benito Díaz, *Juzgados de Paz de Campaña de la provincia de Buenos Aires (1821-1854)*, Universidad Nacional de La Plata, Facultad de Humanidades y Ciencias de la Educación, Departamento de Historia, 1952.

[120] *El Teatro de la Opinión*, suplemento nº 6, 27 de junio de 1823.

[121] Reproducida en *El Nacional*, nº 15, 31 de marzo de 1825.

[122] *El Argentino*, nº 12, 14 de marzo de 1825.

[123] *El Argentino*, nº 13, 18 de marzo de 1825.

[124] La ley electoral de 1821 no exceptuó del voto a soldados veteranos y cabos hasta que por ley del 15 de septiembre de 1827 se prohibió votar a la tropa veterana. *Registro oficial de la República Argentina*, tomo 2: 1822-1852.

[125] *El Centinela*, nº 25, 19 de enero de 1823.

[126] *El Correo de las Provincias*, nº 6, 23 de enero de 1823.

[127] *El Nacional*, nº 15, 31 de marzo de 1825.

[128] *El Constitucional de 1833*, nº 12, 22 de julio de 1833.

[129] *El Centinela*, nº 26, 26 de enero de 1823.

[130] *El Nacional*, nº 21, 12 de mayo de 1825. La bastardilla es nuestra.

[131] *El Argentino*, nº 18, 29 de abril de 1825; *El Argentino*, nº 19, 6 de mayo de 1825.

[132] *El Nacional*, nº 19, 28 de abril de 1825.

[133] Reproducido en *El Argentino*, nº 19...

[134] "Discurso del Dr. Ugarteche...", reproducido en *El Argentino*, nº 19...

[135] *El Nacional*, nº 15, 31 de marzo de 1825.

[136] *El Nacional*, nº 15...

[137] *El Argentino*, nº 13, 18 de marzo de 1825.

[138] *El Centinela*, nº 28, 9 de febrero de 1823.

[139] Reproducido en *El Argentino*, nº 15, 9 de abril de 1825.

[140] De las 17 personas que se repiten en más de tres oportunidades en el cargo de representante de la Sala entre 1820 y 1826, sólo 6 volvieron a ser miembros de la misma después de 1827 y sólo 3 reaparecieron en la etapa en la que Rosas asumió con la suma del poder público.

[141] *La Crónica Política y Literaria de Buenos Aires*, 5 de agosto de 1827.

[142] *El Liberal. Diario Político y Mercantil*, nº 72, 27 de mayo de 1828.

[143] Jorge Myers. *Orden y Virtud...*, p. 27.

[144] *El Tiempo. Diario Político, Literario, Mercantil*, nº 5, 6 de mayo de 1828.

[145] *Diario de Sesiones de la H. Junta...*, sesión n° 14, 15 de septiembre de 1827, pp. 3-20.
[146] *La Crónica...*, 28 de julio de 1827. La bastardilla es nuestra.
[147] *La Gaceta Mercantil*, 23 de julio de 1827.
[148] Denuncia que ya aparece formulada en 1827 (en el *Diario de Sesiones...*, sesión n° 50 del 11 de diciembre de 1827) y que se generaliza en las elecciones de 1828.
[149] *Diario de Sesiones...*, tomo 3, sesión n° 105, 3 de junio de 1828, p. 3.
[150] *El Tiempo*, n° 65, 26 de agosto de 1828.
[151] Proclama reproducida en *El Tiempo*, n° 321, 6 de julio de 1829.
[152] Acta de la Asamblea realizada en la Iglesia de San Francisco el 1° de diciembre de 1828, reproducida en *El Tiempo*, n° 175...
[153] Entre los contemporáneos, Berutti hablaba de "la asoladora guerra de la ciudad de Buenos Aires con su campaña", en *Memorias Curiosas*, en Biblioteca de Mayo, Colección de Obras y Documentos, Buenos Aires, Senado de la Nación, tomo IV, 1960, p. 4027. Ricardo Levene, interpreta, por otro lado, que los pactos firmados luego de concluida la guerra "pertenecen al tipo de acuerdo entre los representantes de la campaña y la ciudad que tiene precedentes desde la asonada del 5 y 6 de abril de 1811 y sobre todo en el año '20", en *Historia de la Nación Argentina*, Academia Nacional de la Historia, vol. VII, Buenos Aires, El Ateneo, 1950, p. 250.
[154] Citado en Ricardo Levene, *Historia de la Nación....*, p. 251.
[155] Carta de Lavalle a Rosas, Buenos Aires, 16 de julio de 1829. Gregorio Rodríguez, *Contribución Histórica*, tomo 2, pp. 418-423.
[156] *El Tiempo*, n° 317, 1° de julio de 1829.
[157] *El Tiempo*, n° 320, 4 de julio de 1829.
[158] *El Tiempo*, n° 333, 21 de julio de 1829.
[159] *The British Packet*, n° 154, 1° de agosto de 1829, p. 255.
[160] *El Lucero*, n° 65, 23 de noviembre de 1829.
[161] *El Tribuno*, n° 30, 20 de enero de 1827.
[162] *El Liberal*, n° 174, 30 de septiembre de 1828.
[163] Jorge Myers, *Orden y Virtud...*, p. 18.
[164] *El Clasificador*, n° 123, 30 de abril de 1831.
[165] *El Clasificador*, n° 11, 29 de julio de 1830.
[166] Nota enviada por el gobernador a la Sala de Representantes, 7 de mayo de 1832. *Diario de sesiones....*, tomo 13, sesión 267, 11 de mayo de 1832, pp. 14-17.
[167] De los 19 diputados que rechazaron el proyecto de renovar las facultades extraordinarias, 13 habían sido electos en abril de 1832. Sólo 7 re-

presentantes aprobaron el proyecto, registrándose varias ausencias en el recinto.

[168] *The British Packet*, nº 329, 8 de diciembre de 1832.

[169] *La Gaceta Mercantil*, 18 de abril de 1833.

[170] Carta de Juan R. Balcarce a Juan M. de Rosas, Buenos Aires, 1º de julio de 1833. Ernesto Celesia, *Rosas. Aportes para su historia*. Buenos Aires, Peuser, apéndice documental, tomo 1, p. 387.

[171] Carta de Felipe Arana a Juan Manuel de Rosas, 26 de marzo de 1833. Ernesto Celesia, *Rosas...*, tomo 1, p. 397.

[172] *La Gaceta Mercantil*, 27 de abril de 1833.

[173] *La Gaceta Mercantil*, 22 de abril de 1833.

[174] La correspondencia citada a continuación está reproducida en los respectivos apéndices documentales de los volúmenes ya citados de Ernesto Celesia, *Rosas...*

[175] *La Gaceta Mercantil*, 29 de abril de 1833.

[176] Carta de Vicente González a Juan M. de Rosas, Monte, 29 de abril de 1833, Ernesto Celesia, *Rosas...*, pp. 449-450.

[177] Conde Montero, "Doña Encarnación Ezcurra de Rosas. Correspondencia inédita", en *Revista Argentina de Ciencias Políticas,* tomo 27, 1923-1924.

[178] *El Constitucional...*, nº 13, 23 de julio de 1833.

[179] Carta de Vicente González a J. M. de Rosas, Monte, 17 de julio de 1833, E. Celesia, *Rosas...*, tomo 1, p. 453.

[180] *Diario de Sesiones...*, tomo XV, sesión nº 327, 18 de junio de 1833.

[181] Carta de J. M. de Rosas a F. Quiroga fechada el 3 de febrero de 1831. En *Correspondencia entre Rosas, Quiroga y López*, Buenos Aires, Hachete, p. 48.

[182] Proyecto de Constitución para la provincia de Buenos Aires, Juan P. Ramos, *El Derecho Público de las provincias argentinas, con el texto de las constituciones sancionadas entre 1819 y 1913*, tomo 1, Buenos Aires, Facultad de Derecho y Ciencias Sociales, 1914, p. 170.

[183] *Registro Oficial de la Provincia de Buenos Aires*, Buenos Aires, Imprenta El Mercurio, año 1835, p. 20.

[184] "Nota del Ilustre Restaurador de las Leyes, pidiendo que se reconsidere la ley del 7 de marzo", 16 de marzo de 1835, en *Rasgos de la vida pública del Brigadier General D. Juan Manuel de Rosas. Homenaje de la Sala de Representantes, 1842*, edición facsimilar, Buenos Aires, Freeland, 1975, pp. 94-95.

[185] *Registro Oficial de la Provincia de Buenos Aires...*, año 1835, p. 21.

[186] *La Gaceta Mercantil*, 30 de Marzo de 1835.
[187] *AGN. División Gobierno Nacional, Jueces de Paz*, sala X, Leg.: 29-6-5a.
[188] Mensaje del gobernador a la decimocuarta, 1º de enero de 1837, reproducido en Benito Díaz, *Juzgados de Paz....*, pp. 173-174.
[189] *AGN. División Gobierno Nacional. Elecciones: Padrones, Actas, Antecedentes*: 1825-1838, sala X, Leg.: 43-10-3.
[190] De los datos recogidos para al período que se abre en 1835 se puede observar el grado de concentración del grupo que ocupó estos cargos. Teniendo en cuenta que en 1836 a la ciudad le correspondían 24 representantes y 26 a la campaña, se computan para la ciudad 43 personas que ocuparon el cargo de diputado. De ese total, 7 personas lo ocuparon sólo una vez y lo hicieron entre 1836 y 1837. A partir de esa fecha se consolidó un elenco estable: 20 personas alternaron en el cargo más de cuatro veces, alcanzando la mayoría hasta 6 y 7 repeticiones en el cargo. El resto constituyó un pequeño grupo de personas que reemplazaron a aquellas vacantes producidas –en general– por fallecimiento. En la campaña sucedía lo mismo, presentando un grado aún mayor de concentración. Fueron 34 personas las que en todo el período ocuparon la representación de campaña, de las cuales 4 fueron diputados sólo una vez y dos lo fueron en dos oportunidades. El resto se repitió entre 6 y 7 veces en el cargo.
[191] Entre 1828-1835 el grado de renovación de los diputados fue similar al período anterior (1820-1827). Hubo 130 personajes que ocuparon el cargo de diputado –aunque no fueron los mismos que en el período precedente ya que se produjo una cierta depuración de la elite– de los cuales 76 lo ocuparon sólo una vez y 26 lo hicieron en dos oportunidades. Existió también un elenco estable que se repitió más de tres veces en el cargo (26 casos), de los cuales sólo 6 ya lo habían ocupado en la etapa anterior.
[192] De los 130 personajes que ocuparon el cargo de diputado entre 1828 y 1835, sólo 25 volvieron a hacerlo después de 1835.
[193] De los 19 representantes que le vetaron el proyecto, sólo dos reaparecieron en la Sala luego de 1835.
[194] E. Celesia, *Rosas...*, p. 494.
[195] La documentación citada a continuación se encuentra en *Secretaría de Rosas*, archivo del Instituto Ravignani, 1842-43, carpeta 20, nº 47, legajos 264-65. Dicha documentación ya fue, en parte, utilizada por Emilio Ravignani en "Rosas y sus parodias electorales", *Rosas. Interpretación real y moderna*, Buenos Aires, Pleamar, 1970.

[196] John Lynch, *Juan Manuel de Rosas. 1929-1852*. Buenos Aires, Emecé, 1989, p. 278.

[197] La población de Buenos Aires, según los datos aportados por C. García Belsunce (comp.), *Buenos Aires. Su gente, 1800-1830*, Buenos Aires, 1976, había crecido en la siguiente proporción:

Año	Ciudad	Campo	Total
1797	40.000	32.168	72.168
1822	55.416	62.230	118.646
1836	62.228	80.729	142.957

[198] *Diario de Sesiones*..., tomo XIII, sesión n° 271, 6 de junio de 1832, pp. 1-2.

[199] *Diario de Sesiones*..., tomo II, sesión n° 57, 3 de enero de 1828, pp. 1-7; tomo X, sesión n° 191, 21 de mayo de 1830, pp. 2-8.

[200] Diputado Obligado, *Diario de Sesiones*..., tomo XIII, sesión n° 275, 11 de julio de 1832, p. 6.

[201] Marcela Ternavasio, "Entre el cabildo colonial y el municipio moderno: los juzgados de paz en el Estado de Buenos Aires, 1821-1854". En Marco Bellingieri (coord.), *Dinámicas de antiguo régimen y orden constitucional. Representación, justicia y administración en Iberoamérica. Siglos XVIII-XIX*. Torino, Otto editore, 2000, pp. 295-336.

[202] Carta de Felipe Arana a Juan Manuel de Rosas, 31 de diciembre de 1833, E. Celesia, tomo 1, p. 428.

[203] *AGN. División Gobierno Nacional, Jueces de Paz*, sala X, Leg.: 29-6-5a. La bastardilla es nuestra.

[204] Véanse, entre otros, los trabajos incluidos en: *Anuario IHES*, Tandil, n° 2, 1987; Juan Carlos Garavaglia y José Luis Moreno (comps.), *Población, sociedad, familia y migraciones en el espacio rioplatense. Siglos XVIII y XIX*, Buenos Aires, Cántaro, 1993; Raúl Fradkin (comp.), *La historia agraria del Río de la Plata colonial. Los establecimientos productivos*, Buenos Aires, Centro Editor de América Latina, 1993; Jorge Gelman, "El gaucho que supimos construir. Determinismo y conflictos en la Historia Argentina", *Entrepasados*, año V, n° 9, 1995; Osvaldo Barsky y Jorge Gelman, *Historia del agro argentino. Desde la conquista hasta fines del siglo XX.*, Buenos Aires, Grijalbo-Mondadori, 2001.

[205] Sobre las milicias y fuerzas regulares en el avance de la frontera bonaerense se pueden consultar los trabajos de Tulio Halperin Donghi: "La expansión ganadera en la frontera de Buenos Aires", en Torcuato Di Tella y Tulio Halperin Donghi (comps.), *Los Fragmentos del Poder*, Buenos Ai-

res, Jorge Álvarez, 1969; "La expansión de la frontera de Buenos Aires (1810-1852)" en Marcos Gimenez Zapiola (comp.), *El Régimen Oligárquico. Materiales para el estudio de la realidad argentina hasta 1930*, Buenos Aires, Amorrortu, 1975; más recientemente, "Clase terrateniente y poder político en Buenos Aires (1820-1930)", en *Cuadernos de Historia Regional*, Universidad Nacional de Luján, segunda etapa, nº 15, vol. V, 2do semestre, 1992.

[206] Samuel Greene Arnold, *Viaje por América del Sur: 1847-1848*, Buenos Aires, EMECE, 1951, p. 149.

[207] Tomás de Iriarte, *Memorias*, Buenos Aires, Ed. Argentinas, 1944, p. 88.

[208] Un tipo de poder muy similar al que Michel Foucault definió como "poder pastoral", *La vida de los hombres infames*, Buenos Aires, Altamira, 1993.

[209] Las elecciones realizadas entre 1821 y 1842 muestran los siguientes resultados, según los datos de los escrutinios conservados en AGN y la prensa periódica antes citada:

Elecciones	Ciudad	Campaña
1821	300	S/D (sin datos)
1823	2.300	S/D
1824	1.750	S/D
1824	2.250	2.500
1825	3.800	3.200
1826	500	S/D
1827	1.000	1.657
1829	3.300	No se realizaron
1830	S/D	3.380
1833	4.000	4.290
1836	4.000	S/D
1837	3.500	S/D
1838	4.450	10.550
1839	2.850	5.750
1842	3.050	11.000

[210] Tulio Halperin Donghi, *Historia Argentina. De la revolución...*
[211] AGN, Juzgado de Paz, Chascomús, 1828-1852, sala X, 20-10-7.
[212] AGN, Juzgados de Paz, Capilla del Señor, 1831-1851, sala X, 20-10-6.
[213] AGN, Juzgados de Paz, Chascomús, 1828-1852, sala X, 20-10-7.
[214] *La Gaceta Mercantil*, 1º de abril de 1835.

[215] Sobre ritos y fiestas durante el gobierno de Rosas se puede consultar de Ricardo Salvatore "Fiestas federales e identidad política en Buenos Aires, 1829-1852", *Entrepasados*, año IV, nº 11, 1996.
[216] *Diario de Sesiones...*, sesión 663, 5 de marzo 1840, p. 3.
[217] La documentación citada sobre esta petición de 1840 se halla reproducida en E. Celesia, *Rosas...*, pp. 217-218.
[218] Sobre los vínculos entre las naciones africanas y el régimen rosista, véase de Pilar González Bernaldo, *Civilidad y política...*
[219] *Diario de sesiones...*, tomo 26, nº 665, p. 2.
[220] "Instrucciones del ministro Juan Llerena al Comandante del Fuerte San Carlos para la realización del plebiscito de adhesión a Rosas", 10 de noviembre de 1849, en E. Celesia, *Rosas...*, tomo 2, pp. 496-499.
[221] La documentación citada sobre este episodio se encuentra reproducida en E. Celesia, *Rosas...*, tomo 2, pp. 274 y sgtes.
[222] E. Celesia, *Rosas...*, tomo 2, p. 284.
[223] Jorge Myers, *Orden y Virtud...*, p. 100 y sgtes.
[224] *La Gaceta Mercantil*, 23 de julio de 1835.
[225] *La Gaceta Mercantil*, 24 de julio de 1835.
[226] *Rasgos de la vida pública del Brigadier General Don Juan Manuel de Rosas. Homenaje de la Sala de Representantes, 1842...*, p. XXIX.
[227] Adolfo Saldías. *Historia de la Confederación Argentina. Rosas y su época*, Buenos Aires, Lajouane, 1892, p. 33.
[228] "Carta del Ciudadano Brigadier Juan Manuel de Rosas a la H. Sala de Representantes", 4 de abril de 1835, *Diario de Sesiones...*, sesión 510, 6 de abril de 1835, p. 3.
[229] *Diario de Sesiones...*, sesión nº 510, 6 de abril de 1835, p. 5.
[230] *Diario de Sesiones...*, sesión nº 512, 2 de mayo de 1835, p. 8.
[231] Dip. Eduardo Lahitte, *Diario de Sesiones...*, sesión 534, 17 de junio de 1835, p. 12.
[232] *El Grito Argentino*, nº 31, Montevideo, 16 de junio de 1839.
[233] Tulio Halperin Donghi, *Historia Argentina...*, p. 386.
[234] Sesión del 26 de diciembre de 1850, reproducida en *La Gaceta Mercantil* del 18 de enero de 1851.
[235] Domingo Faustino Sarmiento, *Recuerdos de Provincia*, Buenos Aires, Jackson, 1957.
[236] Tulio Halperin Donghi. *Tradición Política Española e Ideología Revolucionaria de Mayo*, Buenos Aires, Centro Editor de América Latina, 1985, p. 12.
[237] Natalio Botana, *La Tradición Republicana...*, p. 82.
[238] J. Madison, *El Federalista, XIV*, 30 de noviembre de 1787, en *El Federa-*

lista (A. Hamilton, J. Madison y J. Jay), México, Fondo de Cultura Económica, 1994, pp. 52-56.

[239] *El Centinela*, nº 18, 24 de noviembre de 1822.

[240] Hilda Sabato, "Ciudadanía, participación política y la formación de la esfera pública en Buenos Aires, 1850-1880".

Bibliografía

Aliata, Fernando. *La ciudad regular. Arquitectura, programas e instituciones del Buenos Aires posrevolucionario*, Tesis doctoral, Facultad de Filosofía y Letras, UBA, 2000.

———. "Edilicia privada y crecimiento urbano en el Buenos Aires posrevolucionario, 1824-1827", *Boletín del Instituto de Historia Argentina y Americana "Dr. Emilio Ravignani"*, 3ª serie, n° 7, 1er semestre de 1993.

Aliata, Fernando y Munilla, Lía. *Carlo Zucchi y el neoclasicismo en el Río de la Plata*, Buenos Aires, Eudeba, 1998.

Annino, Antonio, Luis Castro Leiva y François Guerra. *De los Imperios a las Naciones. Iberoamérica*, Zaragoza, Ibercaja, 1993.

Annino, Antonio (coord.). *Historia de las elecciones y del espacio político nacional en Iberoamérica en el siglo XIX*, Buenos Aires, Fondo de Cultura Económica, 1995.

Annino, Antonio y Romanelli, Raffaele (comps.). *Notabili, elettori, elezioni. Quaderni Storici*, Nuova serie, 69/a.XXIII, n° 3, dicembre, 1988.

Arendt, Hannah. *Sobre la Revolución*, Buenos Aires, Alianza Editorial, 1992.

Bagú, Sergio. *El plan económico del grupo rivadaviano (1811-1827)*, Rosario, Facultad de Filosofía y Letras, Universidad Nacional del Litoral, 1966.

Barsky, Osvaldo y Jorge Gelman. *Historia del agro argentino. Desde la conquista hasta fines del siglo XX*, Buenos Aires, Grijalbo-Mondadori, 2001.

Bellingeri, Marco (coord.). *Dinámicas de Antiguo Régimen y orden constitucional. Representación, justicia y administración en Iberoamérica. Siglos XVIII-XIX*, Torino, Otto Editore, 2000.

Botana, Natalio. *El Orden Conservador. La política argentina entre*

1880 y 1916, nueva edición con un estudio preliminar, Buenos Aires, Sudamericana, 1994.

———. *La Tradición Republicana*, Buenos Aires, Sudamericana, 1984.

———. *La Libertad Política y su Historia*, Buenos Aires, Sudamericana, 1991.

Bragoni, Beatriz. *Los hijos de la Revolución. Familia, negocios y poder en Mendoza en el siglo XIX*, Buenos Aires, Taurus, 1999.

Bushnell, David, "El sufragio en la Argentina y en Colombia hasta 1853", *Revista del Instituto de Historia del Derecho "Ricardo Levene"*, Buenos Aires, n.º 19, 1963.

Cansanello, Carlos. "Domiciliados y Transeúntes en el proceso de formación estatal bonaerense (1820-1832)", en *Entrepasados*, año IV, n.º 6, 1994.

———. "De súbditos a ciudadanos. Los pobladores rurales bonaerenses entre el antiguo régimen y la modernidad". En *Boletín del Instituto de Historia Argentina y Americana "Dr. Emilio Ravignani"*, 3ª serie, n.º 11, 1er semestre, 1995.

Chiaramonte, José Carlos. "Legalidad constitucional o caudillismo: el problema del orden social en el surgimiento de los estados autónomos del litoral argentino en la primera mitad del siglo XIX", *Desarrollo Económico*, n.º 102, julio-septiembre, 1986.

———. "Formas de identidad en el Río de la Plata luego de 1810", *Boletín del Instituto de Historia Argentina y Americana "Dr. Emilio Ravignani"*, 3ª serie, n.º 1, 1er semestre de 1989.

———. "Acerca del origen del Estado", en *Anuario IEHS*, n.º 10, 1995.

———. *Ciudades, Provincias, Estados. Orígenes de la Nación Argentina*, Buenos Aires, Ariel, 1997.

Carmagnani, Marcello (coord.). *Federalismos latinoamericanos: México-Brasil-Argentina*, México, Fondo de Cultura Económica, 1993.

Couffignal, Georges. *Democracias posibles. El desafío latinoamericano*, Buenos Aires, Fondo de Cultura Económica, 1992.

Devoto, Fernando y Madero, Marta. *Historia de la vida privada en la Argentina. País antiguo. Tomo 1: De la colonia a 1870*, Buenos Aires, Taurus, 1999.

Díaz, Benito. *Juzgados de Paz de Campaña de la provincia de Buenos Aires (1821-1854)*, Universidad Nacional de La Plata, Facultad de Humanidades y Ciencias de la Educación, Departamento de Historia, 1952.

——. *Rosas, Buenos Aires y la Organización Nacional*, Buenos Aires, Coloquio, 1974.

Di Stefano, Roberto. "Abundancia de clérigos, escasez de párrocos: las contradicciones del reclutamiento del clero regular en el Río de la Plata, 1770-1840", *Boletín del Instituto de Historia Argentina y Americana "Dr. Emilio Ravignani"*, 3ª serie, nº 16-17, 2do semestre de 1997 y 1ro de 1998.

Di Stefano, Roberto y Zanatta, Loris. *Historia de la Iglesia Argentina. Desde la Conquista hasta fines del siglo XX*, Buenos Aires, Grijalbo-Mondadori, 2000.

Dos Santos, Mario (coord.). *¿Qué queda de la representación política?*, Caracas, Nueva Sociedad, CLACSO, 1992.

Forner, Salvador (coord.). *Democracia, elecciones y modernización en Europa, siglos XIX y XX*, Madrid, Cátedra, 1997.

Fradkin, Raúl (comp.). *La historia agraria del Río de la Plata colonial. Los establecimientos productivos*, Buenos Aires, Centro Editor de América Latina, 1993.

Furet, François. *Pensar la Revolución Francesa*, Barcelona, Petrel, 1980.

Gallo, Klaus. "Un caso de utilitarismo rioplatense: la influencia del pensamiento de Bentham en Rivadavia", Working Papers, Universidad Torcuato Di Tella, 1998.

Garavaglia, Juan Carlos. *Poder, conflicto y relaciones sociales. El Río de la Plata, XVIII-XIX*, Rosario, Homo Sapiens, 1999.

Garavaglia, Juan Carlos y Moreno, José Luis (comps.). *Población, Sociedad, Familia y migraciones en el espacio rioplatense. Siglos XVIII y XIX*, Buenos Aires, Cántaro, 1993.

García Belsunce, César (comp.). *Buenos Aires. Su gente, 1800-1830*, Buenos Aires, 1976.

Gelman, Jorge. "El gaucho que supimos construir. Determinismo y conflictos en la historia argentina". En *Entrepasados*, año V, nº 9, 1995.

Goldman, Noemí. "Legalidad y legitimidad en el caudillismo. Juan Facundo Quiroga y La Rioja en el interior de las Provincias Unidas del Rio de la Plata (1810-1835)", en *Boletín del Instituto de Historia Argentina y Americana "Dr. Emilio Ravignani"*, 3ª serie, nº 7, 1ᵉʳ semestre de 1993.

——. (Dir). *Revolución, República, Confederación (1806-1852)*, en *Nueva Historia Argentina*, tomo 3, Buenos Aires, Sudamericana, 1998.

——. "Libertad de imprenta, opinión pública y debate constitucional en el Río de la Plata (1810-1827)", *Prismas, Revista de Historia Intelectual*, nº 4, 2000.

Goldman, Noemí y Salvatore, Ricardo. *Caudillismos rioplatenses. Nuevas miradas a un viejo problema*, Buenos Aires, Eudeba, 1998.

González Bernaldo, Pilar. *Civilidad y política en los orígenes de la Nación Argentina*, Buenos Aires, Fondo de Cultura Económica, 2001.

——. "El levantamiento de 1829: el imaginario social y sus implicaciones políticas en un conflicto rural", en *Anuario IEHS*, nº 2, 1987.

——. "La Revolución Francesa y la emergencia de nuevas prácticas de la política: la irrupción de la sociabilidad política en el Río de la Plata revolucionario 1810-1815", en *Boletín del Instituto de Historia Argentina y Americana "Dr. Emilio Ravignani"*, 3ª serie, nº 3, 1ᵉʳ semestre de 1991.

González, Julio V. *Filiación Histórica del Gobierno Representativo Argentino*, Buenos Aires, La Vanguardia, 1938.

Guerra, François Xavier. *Modernidad e Independencias. Ensayos sobre las revoluciones hispánicas*, Madrid, MAPFRE, 1992.

—— (comp.). *Las revoluciones hispánicas: independencias americanas y liberalismo español*, Madrid, Complutense, 1995.

Halperin Donghi, Tulio. *Revolución y Guerra. Formación de una elite dirigente en la Argentina criolla*, Buenos Aires, Siglo XXI, 1972.

——. *Historia Argentina. De la revolución de independencia a la confederación rosista*, Buenos Aires, Paidós, 1980.

——. *Tradición política española e ideología revolucionaria de mayo.* Buenos Aires, Centro Editor de América Latina, 1985.

―. *Historia Contemporánea de América Latina*, Buenos Aires-Madrid, Alianza Editorial, 1990.

―. *Reforma y disolución de los imperios ibéricos, 1750-1850*, Madrid, Alianza, 1985.

―. "Clase terrateniente y Poder Político en Buenos Aires (1820-1930)", *Cuadernos de Historia Regional*, segunda etapa, nº 15, vol. V, 2do semestre, 1992.

―. "La expansión de la frontera de Buenos Aires (1810-1852)" en Marcos Giménez Zapiola (comp.), *El Régimen Oligárquico. Materiales para el estudio de la realidad argentina (hasta 1930)*, Buenos Aires, Amorrortu, 1975.

Harris, Jonathan. "Bernardino Rivadavia and Benthamite 'discipleship'", en *Latin American Research Review*, volume 33, number 1, 1998.

Herrero, Fabián. *Federalistas de Buenos Aires. Una mirada sobre la política posresvolucionaria, 1810-1820*, Tesis doctoral, Facultad de Filosofía y Letras, UBA, 2000.

Heras, Carlos. *La supresión del Cabildo de Buenos Aires*, Buenos Aires, Coni, 1925.

Hespanha, Manuel. *Vísperas del Leviatán*, Madrid, Taurus, 1989.

Irigoin, María Alejandra. "Del dominio autocrático al de la negociación. Las razones económicas del renacimiento de la política en Buenos Aires en la década de 1850", *Anuario IEHS*, nº 14, 1999.

Lafforgue, Jorge (comp.). *Historias de caudillos argentinos*, Buenos Aires, Alfaguara, 1999.

Lettieri, Alberto. *La República de las instituciones*, Buenos Aires, El Quijote, 2000.

Levene, Ricardo. *Historia de la Nación Argentina*, Academia Nacional de la Historia, Buenos Aires, El Ateneo, 1950.

―. *Historia de la provincia de Buenos Aires y la formación de sus pueblos*, vol. 2, publicado por el Archivo Histórico de la Provincia de Buenos Aires, La Plata, 1941.

Lynch, John. *Las revoluciones hispanoamericanas. 1808-1826*, Barcelona, Ariel, 1983.

——. *Juan Manuel de Rosas. 1929-1852*, Buenos Aires, Emecé, 1989.
Manin, Bernard. *Los principios del gobierno representativo*, Madrid, Alianza, 1998.
Marshall, T. H. *Class, Citizenship and social development*, Westport, Connecticut, Greenwood Press, 1973.
Mayo, Carlos. *Estancia y Sociedad en la Pampa. 1740-1820*, Buenos Aires, Biblos, 1995.
Morgan, Edmund. *Inventing the people. The rise of popular sovereignty in England and America*, Nueva York, Norton, 1988.
Murilo de Carvalho, José. *Desenvolvimiento de la ciudadanía en Brasil*, México, Fideicomiso Historia de las Américas, FCE, 1995.
——. *Os bestializados. O Rio de Janeiro e a republica que nao foi*, San Pablo, Schwarcz, 1987.
Myers, Jorge. *Orden y Virtud. El discurso republicano en el régimen rosista*, Buenos Aires, Universidad Nacional de Quilmes, 1995.
O'Gorman, Frank. *Voters, patrons, and parties. The Unreformed Electoral System of Hanoverian England 1734-1832*, Oxford, Clarendon Press, 1989.
Ortega, Exequiel. *"Quiera el pueblo votar". Historia electoral argentina, desde la Revolución de Mayo a la Ley Sáenz Peña. 1810-1912*, Bahía Blanca, Giner, 1963.
Phillips, John A. *The Great Reform Bill in the Boroughs*, Oxford, Clarendon Press Oxford, 1992.
——. *Electoral Behavior in Unreformed England. Plumpers, Splitters, and Straightes*, Princeton, New Jersey, Princeton University Press, 1982.
Piccirilli, Ricardo. *Rivadavia y su Tiempo*, Buenos Aires, Peuser, 1943.
Pitkin, Hanna. *The concept of Representation*, Berkeley, University of California Press, 1967.
Pocock, J. G. A. *Politics, Language and Time. Essays on Political Thought and History*, The University of Chicago Press, 1989.
Posada-Carbó, Eduardo. *Elections before Democracy: The History of Elecions in Europe and Latin America*, London, Institute of Latin

American Studies, University of London, MacMillan Press, 1996.
Ramos, Juan P. *El Derecho Público de las provincias argentinas, con el texto de las constituciones sancionadas entre los años 1819 y 1913*, Buenos Aires, Facultad de Derecho y Ciencias Sociales, tomo I, 1914; tomos II y III, 1916.
Ravignani, Emilio. *Rosas. Interpretación real y moderna*, Buenos Aires, Pleamar, 1970.
——. *Historia constitucional de la República Argentina*, Buenos Aires, Peuser, 1930.
Rémond, René. *Por uma história política*, Río de Janeiro, Editora UFRJ, 1996.
Romero, José Luis. *Las ideas políticas en Argentina*. 5ª edición, Buenos Aires, Fondo de Cultura Económica, 1975.
——. *Latinoamérica: Las ciudades y las ideas*. 2ª edición, Buenos Aires, Siglo XXI, 2001.
Romero, José Luis y Romero Luis Alberto (dirs). *Buenos Aires. Historia de cuatro siglos*, 2ª edición, Buenos Aires, Altamira, 2000.
Rosanvallon, Pierre. *Le sacré du citoyen. Histoire du suffrage universel en France*, París, Gallimard, 1992.
Sabato, Hilda (coord.). *Ciudadanía política y formación de las naciones. Perspectivas históricas de América Latina*, México, Fideicomiso Historia de las Américas, Fondo de Cultura Económica, 1998.
Sabato, Hilda. *La Política en las calles. Entre el voto y la movilización. Buenos Aires, 1862-1880*, Buenos Aires, Sudamericana, 1998.
——. "Ciudadanía, participación política y la formación de la esfera pública en Buenos Aires, 1850-1880", *Entrepasados*, año IV, nº 6, 1994.
Sabato Hilda y Ema Cibotti. "Hacer política en Buenos Aires: los italianos en la escena pública porteña 1860-1880", *Boletín del Instituto de Historia Argentina y Americana "Dr. Emilio Ravignani"*, 3ª serie, nº 2, 1er semestre de 1990.
Sabato Hilda y Elías Palti. "¿Quién votaba en Buenos Aires? Práctica y teoría del sufragio, 1850-1880", *Desarrollo Económico*, nº 119, oct-dic. 1990.

Sáenz Valiente, José María. *Bajo la campana del Cabildo*, Buenos Aires, 1952.

Safford, Frank. "The problem of Political Order in early Republican Spanish America", en *Journal of Latin American Studies*, vol. 24, Suplemento Quinto centenario, 1992.

Salas, Rubén Darío. *Lenguaje, Estado y Poder en el Río de la Plata (1816-1827)*, Buenos Aires, Instituto de Investigaciones de Historia del Derecho, 1998.

Salcedo, Saturnino. *Las primeras formas de elegir y los actuales sistemas electorales. Régimen político de las provincias argentinas*, Buenos Aires, ETGLA, 1948.

Saldías, Adolfo. *Historia de la Confederación Argentina. Rosas y su época*, Buenos Aires, Lajouane, 1892.

Salvatore, Ricardo. "Reclutamiento militar, disciplinamiento y proletarización en la era de Rosas", en *Boletín del Instituto de Historia Argentina y Americana "Dr. Emilio Ravignani"*, 3ª serie, nº 5, 1er semestre de 1992.

———. "El Imperio de la Ley. Delito, Estado y Sociedad en la era Rosista", en *Delito y Sociedad. Revista de Ciencias Sociales*, año III, nº 4/5, 2do semestre de 1993 y 1ro de 1994.

———. "Fiestas federales e identidad política en Buenos Aires, 1829-1852", *Entrepasados*, nº 11, 1996.

Segreti, Carlos. *Bernardino Rivadavia. Hombre de Buenos Aires, ciudadano argentino*, Buenos Aires, Planeta, 1999.

———. "El sufragio en los años iniciales de la Revolución de Mayo", en *Investigaciones y Ensayos*, (47), enero-diciembre, 1997.

Skinner, Quentin. "Some problems in the analysis of political thought and action", *Political Theory*, vol. 2, nº 3, 1974.

Tandeter, Enrique (dir.). *La sociedad colonial*, en *Nueva Historia Argentina*, tomo 2, Buenos Aires, Sudamericana, 2000.

Tau Anzoátegui, Víctor. *Las Facultades Extraordinarias y la suma del Poder Público en el Derecho Provincial Argentino (1820-1853)*, Buenos Aires, Imprenta de la Universidad, 1962.

———. *Formación del estado Federal Argentino (1820-1852)*, Buenos Aires, Instituto de Historia del Derecho, 1965.

Varela Suanzes-Carpegna, Joaquín. *La teoría del estado en los orígenes del constitucionalismo hispánico (Las Cortes de Cádiz)*, Madrid, Centro de Estudios Constitucionales, 1983.

Verdo, Genevieve. *Les 'Provinces desunies du Rio de la Plata'. Representation politique et souveraineté dans l'independence argentine (1808-1821)*, Tesis de doctorado, Universidad de París I, 1998.

Weinberg, Félix. "El Periodismo en la época de Rosas" en *Revista de Historia*, n.º 2, Buenos Aires, 2do trimestre de 1957.